ちくま新書

現代語訳 老子

保立道久＝訳・解説
Hotate Michihisa

1348

現代語訳　老子【目次】

第四課　帝国と連邦制の理想　404

はじめに

『老子《ろうし》』は、まずは「王と士《し》の書」として読むべきものであろう。正しい王の登場はどのように可能になるか、「士」はそのためにどう行動すべきか。老子は、それを正面から語り、国家のために悲憤慷慨《ひふんこうがい》する。しかし、『老子』は東アジアで初めて体系的に神話と哲学を語り、人の生死を語った書であって、そこにはさらに深い含蓄がある。

『老子』は世界各国で翻訳された、『聖書』と並ぶベストセラーである。ただ『老子』は「哲学詩」の形で述べられていることもあって、今のままでは実に分かりにくい。本書ではその詩的イメージを大事にして具体的に読むことにつとめる中で、しばしば従来の解釈を変更した。また『老子』全八一章を、内容にそくして第Ⅰ部「「運・鈍・根」で生きる」、第Ⅱ部「星空と神話と「士」の実践哲学」、第Ⅲ部「王と平和と世直しと」の三部に並べ直した。これによって少しは分かりやすくなり、また『老子』が現代人の身にも迫ってくるところがあれば幸いである。

なお、各章につけた解説では、筆者の専門が日本史であることもあって、日本の神話・神道にかかわる話題にもふれた。本居宣長《もとおりのりなが》は『老子』について、ある人から「神の道は、からくに《（韓国）》の老荘が意にひとしきか」と問われたときに、「かの老荘がとも《（輩）》は儒者のさかしら《（賢しら）》をうるさみて、自然《おのづから》なるをたふと《（尊）》めば、おのづから似たることあり。されど――」と答えたという（『古事記伝』）。ここでは「されど」以下の部分は省略せざるをえないが、宣長の発言は、伊勢《いせ》神道《しんとう》が『老子』の影響の下で教説を整えたことをふまえたものである。鎌倉時代、『老子』が伊勢の神官の必携書であったことにも注意しておきたい（『古老口実伝』）。現在では福永光司『道教と日本文化』に続くさまざまな仕事によって、日本の神道がより古くから老荘思想（道教）の影響をうけていたことが明らかになっており、本書では、『老子』の理解に必要な限りではあるが、それらにできる限りふれるようにした。

凡例

一、『老子』全八一章を第Ⅰ部「「運・鈍・根」で生きる」、第Ⅱ部「星空と神話と「士」の実践哲学」、第Ⅲ部「王と平和と世直しと」の三部に分けて並べ直し、おのおの現代語訳、原漢文、読み下し訓読文、解説を記した。

一、先行する注釈・現代語訳でおもに参照したものは、たとえば、小川環樹の注釈は著者名によって〔小川注釈〕などとした。おのおのの出版情報は巻末を参照されたい。

一、『老子』には、いわゆる旧字・正字などが多いが、それらは常用漢字に置き換えた。また、たとえば「常」をすべて「恒《こう》」とするなど、字体を選択した場合がある。

一、『老子』の中に登場する大事な用語などは、コラムでその定義を記した。巻末の「原書の章と本書の講――対応一覧」扉を参照されたい。ただ「道・無為・知足」については第Ⅰ部第一課の本文中で説明してある。

一、底本は最も通用の『道徳真経註』（王弼《おうひつ》、二二六〜二四九の注解本）を使用したが、校訂に郭店楚簡本《かくてんそかん》（楚簡と略す）、長沙馬王堆本《ちょうさまおうたい》（帛書《はくしょ》と略す）、『老子河上公注《ろうしかじょうこうちゅう》』などを利用した。

序　老子と『老子』について

†老子は実在したか？　『老子』は老子の書いたものか？

　老子は、中国の春秋時代、孔子《こうし》（前五五二〜四七九）とほぼ同時代の人物とされてきた。司馬遷《しばせん》の『史記』には、老子が孔子に礼を教えたとか、老子が中国の衰えたのを見限って西の関所を出るとき、関守の尹喜《いんき》に頼まれて、一気に五千字の『老子』を書き下ろしたなどともある。しかし、最近では、『史記』の記載のほとんどが伝説にすぎないとされている。また学界では、そもそも老子は、「道家《どうか》」と呼ばれる系列の思想家たちが作り出した虚構の人物であるという意見も多い。そうでないとしても、書籍としての『老子』には多数の人々の手が入っているという意見が圧倒的である。

　しかし、『老子』を虚心に読んでいると、それが全体として緊密にまとまった思想的な統一性、一体性をもっていることを、誰しも感じるのではないだろうか。私は『荘子《そうし》』は長い時間をかけて集団的に書き継がれたものであるが、『老子』はやはり一人の人物が執筆したと考える方がよいと思う。正確に言えば、『老子』は哲学詩として読むべきものであって、ここには一人の詩人哲学者がいるのである。

現在の学界にはそういう意見は存在しないが、一九六八年に刊行された小川環樹《たまき》の注釈はそういう立場をとっている。次にそれを引用しておく（一部取意）。

私はその大部分をある一人の著者が書いたであろうと考える。その理由の一つは、文体の斉一性《せいいつせい》である。この書に韻文《いんぶん》でつづられた部分が大半を占めることも一人の著者が書いたためであろうと考えられる。この著者は韻文の句と句のあいだの形のうえの類似と音のひびきあいが、その内容の論理的飛躍を補い、調和をもたらすことをおそらく意識していた。もう一つの技巧は対偶《たいぐう》である。それは一種の繰り返しであるとはいえ、二様のいい方をつづけることで、互いに強めあい、文章の平板さを救う力がある。『老子』の文体は、練りに練ったすえにできあがったようである。短いながら、いや短くすることははじめから意図されていたことであるらしいが、屈折に富み、全体として、散文よりは詩に近い。この著者は深く思索した人であったろう。だが、その深さは、詩的表現と切り離せない。このような文体の模倣は可能であっても、原著者以外の人が、模倣した文を挿入したところで、決してうまくはいかないであろう。

†『老子』の初稿は紀元前二八〇年頃？

以下、この小川の意見にそって『老子』という本の成り立ちについて説明していくが、まずは確実な所から行くと、『老子』の成立が、中国の南、揚子江流域の「楚国《そこく》」に深い関係があることは一般に認められている。これは『史記』でもそうなっているが、確定的となったのは、一九九三年に中国湖北省荊門《けいもん》市の郭店《かくてん》という町の古墓から竹簡本《ちくかんぼん》の「楚《そ》簡《かん》」と呼ばれる『老子』が出土したためである（図1）。これは楚国の字体によって書かれており、その出土した湖北省荊門市の郭店が広い意味での楚国に属することは、『老子』の成立が楚国と深く関わっていることを示したのである。

「楚簡老子」と呼ばれるこの竹簡本は、郭店の古墓に埋葬されていた王族または貴族の所持品で、そのために墓に納められたものである。この竹簡本は甲《こう》・乙《おつ》・丙《へい》の三本が出土しており、甲本は三九枚、乙本は一八枚、丙本は一四枚の竹簡からなる。甲・乙・丙三本あ

絶智弃弁、民利百倍。絶巧弃利、盗賊亡有。

＊字形は正字と大きく異なる

図1　楚簡老子（甲1号竹簡、部分、19章）

わせても総字数は二〇四六字ほどで、これは現在の完本『老子』の五分の二ほどに過ぎないが、それでもここに『老子』の基本部分が発見されたことは画期的なことであった。

興味深いのは、この甲・乙・丙の三本が別個に執筆されたものでありながら、その字体が同じことである。このことは、この時代、『老子』が執筆されるとほぼ同時に、この墓に埋葬された人物がその写しを順次に作成した、あるいは同じ人物から入手したということになる。池田知久《ともひさ》は、これをとって、「楚簡老子」は最初に登場したものとほぼ等しい『老子』であるとしている（『池田注釈』b）。

ここから、本としての『老子』の成立年代が推定できる。この墓は中国の考古学者の見解では紀元前三〇〇年から二七〇年頃の造営であるとされるが、池田は墓の造営がもう少し遅れる可能性を指摘しているので、たとえばこの墓の造営を紀元前二五五年とし、また埋葬された人物が五〇歳で死去したとし、その二〇年前くらいから順次に竹簡を入手したと仮定してみよう。そうすると、この竹簡は紀元前二七五年頃に作成されたことになる。そして、老子という一人の人物が実在したという立場に立つと、老子は、その少し前、たとえば紀元前二八〇年に「楚簡老子」の本になる最初の原稿を書いたことになる。

†『老子』の生存年代は紀元前三二〇年頃から二三〇年頃?

さらに仮定を続けると、もし楚簡の本になる原稿を書いた紀元前二八〇年に老子が四〇歳であったとすると、老子の生まれたのは紀元前三二〇年頃ということになる。そして、老子という名前が、彼が実際に長寿であったことを反映していたとし、たとえば九〇歳まで生きたとすると、その死没は紀元前二三〇年ということになるだろう。この年代観を取ると、老子の活動期は、孟子《もうし》（前三七二?〜二八九?）の生存時代の最後に重なるということになる。本書でもふれるように、『老子』の中には明らかに孟子に対する批判を意図した文章があるので、これはうまく話があう。また、池田は『老子』のなかに荀子《じゅんし》に対する批判が入っているとするが、荀子の生存年代は（前三一三〜二三八以降）なので、老子は荀子より少し年上であったということになり、これもちょうど良い。

なお、全体で約五〇〇〇字からなるという現在の『老子』の形が確認できるのは、もっと遅れる。それは一九七三年に、湖南省長沙市の馬王堆《まおうたい》の墳墓から発見された『老子』であった（長沙市も楚国に属する）。この史料は「帛《はく》」（絹）に書かれていることから、『帛書《はくしょ》老子』と呼ばれており、甲本と乙本の二本があるが、成立の早い甲本は、漢帝国の建設者、高祖劉邦《こうそりゅうほう》の子の恵帝《けいてい》か、恵帝の死去後に執権した、劉邦の妻、恵帝の母呂太后《りょたいごう》の頃のものとされる。つまり早くて紀元前一九四年、遅くて紀元前一八〇年となる。想定した老子の没年の四〇・五〇年後である。

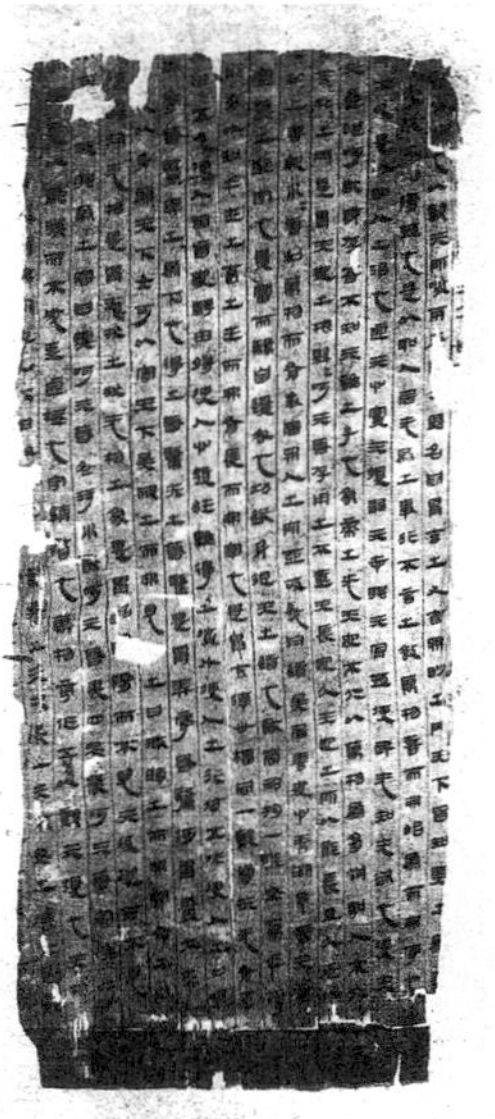

図２　帛書老子

　さて、先に引用した小川環樹の指摘を前提とすると、現状の『老子』は楚簡に反映した最初の草稿に老子が老年まで手を加え続けたものであるということになる。それ故、「帛書老子」は、おそらく老子自身が晩年に筆をおいた段階の『老子』と大きくは違わないものであったろう。本書の何箇所かで述べたように、「楚簡老子」は哲学や人生訓を中心としたやや素朴《そぼく》な内容であるのに対して、帛書に反映した加筆された『老子』は政治と社会についての洞察や華麗な比喩が付け加えられて複雑な構成となっている。これも同一人が統一的な思想の下に行ったと考える方が素直のように思う。

†老子と孔子、『老子』と『論語』

　さて、ドイツの有名な実存主義の哲学者カール・ヤスパースは、紀元前五〇〇年から三〇〇年ほどの間に、ユーラシア世界の東西において、人類史上はじめて哲学といえるような普遍的な思想が生まれたとし、それを「横軸の時代」と名づけた。そして、ブッダ、ソクラテスなどと並んで、「シナでは孔子と老子が生まれ、シナ哲学のあらゆる方向が発生し、墨子《ぼくし》や荘子や列子《れっし》や、そのほか無数の人々が思索した」(『歴史の起源と目標』重田英世訳)と述べている。ここには初めに述べたような孔子と老子は相並んで中国の哲学を作り出したほぼ同時代の人物であるという司馬遷の『史記』の図式の影響がある。

しかし、老子が孔子より二五〇年も後の人であるということになると、二人の関係は根本的に考え直さなければならなくなる。つまり孔子は中国が神話の時代から文明の時代に入るころに活動した人物である。白川静『孔子伝』によれば孔子は神祭・葬祭などを行う神職者の家柄の出身であった。そもそも「儒学《じゅがく》」の「儒」のつくりである「需」は、「雨」と「而」からなるが、「雨」は「雨乞い」、そして「而」は髷《まげ》をつけることのできない平らな頭頂部をもった男巫《おとこみこ》を正面から描いたものである。もちろん、孔子はそういう呪禱《じゅとう》身分から出自しながら、特権と因習を嫌い、諸侯と呼ばれた諸国の王、さらにその家宰《かさい》職ともいうべき卿大夫《けいたいふ》の家柄の下にいた「士＝士大夫《したいふ》」の立場を代表して、国家の文明化を推進しようとした。その哲学は、その波乱に富む生涯の事績と一体のもので、文字知識ではな

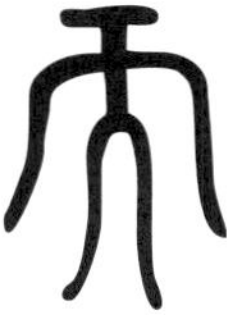
図3 「而」の金文

く、むしろ詩・楽・礼などの身体的な「知」を教授する経験の中から生まれたものであったという。

本論で詳しくみるように『老子』の各章は、『論語』に対する批判にみちているが、現在の段階からみてみると、老子のいうことの基本は、それが身体的な「知」を強調する点で、意外と孔子の言説に似たところがある。孔子のいう「礼」と老子のいう「徳」には趣旨として相似するところがあるのは否定できないと思う(コラム8参照)。老子と孔子の間にはいわば歴史を隔てた行き違いのようなものがあったのであるが、しかし、これは孔子の死後、その学説が儒学=儒教としてなかば中国の戦国時代国家の公定哲学となって形骸化していった以上、やむをえないことであった。『老子』の内容からみると、老子が『論語』を詳しく読んでいたことは確実であるが、その『論語』批判は、以上のような事情を踏まえて読むべきもののように思われる(なお、現状の『論語』の成立は漢代にまで下るといわれるが、原『論語』というべき孔子の言行録が存在したことは認められている)。

ともあれ、老子の段階においては国家的・文明的な知識体系がすでに形成されており、それを批判するなかから東洋における初めての本格的な哲学が立ち上がってきたのである。エジプト、メソポタミアの文明中枢からみると辺境に位置したギリシャにおいて、ギリシャ哲学が最初から多言語翻訳と口語《こうご》論理の中で立ち上がってきたのとは違って、『老子』

は中国文明の中枢部で発生した関係で、伝統的な形式、つまり「詩」の形式で記された。津田左右吉《そうきち》などは、ここをとって『老子』には論理的な考え方はないなどとするのであるが、それは一種のヨーロッパ中心主義にすぎない（津田『道家の思想とその展開』）。現在の私たちにとって、その形式が含む豊かな内容を実感することはかけがえのない意味をもつように思う。

第I部「運・鈍・根」で生きる

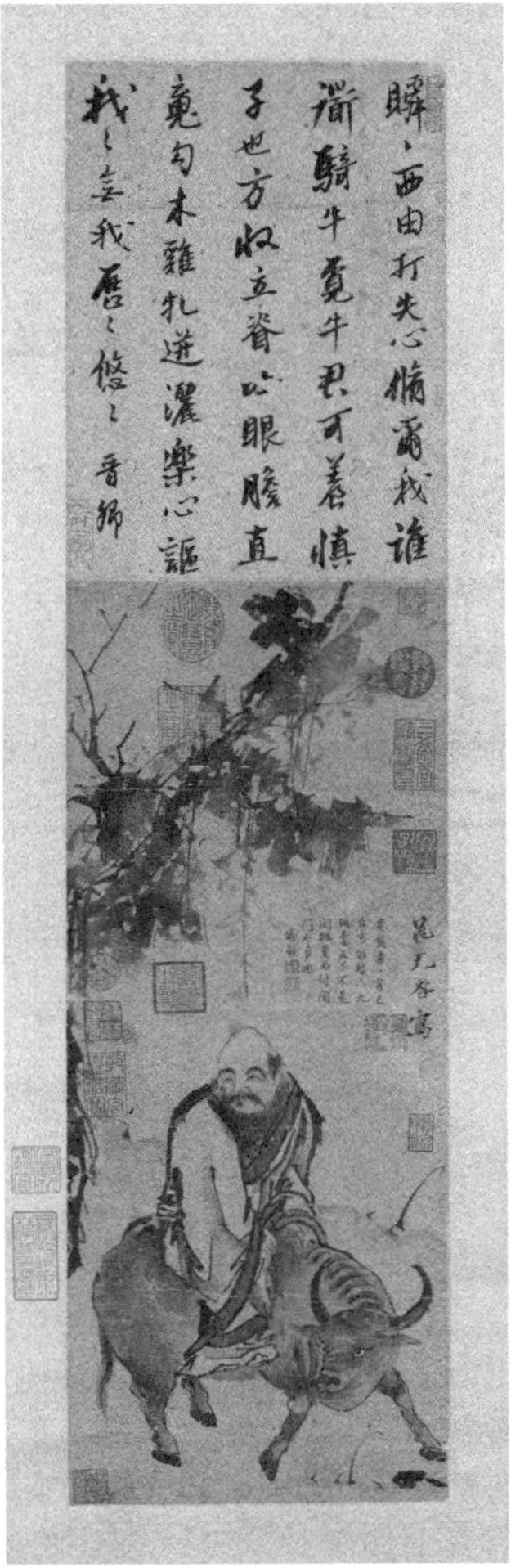

老子騎牛図　北宋時代・晁補之作

もっともよく知られている老子の思想は、「無為《むい》」や「知足《ちそく》」という言葉だろう。欧米の人々には、この言葉自体を理解することが難しいらしいが、日本人は「無為」を「作為のないこと」、「知足」を「足るを知ること」と読み下すことができるから最初はわかりやすい。しかし、逆にそのために、『老子』の思想というと、消極・静観・節欲とされることが多く、極端な場合は「小狡《こずる》い」思想と誤解されてしまう。

しかし、老子の思想は、そういうものではない。ここで紹介したいのは、絵本作家、五味太郎の『じょうぶな頭とかしこい体になるために』という本である。五味は、昔の子供の理想像だった言葉「丈夫な身体と賢い頭」は間違いだという。むしろ無理をしないでもやっていける「かしこい身体」を作るのが大事だ。頭に必要なのは「鈍さ」であって「じょうぶな頭」でやっていけば「だいじょうぶ」と安心できるというのである。日本人のなかに根付いた人生訓でいえば、「運《うん》・鈍《どん》・根《こん》」、つまり、少しの幸運、鈍く見えるほどの頑丈さ、そして根気があればいいという人生訓である。老子の人生訓は、これと似ている。以下、『老子』をまずそういう人生訓として読んでいきたい。

1講　象に乗って悠々と道を行く——「道」とは何か（三五章）

【現代語訳】

巨象にのって世の中を行けば進むのに妨《さまた》げはなく、安らかで泰平である。路傍の楽《がく》の音《ね》と食餌《しょくじ》は旅人と象の足を止めるが、道は無言のまま淡々と続く。道の距離そのものには味はない。目をこらしても見えないし、耳をすましても聞こえない。しかしその変化は無尽蔵である。

執大象天下往、往而不害、安平泰。楽与餌過客止、道之出言淡乎。其無味、視之不足見、聴之不足聞、用之不可尽。

大象《だいぞう》を執《と》りて天下を往《ゆ》かば、往きて害せられず、安《あん》・平《へい》・泰《たい》なり。楽《がく》と餌《じ》とは、過客《かきゃく》を止むるも、道の言に出《い》だすは、淡乎《たんこ》たり。其《そ》れ味なく、之《これ》を視《み》るも見るに足らず、之を聴くも聞くに足らず、之を用《はたら》いて尽すべからず。

図4　「為」の甲骨文字（「手」が「象」の上に乗っている）

図5　ゾウ型の酒樽

【解説】　老子の肖像というと、つねに水牛にのっているが、本章の老子は、巨象に乗っている。甲骨《こうこつ》文字の「為」は、象を描いたものであり、この字ができた殷《いん》の時代には象が建築工事に使役されていた。そして老子の時代になっても中国南部では象をみることはできた。五世紀半ばになっても、河南省の南陽などで象が出没しており、また宋（四二〇〜四七九）が林邑《りんぱ》（後のヴェトナム）と戦ったとき、林邑王は戦象《せんぞう》を駆使したという。老子は象に乗ったことはなかったとしても、それを想像することはできたはずである。

象に乗って悠然と進み、音楽や餌で象が止まるときのほかは自分の身を「道」を進む感覚にゆだね、頭と身体を無為にしていると、「道」の語ることが聞こえてくる。それは淡々として微かな「無味・不可視・不可聴・無用尽」な声であるという。たしかに人は旅にでると、あるとき、旅の中身ではなく、通過した「道」それ自体を感じる瞬間がある。五感とは区別される、ある点からある点に移動したのだという「距離」それ自体の感知である。老子は、その直覚に、ある種の神秘を感じるのである。

そもそも、「道」を「無味・不可視・不可聴」と説明するのは『荘子』と『老子』に共通するが、『荘子』では、とくにそこに神秘的な意味を籠《こ》める。たとえば『荘子』（知北遊篇）には「道とは何か」という問いに対して「形を正し視線を一点に集中したまえ、そうすれば、やがて天の調和が君を訪れ、神が君の心中に宿るだろう」とある。『老子』にもそういう神秘の瞑想はある。しかし、老子の場合、そういう感覚の中に経験的あるいは合理的な認識も含まれている。つまり、二点間の最短距離は直線と定義されるが、この直線それ自体は実際に目でみることはできない。しかしそれは確かに存在するという直感である。老子が、こういう種類の幾何学的な知識と感覚をもっていたことは後にみることになる（33講）。

老子は、「道」とは人や物体の移動にともなう目に見えない幾何学的な秩序のようなものだといっているのである。念のために説明すれば、「道」がそういう意味をもって哲学の用語になっていくのはギリシャでも同じである。ギリシャ語では「道」はhodos（ホドス）というが、それに「沿って」という意味のmeta（メタ）がつくとμέθοδος methodosになる。つまり英語のmethod、メソッド＝方法である。世界を通っている道に沿っていくことというのは、世界の法則を知ることであり、それが方法であるというのは、老子の

「道」と極めてよく似ている。これは現代哲学の言い方でいえば、現象《げんしょう》を分析して得られた概念は目にみえないが、それは実在する本質を反映しており、実在世界を解析する「方法」ともなるということであろう。

つまり、たとえば万有引力の法則を考えればすぐにわかるように、天地・自然の森羅万象《しんらばんしょう》をつらぬく諸法則は人間が分析して初めて認識できるのであって、それ自体としてはすべて「不可視・不可聴・不可触」である。また社会科学の対象とする、人間と人間の社会関係も実際には分析して初めて理解できることであって五感ではとらえられない。経済学の考える商品の価値というものは目に見えない。もちろんそれは貨幣によって表現されるが、貨幣価格と商品の価値それ自体は違う。そもそも商品の価格を決めるという市場は現代ではネットワーク空間の中に存在するが、それは目に見えないのである。

『老子』のいう「道」は融通無碍《ゆうずうむげ》である。この「道」は、自然についてもいわれ社会についてもいわれる。精神的であると同時に客観的あるいは物質的であるような言葉で、いわゆる観念論でも唯物論《ゆいぶつろん》（実在論）でもない。それ故に、なかなか定義しにくいのであるが、そういうものをまとめて、老子は「道」といい、あたかも巨象にどっしりと乗っているような気持ちになって、その見えない道にしたがっていけば、我々は自由だというのである。

こういう「道」は儒学のいう道とはまったく異なる。そもそも、「任は重く道は遠い」

（『論語』泰伯）などといわれるように、儒学のいう道は「任（なすべきこと）を負う」という倫理《りんり》規範《きはん》の意味が強い。日本語でいう武道・剣道・茶道などの「道、ドウ」も一種の技術や生き方、倫理や道徳を共有する集団のイメージで、この儒学のいう「道」に近い。それに対して、老子の「道」は倫理規範ではない。だから老子の「道」は日本語の「道、ドウ」と区別するためにも、欧米の翻訳のように中国語でタオ tao（または dao）と読んだ方が誤解がないかもしれない。

ところで、最初の「象」の話に戻ると、この「象」に動物の象の意味がふくまれているとするのは、〔諸橋注釈〕が「これは象の手綱を取って天下に旅行するという比喩である」とした例だけである。そのほかの解釈は、すべて「大象」の「象」は「かたち＝形」という抽象的な意味であるとする。「大象」とは「大きな象（かたち）、偉大な形」であって、目にみえない「象（かたち）」だから「道」と同じことだというのである。また易の占いの技法と哲学を記した『易経《えききょう》』は八卦《はっけ》の八×八、六四卦のおのおのについて、占いの結果としての処世法を記し、その部分を「大象」といっている。本章の「大象」をその意味で解釈すれば、どんな場合にも易の「大象」に書かれた処世をすれば平穏であるという意味にもなる。しかし、戦国時代の中国で、本章を読んだ人々は、巨象に乗って大道を行くという情景を思い浮かべたに違いない。そうでなくては本章は、詩としてのイメージを結ばず、小難しい理屈だけになってしまう。

もちろん、人間というのは面白いもので、慣れてしまえば小難しい理屈にも何かを感ずることができる存在である。本章の「象」は中国の注釈書によって長く「大きな形」と理解され、そう観賞されてきた。ここではそれが遥か昔の日本にも及んでいたことを紹介しておこう。たとえば『古事記』編者の太安万侶《おおのやすまろ》が道学《どうがく》の素養が深い人物であることはよく知られているが(福永『道教と古代日本』)、その「表」(序)の冒頭部分に「無名・無為にして誰かその形を知らん」とあるのは「象」を「形」と読めば本章の思想に同じである。

日本でも長く「大象」は「大きな形」であり、道であると解釈されてきた。たとえば、一四世紀初頭に書かれた『類聚神祇本源《るいじゅうじんぎほんげん》』もそうである。同書は「老子経に曰はく、大ナル象を執りて天下に往ク」と、この章句を引用して、「象は道なり」と注記している。本書の著者、度会家行《わたらいいえゆき》は吉野の南朝の側に立って北畠親房《きたばたけちかふさ》とともに戦ったという伊勢神道にとってもっとも重要な人物の一人であり、この『類聚神祇本源』は後醍醐《ごだいご》天皇にも献上されている。彼が真剣に『老子』を読んでいたことは明らかであり、これは日本の神道と『老子』との関係を示すきわめて重要な事実である。

2講　作為と拘りは破綻をまねく――「無為」とは何か　（六四章下）

【現代語訳】

「作為で動くと仕事は壊れてしまい、それに拘《こだわ》るとすべてを失う」という格言がある。たしかに有道《ゆうどう》の士は作為がないから仕事を敗《やぶ》ってしまうということがない。拘らないから全てを失ってしまうこともない。大事業に取り組む場合は、最後まで慎重に初心を維持するから破綻しない。そもそも有道の士がなりたいと欲する状態は「欲がない」ことだから、得がたく珍しい財貨など貴《とうと》いと思わない。さらに「学ばない」ゆったりした境地を学ぶので人が見のがしてしまうことに気づく。万物がその自然の本性《もちまえ》にそって進むことに手を添えるだけで、自分の作為によって動くことはしないのだ。

為者敗之。執者失之。是以聖人無為故無敗、無執故無失。臨事之紀[1]、慎終如始、則無敗事。是以聖人欲不欲、不貴難得之貨。学不学、復衆人之所過。以輔万物之自然、而不敢為[2]。

（1）底本「民之従事、恒於幾成而敗之」。「臨事之紀」は楚簡によった。（2）なお底本では、本章は六四章の全体ではなく後半部のみにあたる。前半部は、4講で解説してあるが、両方をあわせると、この六四章は他の『老子』の諸章とくらべて長文になってしまうため、前半部と後半部は、本来、別個のものであっただろうと推測されてきた。新発見の楚簡でも実際に前半と後半が別になっていることが確認され、その推定が正しいことが確定した（池田知久『郭店楚簡老子の新研究』）。

為《な》す者は之《これ》を敗《やぶ》り、執《しつ》する者は之を失う。是《ここ》を以って聖人は、為すこと無し、故《ゆえ》に敗ること無し。執すること無し、故に失うこと無し。事に臨むの紀《かなめ》は、終りを慎むこと始めの如《ごと》くんば、則《すなわ》ち事を敗ること無し。是を以て聖人は、欲せざるを欲し、得難きの貨を貴《とうと》ばず。学ばざるを学び、衆人の過ぎし所に復《ふく》す。以て万物の自然を輔《たす》けて、而《しか》も敢《あ》えて為さず。

【解説】冒頭の「為《な》す者は之《これ》を敗《やぶ》り、執《しつ》する者は之を失う」は「敗之・失之」が韻を踏んでいる。「失敗」という熟語はこの句から生まれた。「為す」というのは意識したことを先にして、それにつられて作為して動いてしまうということである。自転車を運転していて障害物を意識しすぎると、そちらにずれていって事故を起こすのと同じように、人間は作為の意識につられると生活も仕事もうまくいかず、どこかで「敗《こわ》」れてしまう。

次の「是《ここ》を以って聖人は、為すこと無し、故《ゆえ》に敗ること無し。執すること無し、故に失うこと無し」というのは、有道の士は無意識の境地で動くから仕事を駄目にしてしまうことがないというのである。ここに「為すこと無し」、つまり「無為」という言葉がでてくるが、この「無為」というのは、心の奥にある無意識の領域を信頼して動くことである。フロイトのいうように、人間の心には自分が意識しないままに動いている部分がある。人間の仕事というものは、その目的を意識していればうまく行くという単純なものではない。仕事は表層《ひょうそう》の意識がきえているが、身体の神経と筋肉は動いているという境地でこそ、身体は「かしこく」なり、手早く正確になっていく。この無意識の領域を鍛え、目的意識と統一することによって、生活と仕事の用《はたら》きを安定させる。これが老子のいう「無為」の論理である。

『老子』の人生訓は、この「無為」の心術《しんじゅつ》をどのように身につけるかということなのだが、本章は、その基本をまず、「欲せざるを欲する」ことだという。つまり「無欲」を生きる目標とし、欲望によって動かされない。たとえば得がたい財貨など貴《とうと》いと思わないという欲望の根本の否定である。次は「学ばざるを学ぶ」ことであって、これは「不学」、つまりもう学ばなくてよいという思い切りを生き方の目標とすることである。そうやって一度「学び」をやめてこそ、人々が見逃したことがわかるのだ。ようするに、人間、一度は、自分の人生において「不欲」「不学」と思い切れというのである。これこそが自分の欲望と表層の意識を超越して心の無意識の動きがみえる境地であり、「無為」を「欲」と「学」を否定するところまで徹底した心である。

私は、この「欲せず」「学ばない」というのは、人生の態度としては一種の保守主義(Conservatism)であろうと思う。もちろん、それは何もしないということではない。本章の最終句「万物の自然を輔《たす》けて、而《しか》も敢《あ》えて為さず」は、我々のなすべきことは、万物がその自然の本性《もちまえ》にそって進むことを助けることだという。老子は、この「万物の自然=万物の本性」のことを「善」という言葉でとらえ、その「善」の用《はたら》きの勢いを「徳」と称している。老子が「万物の自然を輔《たす》ける」というのは万物の「善(本性)」の「徳《いきおい》」を促進するという意味になる。後に触れるように(コラム3、7)、こうして「無為」の哲学は「善」と「徳」の哲学になっていくのである。それ故に老子の哲学はただの保守にとどまらない行動の哲学なのであるが、しかし、私は、『老子』の思想の根本にもっともよい意味での「保守」の思想があることは否定できないと思う。

以上が、老子のいう「無為」の境地についての説明であるが、本章には別のすこし複雑な問題がある。つまり中段の「事に臨むの紀《かなめ》は、終りを慎め」とは、現代語訳に記したように、最後まで無為の境地を保ち、初心を維持せよということである。ところが注に記したように、この部分は『老子』のもっとも早い時期の写本である楚簡《そかん》によったもので、後の馬《ま》王堆帛書《おうたいはくしょ》では「民の事に従うは、恒に幾《ほとん》ど成るに於いて之を敗《やぶ》る」(「民衆が事業に取り組もうとした場合、しばしば起こるのは、完成間際になってうまくいかなくなって破綻してしまうことだ」)という一種の民衆不信というべき色彩をもつ文章に書き換えられている。私は、この加筆は老子自身によって行われたものと考えるが、実は、この加筆と同時に、本章六四章に直接に続く内容をもつ六五章も書かれたのであって、六五章でも、国家の統治においては民衆の「知」に期待してはならないという議論が展開されている。老子の民衆、大衆への見方はきびしい。

　これについては59講で詳しく説明することになるが、ここで問題なのは、こうなると、本章の内容は人生訓ではなくなってしまい、むしろ政治の話になってしまうことである。そうなると冒頭部分の読み方も変えざるをえなくなって、たとえば「「作為をこらして政治の執権を狙うと、必ず破綻して権威を失う」。有道の士は無為の道を進んで破綻することはなく、無理に執権を狙わないから失敗もない。民衆のやり方はいつでも成功する直前に駄目にしてしまう」などと訳すべきことになる。実際、楚簡によらずに底本《ていほん》とした王弼《おうひつ》本や帛書によって訳した従来の注釈は、本章をそう読んでいるのである。

　『老子』のテキストは、こういう楚簡から帛書への段階での書き換え、変更、加筆という問題を含み、また伝本ごとで微妙な違いをもっていて、細かく読もうとするとなかなか面倒なものである。ただ、逆に、『老子』の面白いのは、このような書き換えによって、人生訓から政治論へ主題がかわっても、それなりに筋が通った話になっていることにある。老子の「無為」の実践哲学は応用の範囲が広く、人生訓と政治論、国家論を一挙に横切っていくのである。

3講　勉強では人間は成長しない　（四八章）

【現代語訳】

学べば日ごとに大きくなるというが、しかし、「道」に従っていくことは、日々、自分を削っていくことだ。削りに削って無為の世界にいたるのだ。そして無為の境地になればできないことはない。天下を取るのは、つねにこの無為・無事である。余計な事で気持ちがふさがっていれば天下を取るのは不可能である。

為学日益、為道日損。損之又損、以至於無為。無為而無不為。取天下、恒以無事。及其有事、不足以取天下。

学を為《な》せば日々に益《えき》し、道を為せば日々に損《そん》す。之《これ》を損して又損し、以て無為に至る。無為にして為さざる無し。天下を取るは、恒《つね》に事無きを以てす。其の事有るに及びては、以て天下を取るに足らず。

【解説】 冒頭の句は前講で説明した「不学」の原理を敷衍《ふえん》したもので、「学び」と「道」の教えの違いを述べた格言として味わい深い。『論語』に「君子は博《ひろ》く文を学ぶ」（雍也篇）などとあるように、儒教は「博学」を貴び、日々、学んで知を益《ふや》すことを重視する。それに対して老子は「学を為《な》せば日々に益《えき》す」（学べば、毎日成長する）というのは幻想にすぎないという。

これは現代人のように、色々な情報を入手して「頭を使う」ことに価値をおきがちな人々にとっては厳しい言葉である。現代社会は、情報や知識と付き合う時間が多くなっている。しかし、頭の情報訓練は、身体とは違って実際の仕事に役に立つとは限らない塵労《じんろう》のようなものである。その意味では、現代こそ、老子のいう「之を損して又損し、以て無為に至る」こと、つまり、意識の中の余分なことを削りに削って、自分の無為・無意識の世界がみえるようにすることが必要なのかもしれない。自分を削り込んで初めて真の実践世界が始まるという訳である。

以上が本章の前半であって前講の追補《ついほ》として読めるが、それに対して後半の「天下を取る」とは、天下を執権《しっけん》するという意味である（同じ用法が、ほかに二九・五七章に登場する）。前半での「学」をめぐる議論が、このように急に政治的な議論になってしまうことには、相当の違和感がある。そのため、武内・福永などの注釈は、後半は後に加筆されたものではないかとしていた。それが正しいことは新発見の郭店楚簡《かくてんそかん》では本章は前半のみで一章となっていて後半がないことで明らかになった。「天下を取る」という話題は、楚簡の執筆の後、ある段階で老子が人生訓に政治的な含意を追加していったものだということになる。

ただし、この「天下を取る」という場合の「天」は、『老子』では儒教の用法とは異なっている。儒教では「天」「天帝」が皇帝に天下の支配を委ねることになっているから、「天下」は「統治の対象としての国土・国家」という意味が強い。これに対して、『老子』で使われている「天下」という言葉は、〔蜂屋注釈〕がほとんどの場合に「世の中」と訳しているように、国土・国家よりも広い。だから、本章の「天下を取る」も直接に政治的な意味ではなく、「世の中」で認められるというニュアンスで読むこともできる。私は「世の中で一流になるためにも、無為の境地が必要だ」として、本章をもっぱら人生訓として読むのも、一つの筋の通った読み方だと思う。

4講　大木に成長する毛先ほどの芽に注意を注ぐ（六四章上）

【現代語訳】安定している状況は把握しやすいし、兆《きざ》しがないうちは計《はか》りやすい。脆《もろ》いうちなら割りやすいし、微《かす》かなうちは散らしやすい。まだ事が露《あら》わになる前に処置し、混乱が生まれる前に事態を治めるようにしたいものだ。何人もの手を繋《つな》いで抱くことができる大木も毛先ほどの芽から成長するし、九層の高殿《たかどの》も土籠《もっこ》の土を順々に積み重ねていったものだ。千里の道も足下《あしもと》の一歩から始まるというではないか。

其安易持、其未兆易謀、其脆易判(1)、其微易散。為之於未有、治之於未乱。合抱之木、生於毫末、九層之台、起於累土。千里之行、始於足下(2)。

（1）底本「泮」。判に通ず。（2）本章は従来、六四章とされてきた長文の章の前半部である。後半部は、すでに2講に掲げた。

その安《やす》きは持《じ》し易《やす》く、その未《いま》だ兆《きざ》さざるは謀《はか》り易し。その脆《もろ》きは判《わ》け易く、その微《かすか》なるは散《さん》じ易し。之《これ》を未だ有らざるに為し、之を未だ乱れざるに治む。合抱《ごうほう》の木も毫末《ごうまつ》に生じ、九層の台も累土《るいど》に起こり、千里の行《こう》も足下《そっか》に始まる。

【解説】冒頭の「その安《やす》きは持《じ》し易《やす》く、その未《いま》だ兆《きざ》さざるは謀《はか》り易し」というのは、老子の保守主義の効用である。つまり、保守主義とは状況を保守することを第一としているから、自然に小さな変化もよく見える。人間は仕事を丁寧にしていれば、ものごとの変化の兆しを見ることに慣れていく。逆に先に進むことに気をとられると足下が見えないものである。もちろん、現実には、激しい変化のなかで力業《ちからわざ》をせざるをえない場合もあるだろう。しかし、そういう場面に遭遇《そうぐう》することは人生の実際からすると、そんなに多くはないはずである。

老子のいう「無為」から説明しておけば、小さな変化は意識してみるのでなく、心の中の無意識の空間に響いてくるのである。仕事を成就する上での人との関係にしても、仕事のために必要な様々な「物」の管理にしても、日常は気づかないような変化の気配を感じるのは表層意識ではなく、第六感といわれるような意識下の感受性に属していることが多い。物が見当たらなくなる、いつも整理してある秩序と微妙に異なるなどということへの感度の鋭さなどは表層の意識には属さないのである。無意識の習慣というのは安定して連続性が高いもので、それに何か引っかかってきて、おかしいと感じるというのが本来の保守主義（Conservatism）の心情なのである。

「その脆《もろ》きは判《わ》け易く、その微《かす》かなるは散《さん》じ易し」とか、「之《これ》を未だ有らざるに為し、之を未だ乱れざるに治む」という一句も、保守主義の心理をうまく表現している。老子はこれを様々な比喩で語る。私は、そのうち「合抱《ごうほう》の木も、毫末《ごうまつ》に生じ」が好きだ。芽から大木への成長をスローモーションでじっくり見ていくというのである。末尾の「千里の行《こう》も、足下《そっか》に始まる」という句は「千里の道も一歩から」と言い換えられ有名な格言である。ただ言い換えてしまうと、一歩一歩努力せよという教訓じみた感じになる。本章のままの方が単純で好もしい。

ただしかし、現在の日本では、「千里の道も一歩から」という格言でさえも実際に使われることが少なくなっている。とくに子供の世界からは格言が消えてしまった。これを昔に戻すことはなかなか難しいが、しかし、小中学校で漢文の授業をふやし、せめて本章など、いつか習ったという記憶だけは残した方がよいのではないだろうか。これがまったく消えてしまうというのは「漢字」という文字を通じてものごとを思考するという習慣を消していくことにならないだろうか。

5講　自分にこだわる人の姿を「道」から見る　（二四章）

【現代語訳】

つま先で立ち続けることはできないし、大跨《おおまた》だけでは行けない。自分だけで見ようとする人には明るさが足りない。自分だけを是としている人には是非が彰《あら》われない。自分だけで闘うものは功をあげることができない。そして、自分だけで誇っているものは、実は長《ちょう》じたところはない。悠然と道を行くものから見ると、無駄な食事や道草のようだ。こういう物の気《き》が悪《わる》いところには有道の士は近づかない。

企者不立、跨者不行。自見者不明、自是者不彰。自伐者無功、自矜者不長。其在道也、曰余食贅行。物或悪之。故有道者不処。

企《つまだ》つ者は立たず、跨《また》ぐ者は行かず。自見《じけん》の者は明ならず、自是《じぜ》の者は彰《あら》われず。自伐《じばつ》の者は功無く、自矜《じきん》の者は長《ちょう》ならず。その道に在《あ》るや、余食贅行《よしょくぜいぎょう》と曰う。物は或《つね》にこれ悪《わる》し。故に有道者は処《お》らず。

【解説】冒頭の対句、「企《つまだ》つ者は立たず、跨《また》ぐ者は行かず」は、後半部が帛書《はくしょ》にはないので疑問は残るが、あるいは当時の諺《ことわざ》だったのかもしれない。うまく歩けない幼児が、足の踏み方にまよって、歩幅が不安定になって転んでしまう情景である。幼児が転んでしまうのは、母親や父親に気をとられるからである。幼児ならば可愛いが、すでに成人した大人が、恰好をつけ、他人に気を取られて自分の身体もうまく扱えないのは滑稽である。

それに対して、続く「自見《じけん》、自是《じぜ》、自伐《じばつ》、自矜《じきん》」は、身体の動きではなく、過剰な自意識そのものである。本課1講でいえば、巨象に乗るようにして悠然と「道」を行く旅人を止める「楽と餌」が「余食贅行《よしょくぜいぎょう》」にあたるのであろう。「道」からみると自分にこだわる人々の姿が奇妙にみえるというのである。

「物は或《つね》に悪《わる》し。故に有道者は処らず」については、多くの注釈は、「物」を「人」という意味だとし、また「悪」を「にくむ」と読んで、「誰でもそういうことを憎む」などと訳す。しかし、『老子』における「物」はすべて「物の気《き》・霊魂」というような意味で統一して使われている(コラム6参照)。また「悪」の原義は禍々しい、悪いという意味である。この物の気配を感じるのは、言語以前の無為(無意識)の直感である。

「有道者は処《お》らず」というのは、道理の分かった人は、そういう物の気がおかしくなっているところには近づかないということである。なお、「有道」という語は『論語』でも三カ所で使われているが（宮崎市定『論語の新研究』微子篇の注記）、ここで「有道者」とあるのは、『老子』独特の使い方で、他の箇所では「聖人」といわれるはずのところで、老子は「聖人＝有道者」という用語法をもっていたことがわかる（コラム9参照）。

6講　丈夫な頭とかしこい身体──「知足」とは何か　（四四章）

【現代語訳】
外見の名分《めいぶん》と自分の身体《からだ》のどちらが大事か。身体そのものと財貨のどちらが大事か。物を得《え》るのと亡《な》くすのと、どちらで悩むべきか。よく考えた方がいい。多く固執すればかならず多く費やし、多くため込めばすっかり失ってしまうものだ。誰も同じ身体に足りていると分かっていれば、何も辱《はず》かしいことはない。自分の世界に止《とど》まっていれば、だいじょうぶ。ゆっくりと永遠を見るのだ。

名与身孰親、身与貨孰多、得与亡孰病。是故甚愛必大費、多蔵必厚亡。知足不辱、知止不殆。可以長久。

名と身とは孰《いず》れか親しき。身と貨と孰れか多《まさ》れる。得《う》ると亡《うしな》うと孰れか病《うれい》ある。是の故に甚《はなは》だ愛《おし》めば必ず大いに費《つい》え、多く蔵《ぞう》すれば必ず厚く亡《うしな》う。足《た》るを知らば辱《はずか》しめられず、止《とど》まるを知らば殆《あや》うからず。以て長久《ちょうきゅう》なるべし。

【解説】 老子は人間にとって「身」が優先的な意味をもつということを三つの問いを通じて述べている。第一の問いは、人の「身」と「名」のどちらが大切かというもので、「身」こそが大切だという。この「名」とはまずは儒家のいう「名分」、つまり、身分とそれにともなう名誉・名声、社会的な体面のことだろう。老子は、儒家が「名分」を守り、分をわきまえることを倫理の基本とすることを根本から批判する。

ここで老子がいう「名」は、名がつけられる差異、つまり万物の形や属性そのものをいう。その意味では人間の「身」自体も万物の「名＝形」の一つになる。人間の「身」は、生まれた時はよく似ていて、しかも柔らかく不定形である。この赤ん坊が成長し生活を重ねる中で、人によってさまざまな外見や形・属性の違いができていく。異なった衣食住のなかで能力・外見から服装や持ち物の差異に始まって、それは民族や身分の違いを明瞭に表現するにまでなる。名誉や体面はそれにくっついてくる。老子はそのような多数の「名

＝差異」よりも一つの「身」が大事だというのである。

第二は、「貨（財貨）」よりも「身」が大事ということであるが、これはそもそも「貨」を作り出すのは、人間の「身」の労働だからである。人は働くなかで心と身体の接する無意識の領域で仕事を覚え、その中で身体自身が徐々に賢くなっていく。身体が賢くなるというのは具体的な労働目的に限られたことではない。それはいわば人間動物としてのエネルギーの鍛錬であり、それに依拠して様々な具体的な労働が行われ、様々な効用をもった物が生み出され、その生産物が「財貨」となっていく。老子はそういう外側に生み出された財貨よりも、その基礎になった「身」の方が大事だというのである。

第三の問題は、「得」と「亡」のどちらで悩むかということだが、これは逆にいうと、「新しい物を獲得すること」と「亡《うしな》わないこと」のどちらが大事かということである。これも「身」の問題である。つまり、「亡《うしな》わないこと」というのは、自分のもっているものを大事にして修理したり、補ったりして生活や仕事の環境を守ることであり、これは結局、自分の「身」の一部となったものを保守することである。新たに獲得することは、新しい目的を立てて、新しい「欲求」を生み出し、それに駆り立てられることになる。しかし、それよりも、すでに自分の一部になっているものを失わないように保守して、そのなかに新しい「運」が巡ってくるのをまつというのが老子の姿勢である。鍛え上げ賢くなった身体があれば、人は「運」を信頼することができるという訳である。そこにある「身」はすでに以前の「身」ではなく、さらに豊かになった「身」なのである。

以上、よく筋の通った正論である。誰しもそれに賛成し、「名」より「身」、「貨」より「身」、「得」より「亡《うしな》わないこと」を取るというだろう。しかし、実際には、人はしばしば「名・貨・得」に流される。私たちの表層意識は「名・貨・得」のために動けという圧力を日常的に受けており、知らず知らずに限度を超して、それにとらわれ、その罠《わな》にはまり、結局、頓挫《とんざ》してしまう。空虚な「名」に流され、目前の「貨」に目を奪われ、そしてすでにもっているものを失って「身代《しんだい》」が尽きてしまうという悲喜劇になり、「甚《はなは》だ愛《おし》めば必ず大いに費《つい》え、多く蔵《ぞう》すれば必ず厚く亡《うしな》う」ということになってしまう。

さて、老子の「知足」の人生訓は、「足《た》るを知らば辱《はずか》しめられず、止《とど》まるを知らば殆《あや》うからず。長久《ちょうきゅう》に以《もち》うべし」というものだが、これは以上のような「かしこい身体」についてて語ったものである。つまり、「足《た》るを知る」「止《とど》まるを知る」の「知る」は、人間の表層意識で知るのではない。心と身体の無意識の領域が整理され、鍛え上げられて「かしこく」なることである。その「かしこさ」が表層意識のところまで充ち足りてきて、意識・無意識を含む心が、自分を「身」に委ねてしまう。これによって心が無になっていって集中していく。「運・鈍・根」という日本の人生訓でいえば、頭が丈夫で「鈍」になって静かに沈黙し、身体は動きながらも心は安定した連続のなかにいるのである。

　こうして「知足」の境地に達すると、「名・貨・得（欲）」のどの部分までを肯定してよいのか、どこからは厳格に否定すべきなのかが自然に分かってくる。「名・貨・得（欲）」を無視し、否定するところから反転して、徐々に必要なものを確保し、それなりの「富」を破綻なしにもつことも可能になってくるのである。こうして自然に自分が長久《ちょうきゅう》になっていくということである。

　普通、「知足」については、やや単調に「（これは）欲望を戒めることばである。名誉も財産もわが身大事のために求めるのであろうが、その獲得を喜んでそれにかまけていると、大きな損失、つまり身の破滅がやってくる。まことの満足とは何か、それをわきまえること、そしてそこに満足し、そこに止まることこそが『知足』であり、『知止』である。この章は、わが身の長久をはかる現実的な処世訓である」（〔金谷注釈〕）と解説される。しかし、これでは、本章の趣旨が正確に伝わったとはいえないのではないだろうか。

「足る」という言葉で思い出すのは、七世紀の頃の日本の正式の天皇号が「タラシヒコ」であったことである。つまり『隋書《ずいしょ》』倭国伝に「倭王あり、姓は阿毎《あま》、字《あざな》は多利思比弧《タリシヒコ》。（中略）太子を名づけて利《わ》（和）歌弥多弗利《かみたふり》と為す」とあり、当時の天皇、大王舒明《じょめい》（息長足日広額、オキナガタラシヒヒロヌカ）・皇極《こうぎょく》（斉明、天豊財重日足姫、アメトヨタカライカシヒタラシヒメ）などの王号にも含まれ、またその頃作られた天皇の名前にも、孝安《こうあん》（ヤマトタラシヒコクニオシヒト）、景行《けいこう》（オホタラシヒコオシロワケ）、成務《せいむ》（ワカタラシヒコ）、仲《ちゅう》哀《あい》（タラシナカツヒコ）などと含まれるものである。

　これは、普通、「天から垂れてきた（降臨してきた）」男と解釈されるが、そうではなく「八十日日はあれども、今日の生日の足日に」（多くの日々があるけれども、今日の生き生きとして満ちあふれた日に――、出雲国造神賀詞《いずものくにのみやつこのかんよごと》）などというように、生命力に溢《あふ》れ安定した人格をいう。すでに本居宣長の『古事記伝』（二一巻二四丁）が『万葉集』の「天の原振りさけみれば大王《おおきみ》の御命《みいのち》は長く天足《あまた》らしたり」（巻二―一四七）を引いて「足《たる》の意なり」としているのが正しく、タリシヒコは「満ち足りた男子」＝「王」という意味である。柿本《かきのもと》人麻呂《ひとまろ》の歌に「天地《あめつち》　日月《ひつき》と共に　足り行かむ　神の御面《みおも》と　継ぎ来たる　中の湊《みなと》ゆ　船浮けて」（『万葉集』巻二―二二〇）とあるのも参考になるだろう。

　なお、右に引用したように『隋書《ずいしょ》』には「太子を名づけて和歌弥多弗利《わかみたふり》となす」ともあるが、このワカミタフリとは若翁《わかたふれ》と書くのが正しく、「翁《たふれ》」＝「タフレ」は狂を意味する。つまり、若翁《わかたふれ》とは若く狂気に近いほど凶暴な皇太子という意味になる（山尾幸久『古代王権の原像』）。これに対して「タラシヒコ」とは、それを超克した王が、生命力に溢れ安定していることを表現する。これは「知足」の「足る」に通ずる考え方である。

7講　自分を知る「明」と「運・鈍・根」の人生訓　（三三章）

【現代語訳】

人を知り、議論するのは「智」。自分の心を照らすのは「明《めい》」。人に勝つのは力があるが、自《みずか》らに克《か》つのが本当の「強」である。足るを知れば豊かになるが、「強」をつらぬくのを「志」があるというのだ。自分の世界を大事にして命を「久」しくすることもいい。しかし死を懸けても「志」を忘れないものは、最後に微笑《ほほえ》んで「寿《ほぎうた》」を聞くことができる。

知人者智、自知者明。勝人者有力、自勝者強。知足者富、強行者有志。不失其所者久、死而不忘(1)者寿。

（1）底本「亡」。帛書により改む。

人を知るは智、自《みずか》らを知る者を明《めい》とす。人に勝つ者は力有りといい、自らに勝つ者を強とす。足るを知る者は富み、強を行うものは志有り。その所を失わざる者は久しく、死しても忘れざる者には寿《ほぎうた》あり。

【解説】　本章は、①「人を知る智」と「自《みずか》らを知る明《めい》」、②「人に勝つ力」と「自らに勝つ強」、③「足るを知る富」と「強を行う志」、④「所を失わざる者は久」と「死しても忘れざる者は寿《ほぎうた》」の四つの対句からなっている。老子はこの四つの対句の前の句のいうことは外面的なことだとし、後の句が大事だという。

まず①「人を知るは智、自《みずか》らを知る者を明《めい》とす」は、前句の「人を知る智」よりも、後句の「自らを知る明」を強調する。他者を知るための「智」ではなく、自分と語り、自分を理解する能力、「自らを知る明」が大切だというのである。これは御説教に聞こえるから、「そんなことは分かっている」といいたくなるかもしれない。これについては「自らを知る明」の「明」という言葉で老子が何をいいたいのか、本講「コラム1」で「明」の詳しい定義にふれることにしたい。

次の②「人に勝つ者は力有りといい、自らに勝つ者を強とす」という対句も、前句の人と競争して勝つ外面的な力よりも、後句の自己に克つ内面の強さが大事だとしている。この「強」はまさに内面の強さということである（五五章では「心、気を使うを強と曰う」と説明されている）。この「自らに勝つ」の「勝つ」は現在の漢字の用法では、「克」の「善くする。堪える。刻む。勝つ」などのニュアンスがふさわしい。「克己心《こっきしん》」の「克《か》つ」である（なお克については23講、75講も参照）。

次の対句③「足るを知る者は富み、強を行うものは志有り」も、これまでの解釈では曖昧になっているが、前句は評価が低く、後句は評価が高いはずである。もちろん、前句の「足るを知る」こと自体は、前6講（四四章）でみたように、老子にとって重要な知恵である。人が自己の善＝本性と身体を信頼していれば、ガツガツしているよりも、逆に人間は豊かさをもつことができる。

しかし、老子はそこに止まらない。老子は「強を行うものは志有り」として「強を行う」「志」こそを重視するのである。これは老子の思想を「消極的な」という意味での「無為」と「足るを知る」だけで理解する立場からは異様に聞こえるらしい。たとえば〔蜂屋注釈〕はこの部分を取り上げて「前句の「強」（「自らに勝つ強《きょう》」（克）のこと、筆者注）は例外として「強行」や「志」の是認は老子らしくない。「強行」は「知足」の反対のあり方である（中略）、この句にはなんらかの誤りがある可能性がある」とまでいう。しかし、それは無理だろう。

ここには、「強」を「志」として実現する決意に満ちた老子がいるのである。実際、『中《ちゅう》庸《よう》』には「寛柔《かんじゅう》以て教え、無道にも報いざるは南方の強なり。君子これに居る」という一節がある。「南方の強」、つまり楚国などでいわれる「強」は「寛柔」であると同時に

「強」であるというのである。『中庸』は儒教の教義を語るものであるが、これは『老子』の本章の記述をうけて書かれたものではないだろうか。

「運・鈍・根」の人生哲学でいえば、この「強を行う志」は「根」「根性」になるだろう。「志《こころざし》を天下に得る」（三一章）といわれるように、その「志」は第Ⅱ部でみる「天下」に関わる「士」「有道の士」の「志」にまで広がっていく。

以上、本章は対句を重ねて「明」「強」「志」という人生への直截《ちょくせつ》な意思を語っているのである。これまでの考え方からすると意外なことではあるが、むしろこれが老子の本質なのであって、そう考えて初めて、最後の対句④「その所を失わざる者は久しく、死しても忘れざる者には寿《ほぎうた》あり」が理解できる。〔金谷注釈〕は、この句を「最も難解」とするが、ここには「最後に微笑んで「寿《ほぎうた》」を聞く」という人生の希望が語られている。

コラム1　「明」の定義

さて「人を知るは智、自《みずか》らを知る者を明《めい》とす」という「明」の定義であるが、これは儒学への批判を含んでいる。つまり、『論語』に「言を知らざれば以て人を知ること無きなり」（堯曰）とあるように、孔子は「人と語るための言語知識が知者の条件である」という。『論語』は「知者は人を失わず、また言を失わず」（衛霊公《えいれいこう》）、つまり「知は語るべき人を選び、語るべからざる人と語らないことにある」などという形でこれを繰り返す。『論語』は「士」を選び、その交友関係のなかで言語知識によって獲得される「智」を重視するのである。

それは老子にとっては二次的な意味しかない。老子は、そうではなく「明」、「明」知が大事だという。そしてその「明」の内容は、『老子』の他の諸章からみると二つあった。第一は、一六章・五五章の「恒を知るを明」ということであって、「恒」、つまり恒《こう》遠《えん》なる時間を実感して、気持ちを静め、自意識を最小化することである。人が瞑想と内観に入ると、そこにあるのは永遠と感じられるような現在、いわゆる「永遠の今」である。そこでは自分の心臓の鼓動しか聞こえない。老子はその感覚を、「自らを知る明」のおもな内容としているようにみえる。

それに対して、「明」、「明」なる知の第二の内容は、微細なものを見る目のことである。五二章には「小《しょう》を見るを明《めい》」とあり、二七章（52講）でも「要眇《ようびょう》」、つまり渺々《びょうびょう》とした微かなものをみるためには「明」の世界に襲《はい》る（入る）ことが必要であるという。これはすでに4講で見たように、人間社会というものは大きなことではなく小さなことの積み重ねでできているという老子の考え方にそったものだろう。

ようするに老子のいう「明」とは自分のなかに、恒遠なる時と微細な場所を見る内面的な力をもつということなのである。話題が飛躍するようであるが、こういう老子の考え方は、私にソクラテスを想起させる。よく知られているように、ソクラテスが激しい批判をむけたのはギリシャのソフィスト（「知者」あるいは「詭弁家」）であるが、いってみれば、（孔子の実像は別として）老子が批判した儒家は一種のソフィストである。本章で、老子が「自らを知る」内面的な力、「明《めい》」こそが重要であるとして、儒家の言語的な「知」の考え方を批判したのは、ソクラテスがアテネのデルフォイ神殿に刻まれていたという「汝自身を知れ」を標語とし、ソフィストに対して自己の「無知」を強調したことと似ているのではないだろうか。

第二課　「善」と「信」の哲学

老子の哲学の基礎には「善《ぜん》」という言葉の独特な理解がある。この「善」というのは、「人間の本性は善であるか、悪であるか」という性善説、性悪説でいわれるような「善」ではない。もちろん「善」を「良い」と読むと、「良い。公正だ」などなど、どうしても倫理規範のニュアンスが印象される。しかし、倫理規範の意味での「良い」は一つの社会的判断である。何が本当に「よい」のか、これは時と所により、時代や民族により大きく異なっている。「善」からそういう倫理規範の意味を脱色していくと、結局、それは物や人の本性《もちまえ》の自由な用《はたら》きという意味になっていく。「よい子」とは、その本性《もちまえ》を自由に現している子であるのではないだろうか。

そして実は、ギリシャ哲学の概念としての「善」も同じものである。「善」は、英語でいえばVirtue、ギリシャ語ではアガトンとなるが、アリストテレス『ニコマコス倫理学』も、アガトンは人や物の本性《もちまえ》の用《はたら》きの自由自在という意味だとしている。老子の哲学は、性善説を称する孟子、性悪説を称する荀子のようなレヴェルの議論とは大きく異なるものなのである。しかも、以下に述べるように、老子は、この「善＝本性」という概念から出発して、「信」「徳」などの概念を次々に導いていった。

8講　無為をなし、不言の教えを行う　（二章）

【現代語訳】

世の中の人が、みな美を美と知るのは、実は悪《みにく》いものがあるのによる。同じく皆が善を善と知るのは、実は不善があるからである。そもそも有《う》と無《む》は同時に生じ、難《なん》と易《い》は同時に成就《じょうじゅ》し、長と短は相同《そうどう》の形であり、高と下は互いに満たしあい、音と声は響き合い、前と後は一緒に並ぶ。それを覚《さと》ることによって、有道の士はつねに「無為」の側に身をおいて、言葉の形だけで物事を処置しないという教えを守る。万物の成り行きを自分で治めようとはせず、行動はしても拘《こだわ》らず、功に居座ることはしない。最初から、そこにいもせず、立ち去ってもいないようにみえることが理想なのだ。

天下皆知美之為美、斯悪已。皆知善之為善、斯不善矣。故有無相生、難易相成、長短相形(1)、高下相盈(2)、音声相和、前後相随。是以聖人居(3)無為之事、行不言之教。万物作而不治(4)也、為而不恃(5)、功成而弗(不)居。夫唯弗(不)居、是以不去。

（1）底本「較」。楚簡により改む。（2）底本「傾」。帛書により改む。（3）底本「処」。帛書により改む。

(4)底本「辞」。楚簡により改む。(5)底本ここに「生而不有」とあり、楚簡、帛書により載せず。

天下、皆な美の美たるを知るは、斯《こ》れ悪已《のみ》なり。皆な善の善たるを知るは、斯れ不善已なり。故に有無は相《あ》い生じ、難易《なんい》は相い成り、長短は相い形《かたち》し、高下《こうげ》は相い盈《み》ち、音声は相い和し、前後は相い随う。是を以て聖人は無為の事に居《お》り、不《ふ》言《げん》の教《おしえ》を行う。万物作《おこ》るも治《おさ》めず、為《な》して恃《たの》まず、功を成して居《お》らず。夫《そ》れ唯だ居らず、是《ここ》を以て去らず。

【解説】 冒頭部分は、しばしば、「人が美というものは実際には悪(醜)であり、善というものは不善である」「人が皆で美を美と認めるから醜が生じ、善を善と認めるから不善が生じる」などと訳される。つまり、「事柄の評価は認識する側の姿勢によって異なってくる」「物は考えようで、判断というものは相対的なものだ」という訳である。

老子にとっても、こういう認識の相対性ということは当然のことであったろうが、しかし、「美―醜、善―不善、有―無」などの関係は実在しないのかといえば、そんなことはない。老子が強調するのも、単なる認識の相対論を超えて、むしろ実態として「悪(醜)」があるからこそ「美」があり、「不善」があるからこそ「善」があるのだということであろう。実際、老子は、「善―不善」について、「道」は善人にとって宝物のようなものだが、その宝は、実は「不善人の保《たも》つ所なり」、つまりそれは不善人のおかげで存在するのだと述べている（六二章）。すでに説明したように、老子のいう「善」とは、本性《もちまえ》にそくした自由ということであるから、逆に「不善」というのは、本性を発揮しえない不自由な状態を意味する。これらは単に考え方の問題ではなく、実態として存在し、しかも「不善」の方が先行するのだというのが老子の見方なのである（なお、これは親鸞の「善人なをもて往生をとぐ、いはんや悪人をや」（『歎異抄』）という言葉の理解に関わる重大問題なので、詳しくは52講であつかう）。

そうだとすると、続く、「有無、難易、長短、高下、音声、前後」などのより単純な差異も、すべて実態として「無」があるから「有」があり、「易」があるから「難」があるなどと解釈すべきだろう。ここでもっとも大事なのは、「有無」の関係であって、老子の考え方は「無」があるから「有」がある、「無」が根本であるという把握になることはいうまでもない。老子の考え方はきわめて論理的であると思う。

「聖人は無為の事に居《お》り、不言《ふげん》の教《おしえ》を行う」というのは、これらの相対立する現実の中でつねに「無為」なる側に身をおいて、形式的な言葉で物事を処置しないようにするということである。ただ、この「不言の教え」については、次のコラムで議論するので、ここでは、本章の結論部の「万物作《おこ》るも治《おさ》めず、為《な》して恃《たの》まず、功を成して居《お》らず。夫《そ》れ唯だ居らず、是《ここ》を以て去らず」という一節を説明しておくこととしたい。ここで老子がいうのは、ふたたび無為の原則であるが、この「無為」とは決して何の行動もしないということではない。万物の成り行きにも、自分の行動にも拘《こだわ》らず、功に居座らない。そして、最初からそこにいもせず、立ち去りもしなかったようにみえることが理想だという。逆にいうと、あたかもそうみえるような賢く要をえた行動をしたいというのである。人として、全力をあげて行動した上で、万物の動きが一回転すれば、それを媒介した自分の行動の痕跡は見えなくなってしまう、そういう自然な行動をしたいと思う。

コラム2　不言の教の定義

「不言の教え」とは、「出来るだけ口数《くちかず》を慎む」「沈黙は美徳」ということであって、『老子』の人生訓のうちでも、もっとも分かりやすく実行しやすいものだと思う。

ただ、これを「沈黙していた方が得で、賢い」という処世訓として理解するのはまずい。これは『荘子』(天道篇など)にもみえる言葉だが、その根本の趣旨は、人間のもつ「意」は結局、言葉で尽くすことはできないということである。それは五六章の「知は言にすあたわず、言は知にすあたわず」という一節がいうように、真理はすべて言葉にできる訳ではなく、つねに相対的であり、また言語は真理を説明し尽くすことはできないということである。もちろん真理は実在する。しかし、言葉にした途端に、分かったと思っていたことが形を失って溶《と》けてしまうというのは、私たちがしばしば経験することだろう。これは次々講八一章に「知は博《ひろ》からず、博《ひろ》きは知ならず」とあるのに対応するもので、「言葉の知」をそれ自体で偏重しがちな儒学への批判でもある。

なお、同じ八一章に「信言《しんげん》は美ならず、美言《びげん》は信ならず」とあり、さらに六三章に「軽がるしく諾《だく》せば必ず信寡《すく》なし」とあるのは、「信」が「美言」「軽諾」を嫌うということであって、これも「不言の教え」と直結する。八一章に「善は弁《あらそ》わず」とあるのも、「善（本性）」に従うものは「言いあらそう」ことはしないということで、人間の間での「信」の大事さを述べたものである。

我々の会話は、どうしても「言葉」が表にたち、表層意識のレヴェルで不要なことや思い込みを言いがちなものである。「不言の教」とは、それをさけて、お互いの言語にならない心の無意識の領域を直接に見つめ合う心術《しんじゅつ》であり、それによって、相互の「善」「信」を寡黙の中で承認しあうことである。人間と人間の関係において無意識の領域を大事にし、信頼するということも「無為の境地」の広がりである。しかし、これは「言うべきことを言わない」ことではない。むしろ「言うべきでないことを言わない、言わせない」ことである。社会は「知は力。はっきり言いなさい」などという圧力に満ちているが、「不言の教」とは、それでも「言いたくないことは言わない」頑固さの訓練であり、「言いたくないことは言わせない」寛容さのことである。

ともあれ「不言の教」とは、老子にとっては、言葉の問題ではなく、生活と実践のことである。人と人が共同の「善・信・知」をもって実践に向かうときには、言葉の世界は後景に退く。そこでは大局を信じて、できることをやるほかない。それは昔も今も変わらぬ真実である。その趣旨は七三章に「天の道は、争わずして善なるを勝たせ、言わずして善なるに応ず」とあることにもっともよく示されている。「天の道」という、根本的な道理を覚《さと》ったものは「争わず、言わず」という処世をするというのである。

9講　上善は水の若《ごと》し　(八章)

【現代語訳】

上善《じょうぜん》は水のようなものだ。水の善、水の本性《もちまえ》は万物に利をあたえ、すべてを潤《うるお》して争わない。水は多くの人の嫌がる場に流れ込む。水は道に近いのである。また、住居の善は「地」に近く棲むことにあり、心の善は「淵《ふち》」のように奥が深く低いことにあり、友であることの善は「仁《したしみ》」にあり、言葉の善は言を守る「信《まこと》」にあり、正しいことの善は

「治《おさ》」まっていることにあり、事業の善はただ己《おのれ》の「能《できる》」事《こと》をやることにあり、行動の善はただ「時」を外さない。これらの根本は争わないことにあり、それ故に人に尤《とが》をもっていかないことでもある。

上善若水。水善利万物而不争。処衆人之所悪。故幾於道。居善地、心善淵、与善仁、言善信、正善治、事善能、動善時。夫唯不争。故無尤。

上善は水の若《ごと》し。水の善は万物を利して争わざるにあり。衆人の悪《いと》う所に処《お》る。故に道に幾《ちか》し。居《きょ》の善は地にあり、心《こころ》の善は淵《ふか》きことにあり、与《とも》の善は仁にあり、言《ことば》の善は信《まこと》にあり。正《せい》の善は治にあり、事《こと》の善は能にあり、動《どう》の善は時にあり。それ唯《ただ》争うべからず。故に尤《とが》むること無し。

【解説】第一部の冒頭には、悠然とした天下の旅を説いた三五章、「象に乗って悠々と道を往く」を掲げたが、人生訓を説いた老子の言葉としては本章「上善若水」の方が有名だろう。巨象に乗って大道を行くというイメージに対して、この「上善は水の若し」はどちらかといえば女性的な「徳《はたらき》」、もっと淑《しと》やかで上品な「徳《はたらき》」を説いている。

さて、本課「「善」と「信」の哲学」冒頭の説明で触れたように、老子の哲学の基礎にある「善」という考え方は、倫理的な「良い・悪い」とは違って、本性が自由自在な状態を意味する。本章は、この「善」という言葉を老子がどのように使っているかをもっともよく示す章であるといってよい。

それを明瞭にするには、本章を「善」を主語に読むことが必要である。たとえば、第二句の「水善利万物而不争」は、「水の善は万物を利して争わざるにあり」と読み下すのがよい。これまでは「水は善く万物を利して争わず」と読むが、これは「善」を形容詞・副詞と理解している。たしかに、『論語』では「善」は、「美」「能」とほとんど区別がなく、「よし・よく」という形容詞・副詞として使われている。しかし、『老子』の「善」は主語である。

この用語法は、人の心の動きの「善」などについても同じである。二行目以降を順に説明すると、まず水が低いところに流れるのと同じく「居＝住み方」の善は地べたに近く棲むことにあり、それが自然なことであるという。また水が深い淵を作るのと同じように、「心」の善は奥が深いことにあり、心の自由は誰も妨げることはできない。「友（与）」であることの善は水のようにしみ通ってくる「仁《したしみ》」にあり、それが「友」の自由な働きである。また水が純粋透明であるのと同じように、「言（言葉）」の善は「信《まこと》」、つまり言語の本性が率直に自由に働くことにある。さらに「正しいこと」の善は心の内面が「治《おさまっ》」て、水のように静かであることにあるという。

次いで、このような「善」のあり方は「事《こと》の善は能にあり、動《どう》の善は時にあり」として、事業や行動の原則としても語られる。まず後者の「動（行動）」から説明すると、その善はただ時を外さないことにあるという。これは打てば響く水のように適時に自由自在に反応するというイメージだろう。これは剣道の極意が「止水を鑑《かがみ》とす（明鏡止水）」（『荘子』徳充符篇）と語られるのに通ずるのかもしれない。前者の「事」＝大小の事業における「善」はただ能事《できること》をやるだけというのは、自分の分担は淡々とこなすこと、諺《ことわざ》でいう「能事畢矣（能事《のうじ》畢《おわ》れり）」、つまり「なすべきことをなし、後は運に任せる」という自由闊達さのことである（なお、この諺の典拠は、『易経《えききょう》』〈繋辞上〉にあるといわれるが、『老子』本章に由来する可能性もあると思う）。

以上、本章は「善」というものを「居」「心」「与《とも》」「言」「正」「事」「動」について説明しているが、これは『論語』（学而）に「君子は食飽《あ》かんことを求むるなく、居安からんことを求むるなく、事に敏にして言に慎み、有道に就きて正す」とある一節を想起させる。「居」「事」「言」の三つが共通するのである。老子は、この『論語』の一節に対して、「居」が安穏である前提としての「居」の善、「事」が敏であることの前提としての「能」、

「言」が慎重であることの前提としての「信《まこと》」を問題としたのではないだろうか。同じようなことは「友」についてもいえ、『論語』には「朋友《ほうゆう》はこれを信ず」（公冶長）とあるが、これに対して老子は「与《とも》の善は仁にあり」として、そもそも「友とは何か」を議論するのである。「仁」は儒学では上から下への恩恵の意味が基本で、とくに孟子がその意味での「仁政」（仁《おめぐみ》の政）を強調したのはよく知られている。老子はそれに対して「仁」とは「友」の善のことだと切り返すのである。

本章の最終句は「それ唯《ただ》争うべからず。故に尤《とが》むること無し」である。これは、どの注釈でも、「それ唯《ただ》争わず、故に尤《とが》無し」と読み下されて「争わないから尤《とが》められることもない」と訳されるが、ここは「そもそも争ってはならない。それは人に尤《とが》をもっていかないということだ」と読み、最後まで「水」の「争わない善」を述べているとすべきだろう。

コラム3 「善」の定義

さて、老子がいう「善」とは、ある物・事柄の無為なる「本性《もちまえ》」あるいはその「本性《もちまえ》の用《はたら》き」のことをいうことは、本課の冒頭で簡単な説明をしたが、ここで本章にそくして説明を追加しておくと、「善」とは「争わない」という状態で現れてくる、事柄の本質をいうのである。別の言い方をすれば、ある物・事柄の本質が「水」が溢《あふ》れるように現れてきて、「あれかこれか」という表層意識ではなく、心の奥から受けとめるような本性《もちまえ》である。

この本性《もちまえ》という言葉は、六四章についての〔小川注釈〕、「無為は自身の本性《もちまえ》に従うことである」という一節から借用したものである。そして、老子のいう「善」にこのような「本性《もちまえ》」という意味があることは、『老子』が技術を論じた章をみると明瞭である。52講でみるように、車の操縦の「善」は轍《わだち》の跡を残さないこと、計算するときの「善」は算木を使わずに暗算できること、門番の「善」は貫木《かんぬき》を使わなくてもいいこと、荷物結びの「善」は縄に結目がないのに緩まないことだという。特定の技能の「善」とは、その本性にそった用《はた》きであり、それが無意識にできることなのである。技術が心と身体の無意識の領域に支えられていれば、仕事は自由自在になる。老子は、これを「善」といっているのである。

『老子』の「善」の意味を「本性《もちまえ》」とすることは、中国哲学における「性」の概念をめぐる論争に関わってくる。つまり本章は孟子と論争したことで知られる告子《こくし》（生没年不詳）の「性は猶《な》ほ湍水《せのみず》のごときなり」という発言を含む『孟子』（告子篇）の影響の下に作成されたものだろう。老子は人間の「性」を倫理的な意味での善・不善とは区別して考えたといわれる告子の思想の系譜をうけている。『老子』は「性」という用語ではなく「善」という語自体を本性《もちまえ》の意で使ったのである。後の道家は万人平等観にたって「性」という語を積極的に使用し、それが仏教や宋学に継受されたことが知られている。なお禅宗の「見性《けんしょう》」という言葉は、人間個々人の中にある「仏性《ぶっしょう》」を覚るということであるが、これは「善→本性《もちまえ》→仏性」というルートで老子と道家の思想に由来しているものと考えられる。

10講「信・善・知」の哲学

（八一章）

【現代語訳】

信《しん》なる言葉は美しいものではない。美しい言葉に必ず信《まこと》があるのではない。言葉の善は言い争うことにはない。言い争うのは善ではない。知の「善」は博《ひろ》いことではない。博いものは知ではない。目覚めた有道の士はものごとを後回しにしない。刻々と、すべて人々のために行動して、それでも愈《いよ》いよ充実し、すべてを人々にさしだして、さらに充実していく。天道はすべての物に利をあたえ、害することはない。同じように有道の士は全力で行動するが、争わないのだ。

信言不美、美言不信。善者不弁、弁者不善。知者不博、博者不知。聖人不積。既以為人、己愈有、既以与人、己愈多。天之道、利而不害。聖人之道、為而不争。

信言《しんげん》は美ならず、美言《びげん》は信ならず。善は弁《あらそ》わず、弁うは善ならず。知は博《ひろ》からず、博きは知ならず。聖人は積まず。既《ことごと》く以て人の為《ため》にして、己《おのれ》は愈《いよ》いよあり、既《ことごと》く以て人に与えて、己は愈いよ多し。天の道は利して害せず、聖人の道は為《な》して争わず。

【解説】 ここには老子の哲学の中心に位置する「信・善」と「知（明）」の三つの言葉がまとめて説明されている。この三つをそなえた人間が、老子の考える「道」の実践者の理想像である。その意味では、本章はいわば『老子』全巻のまとめであって、本章が『老子』の徳篇の最後、つまり現行の『老子』でいえば最後に置かれているのももっともであろう。

まず、「信」とは個人と個人の間の直接の信頼ということである。この「信」が地域の氏族社会から契約社会、そして国家の中にどのような網の目を作り出すかが、老子の社会哲学の中心だと思う。冒頭の「信言《しんげん》は美ならず、美言《びげん》は信ならず」は、その「信」を「言」と「美」の関係で論じている。ここでいう「美」とは芸術の意味での美ではなく、

「うまい、よい、うれしい」などの感情の快美の意味である。老子は「信頼」にあたいする「言」は、そういう快美とは関係ないという。前講の八章が「言の善は信《まこと》」、つまり言葉の本性《もちまえ》は「信」というのと同じ意味である。「信」は、言葉の「善（本性《もちまえ》）」によって存在しなければならないというのが老子の考え方である。

次の「善」については、これまで、「善者不弁、弁者不善」の読みはすべて「善《よ》き者は弁《べん》ぜず、弁ずる者は善《よ》からず」となっており、「本当に立派な人間は口が達者でなく、口の達者な人間はほんものでない」（〔福永注釈〕）などと現代語訳されてきた。しかし、前講で述べたように老子のいう「善」は「本性《もちまえ》」という意味で理解できる場合が多い。また「弁」の原義は「あらそう、いさかう、いひあらそう」であって、『孟子』『左《さ》伝《でん》』にもこの意味での使い方がある。ようするに、この文章は「（言葉の）善は言い争うことではない。言い争うものは善ではない」という意味なのである（なお、この「弁」という字は、帛書〔乙〕では「多」となっている。〔池田・小池注釈〕は、それによって、この句を「善人は富をため込まない」などと訳しているが、「多」と読んだ場合は、「多言なれば数《しば》しば窮す」〔50講参照〕ともあるように、多弁を戒めたものと読みたい）。

以上のように「信」と「善」を解釈すると、老子の実践哲学においては、「善」が「信」の基礎をなしていること、両者が深く結びついた言葉であることがわかる。つまり「信」

においては「善は弁《あらそ》わず」という原則の下で、人の本性《もちまえ》（「善」）と人の本性《もちまえ》（「善」）が自由に向き合う。そして「善」が直接に道徳規範を意味しない以上、「善」の相互関係を意味する「信」も道徳の規範ではなく、相互的な自由をいうのである。

次の第三句は「知」についてであるが、老子の「知」「明知」の定義は、すでに検討したように（コラム1参照）、自己の内面への省察によって永遠の今を自覚し、微少なるものを見てとることであった。これが儒学の「学知」の考え方への批判であることも、そこで述べたが、本章の「知は博《ひろ》からず、博《ひろ》きは知ならず」も、『論語』（雍也）の「君子は博く文を学ぶ」に対する批判であった可能性があるだろう。

最後の「聖人は積まず」以下の部分は現代語訳に記した通りである。これは実践哲学の中心的な用語、「信・善・知（明）」の三つを説明した本章の最終句としてふさわしい格調高い文章である。とくに「天の道は利して害せず、聖人の道は為《な》して争わず」は『老子』の理解の上では鍵となる文言で、〔金谷注釈〕は「「天の道は利して害せず」は「天道は親《しん》なし。恒に善人に与す」（七九章）と同じである。自然の公平無私の平等性は不幸な弱者にとっての強い励ましであった」（傍点筆者）としている。この思想が様々な形で『老子』のなかで繰り返されていることは、関係する章にそくして何度かふれることになる。

11講 「善・不善」「信・不信」を虚心に受けとめる　（四九章）

【現代語訳】

有道の士は自分の心を恒遠《こうえん》なる「道」の中において無としているので、そこに百姓の心を受け入れることができる。百姓の「善」はその本性《もちまえ》（善）として受けとめ、「不善」も百姓の現実の本性（善）として受けとめる。有道の士の心の徳《いきおい》は「善」だからである。その「信」はそれを「信」として受けとめるが、「不信」も現実の「信」のあり方として受けとめる。有道の士の徳《いきおい》は「信」だからである。有道の士は世の中にあって心おだやかにこだわりを持たず、世の人のために自分の心は洗い流してしまう。百姓はみな耳目を注いでくるが、有道の士はただ赤ん坊のように笑っている。

聖人恒無心(1)、以百姓心為心。善者(2)善之、不善者(2)亦善之。徳善。信者(2)信之、不信者(2)亦信之。徳信。聖人在天下歙歙焉、為天下渾其心。百姓皆注其耳目、聖人皆孩之。

（1）底本「無常心」。帛書により改む。（2）底本、この「者」の後にすべて「吾」あり、帛書により削除。

聖人《せいじん》は恒《こう》にして心無く、百姓《ひゃくせい》の心を以て心となす。善《ぜん》はこれを善とし、不善《ふぜん》もまたこれを善とす。徳《いきおい》は善なり。信はこれを信とし、不信もまたこれを信とす。徳《いきおい》は信なり。聖人の天下に在るや、歙歙焉《きゅうきゅうえん》として、天下の為《ため》にその心を渾《なが》す。百姓は皆なその耳目《じもく》を注《そそ》ぐも、聖人は皆なこれ孩《わら》うのみ。

【解説】有道の士は「道」の恒遠の世界に超越していて、その心は「無心」になっている。それ故に、彼が百姓の世界に関わる場合には、彼の心の無意識の領野《りょうや》は百姓の心、人々のもっている幸福と不幸で一杯になっているという。老子のいう「無心」「無為」は、社会の現実の中では、こういう他者への親身さと献身に変わっていく。

老子は、このような有道の士の無意識の心術を、その社会哲学の中心にある考え方、「善」と「信」にそって説明していく。まず「善《ぜん》はこれを善とし、不善《ふぜん》もまたこれを善とす。徳《いきおい》は善なり」とは、有道の士は民衆の心が「善」か「不善」かということには関わりなく、人々の心を受け入れる。民衆の「善」はその「善（本性《もちまえ》）」として受けとめ、その「不善」も（その個人にとって必然的に生じた）「善（本性《もちまえ》）」として受けとめる。有道の士のそのような徳《いきおい》（用《はたら》き）は、有道の士の「善（本性《もちまえ》）」であるというのである（なお「徳」を「いきおい」あるいは「はたらき」と読むことは、第二部で詳しく説明するが、これは多くの

『老子』の英訳が「徳」をPowerとしていることに対応している）。

問題は、百姓の「不善」とはどういうことかであるが、老子のいう「善」とは人や物の本性《もちまえ》の用《はたら》きの自由をいい、道徳の問題ではないから、「不善」にもそういう意味はない。それは民衆の本性《もちまえ》の用《はたら》きの発達に拘《こだわ》りが多く不自由なことを意味する。これは「性善説、性悪説」などという場合の「善人・不善人」とはまったく違っている。人間の「善＝本《もち》性《まえ》」は心と体の無意識の領域に根があり、それは倫理規範以前のものである。老子は、その本性《もちまえ》が全面的に発達するか、不自由に現れるかによって「善」と「不善」は区別されるというのである。もちろん、不自由といっても、その迷路が逆に大きな自由に通ずることも多い。これが人間の発達成長と「善」というものの不思議さである。

人間の本性《もちまえ》は多様な諸要素の複合であるから、その個性は様々となり、その個人の本性を最初から「善」か「不善」かのどちらかに割り振ることはできない。「不善」はどこでも誰にとっても起こりうる偶然なのである。

次の「信はこれを信とし、不信もまたこれを信とす。徳《いきおい》は信なり」も同じ論法である。「信」とは「善」の相互関係であって、人の本性《もちまえ》（「善」）と人の本性《もちまえ》（「善」）が自由に向き合うという意味であったから、「不信」とはそれが向き合えない状態をいう。そして「善」と「不善」は容易に振り分けることができず、絡《から》み合っているのと同様に、「信」と「不信」の関係も絡みあっており、「信」がある以上「不信」があるのは当然である。とくに現実に「善」があり、「不善」があるという状況のなかで、それをベースにして出来上がってくる「信」と「不信」の関係にはさらに大きな矛盾が累積《るいせき》し、人と人の間での交通が二重の意味で誤解と障壁《しょうへき》に囲まれるということになる。

しかし、有道の士の「徳《いきおい》は信なり」であって、有道の士は人々の心が「信」であれば「信」において受け入れ、「不信」であっても「信」において自由に向き合う。有道の士は「信」と「不信」の絡み合ったコンプレックスを解くことができるのであり、そして有道の士のそのような徳《いきおい》（用《はたら》き）こそ、有道の士の「信」であるというのである。

最終句は「聖人」の天下国家におけるあり方を語る。「有道の士はこだわりを持たず、世のために自分の心は洗い流す」というのであるが、この「聖人＝有道の士」は具体的にいえば、まずは士大夫《したいふ》のことである。この点で興味深いのは、老子が「信」を守り伝えることは、氏族の指導者（「衆父」）として「士大夫」にとってもっとも大事な資格であるとしていることである（14講参照）。本章のいう有道の士は国家や統治の仕事に参加している士大夫を含むが、『老子』のニュアンスからいうと、ここには「士」が氏族の本拠の郷土の百姓たちに向き合う姿があるように思う。

これについては老子の「士」の思想にふれて、第Ⅱ部でさらに論ずることになるが、ここで注意しておきたいのは、「百姓は皆なその耳目《じもく》を注《そそ》ぐも、聖人は皆なこれ孩《わら》うのみ」の解釈である。この孩《がい》の原義は赤ん坊のことだが、従来の解釈は「万民がみな目をむけ耳をそばだてても、聖人はみな彼らを嬰児《えいじ》のように無知無欲にする」(〔福永注釈〕)などとする。しかし〔池田注釈〕は、『説文』に「咳、小児笑也。孩、古文咳」とあるのをとって、「孩」は「小児のように笑っている」という意味であるとする。他の箇所にもでるように、老子が赤ん坊に特別な親愛感をもっていることからいっても、ここは〔池田注釈〕が自然である(加島祥造『タオ——老子』も同じ)。

なお、「天皇の赤子《せきし》」という言葉がある。これは天皇などを父母にたとえ、人々をその保護の下にある「赤子」と見る家族国家観である。これはたとえば『孟子』(滕文公篇)に「古えの人は(民を治めるに)赤子を保《やす》んずるがごとくせり」とあるように、儒教に由来する考え方だが、老子の考え方は「聖人=有道の士」が「赤子」であるという点で真逆の考え方であったというべきであろう。

さて、冒頭の「聖人《せいじん》は恒《こう》にして心無く、百姓《ひゃくせい》の心を以て心となす」というフレーズは、たとえばすでに『日本書紀』(顕宗《けんぞう》即位前紀)にもみえるように、早くから日本でも有名なものである。さらに大事なのは、これがそのまま中国の仏教に受け継がれ、中国仏教の伝来ルートを通じて日本の仏教界でもよく知られていたことであろう。つまり、日本の鎌倉時代の仏教説話集『沙石集《しゃせきしゅう》』（巻一の三）は、この部分を仏教で言う「法身《ほっしん》ハ定レル身ナシ、万物ノ身ヲ以ッテ身トス」と同じことだとしている。この「法身ハ定レル身ナシ、万物ノ身ヲ以ッテ身トス」とは法身に転位した僧侶は定まった自分の身というものがない。だから、万物の身が僧侶の心に転位してくるという訳である。法身とは、仏陀《ぶっだ》の生身《しょうしん》に対していうもので、仏陀の説いた法そのもの、永遠の理法《りほう》をいう。つまり『老子』の「道」である。『老子』と仏教の教説は、永遠というものに人間が超越《トランス》していき、そこに一体化するという考え方、感じ方の点で同じものなのである。

日本で『老子』を熟読した仏教者にはとくに本章の衝撃は大きかったのではないだろうか。浄土真宗の開祖、親鸞はその主著『教行信証《きょうぎょうしんしょう》』に明らかなように、『老子』を熟読していた。福永は、親鸞は老子の強い影響を受けており、その「愚禿《ぐとく》」という自称は『老子』二〇章の「愚」を踏まえているというが（『道教と古代日本』）、もしそうだとすれば親鸞は「善・信」を論じた『老子』本章を読むなかで、自己の房号《ぼうごう》、善信の意味を考えることもあったのではないか（房号とは僧侶の正式な名とは別の通称。親鸞は善信房親鸞といった）。これは私の想像である。

12講　民の利と孝慈のために聖智・仁義を絶する　（一九章）

【現代語訳】

為政者に「聖智《せいち》」などという言葉をいわせないようにすれば、民衆の利は百倍にもなる。同じく自分は「仁義《じんぎ》」だなどと詐《いつ》わるのをやめさせれば、民衆の家族的親愛と他者への思いやりが戻ってくる。政治が経済の「巧利《こうり》」の上前を取るのをやめさせれば、それが盗賊の巣であることも終わる。政治家に、この「聖智・仁義・巧利」を捨てよといっても解らなければ、さらに言葉を続けてやろう。一度は、素絹《しろぎぬ》の自然な精細さを熟視し、山の樸《あらき》（原木）を抱いた気持ちになって、私を忘れ欲を忘れてみろ。

絶聖棄智、民利百倍。絶仁棄義、民復孝慈。絶巧棄利、盗賊無有。此三者、以為文不足、故令有所属。見素抱樸、少私寡欲。

聖を絶ち智を棄つれば、民の利は百倍す。仁を絶ち義を棄《す》つれば、民は孝慈《こうじ》に復《かえ》る。巧を絶ち利を棄つれば、盗賊の有ること無し。此の三者、以て文足らずと為さば、故に属《つづ》く所あらしめん。素《そ》を見て樸《ぼく》を抱け。私を少なくし欲を寡《すく》なくせよ。

【解説】 本章は「聖智《せいち》」「仁義《じんぎ》」「巧利《こうり》」などというのをやめよと説いた章として『老子』の中でも有名なものである。ただし、『荘子』（外篇、胠篋篇）はほぼ同趣旨の文を含み、それが先行していた可能性も高い（池田知久『荘子』）。

第一の「聖智」とは、漢文の語法上で「聖智」を分離して「聖を絶ち智を棄つ」となっているが、意味上は「聖智を絶棄《ぜつき》す」ということであり、「聖智」とは神聖な宗教的性格をもつとされた儒教の「智」のことである。老子は孔子の教えを頭から拒否した訳ではないが、為政者が儒教の徳目《とくもく》を説教しながら実際には「民の利」を無視することは許しがたいと考えていた。

第二の為政者に「仁義」を捨てさせれば、民衆社会に孝慈《こうじ》（親愛と思いやり）が戻ってくるというのは、とくに孟子の「仁義」推奨に対する批判である。「仁」とは和親と恩恵、「義」とは正しさという意味であるから、「仁義」というのはもっともに聞こえるが、孟子のいう「仁」とは王侯・貴族の民衆への慈悲であり、「義」とは君臣秩序の正しさのことであった。その眼目は、「恵み深く正しい政治」＝「仁政」を行えば君臣の身分秩序を守り、君主権力を強化できるという政治的主張、いわゆる「徳治《とくち》主義」の主張である。これに対して老子は、そういう政治とも説教ともつかないことを支配者にいわせないようにできれば、民は自然に孝慈に復《かえ》るというのである。

次に三番目の「巧利」を絶棄せよという「巧利」とは、『荘子』（胠篋篇）に「斗斛《ます》や天秤《てんびん》や割り符・契約印による利」とあるのを受けたもので、売買や契約の際の度量衡《どりようこう》・捺印《なついん》・印紙の手数を理由とした利益や収税をいう。老子は国家が市庭や町から収税することに批判的であった。それを絶棄すれば政治が盗賊の巣であることは終わるというのは、財貨をむさぼる為政者は「盗夸《とうか》」にすぎない（66講参照）という老子の怒りがここでも表現されているのであろう。もちろん、この批判には政治の世界に「盗夸」がはびこると、それをみている民間でも盗賊が増えるという意味もあった。実際、春秋時代の末期ごろは盗賊集団が広く出没していたのである。これは非常に高率・高利であった地租・地代の徴収への抵抗から始まったが、ここに後の『水滸伝《すいこでん》』のような中国独特の任俠《にんきよう》集団の淵源があったことはよく知られている。

本章後半の「此の三者、以て文足らずと為さば、故に属《つづ》く所あらしめん」という句の解釈はいろいろあるが、私はこの「文足らず」というのは反語だと思う。つまり、老子は、「この文言で悟れないのはおかしいが、それでも足らないというのだったら、言葉を続けてやろう」として、「素《そ》を見て樸《ぼく》を抱け。私を少なくし欲を寡《すく》なくせよ」。いわば禅僧が

「これでも分からないのか。馬鹿め」と一喝する感じである。

なお、この「素《そ》を見て樸《ぼく》を抱け」というのは、「素樸《そぼく》（素朴）」という言葉の語源である。「素」は「素絹《しろぎぬ》」のこと、「樸《あらき》」は樹皮つきの原木をいう。どちらも自然の象徴であり、老子は、自然が作り出す生糸《きいと》の精細な肌理《きめ》や荒々しい樹皮にふれて、自分の卑小さを思い知れというのである。老子は、この「素」と「樸」を人間からは離れて存在する自然の運動、つまり「道」の象徴として使っている。とくに「樸」という言葉は山林、森林に満ちる山の元気のようなもの、材木や器として加工される前の、それ自体としてはまだ有用でなく「無」そのものである樹木を意味し、「道」の比喩として『老子』で頻出する重要語の一つなので注意しておきたい（14、47、56、61、62講参照）。

コラム4　「孝慈」の定義——老子の理想社会論

ここで「民は孝慈に復《かえ》る」の「孝慈《こうじ》」を定義しておきたい。「孝慈」というと、もっぱら儒教の教えと考えられがちで、『老子』の「孝慈」は本章と一八章で二回登場するだけの言葉であることもあって、これまで注目されたことはないが、老子にとっても、人の「善」の基本はまずは「孝慈」であったのである。

もちろん、一八章では老子は国家中枢の貴族が「六親《ろくしん》和せずして孝慈有り」（親族の中

図6 「孝」の金文（「子」が「老」を背負っている）

で喧嘩をしていながら孝行と慈悲を説教する）と述べている。これは国家が説く「孝慈」という徳目がしばしば醜い現実を隠すものにすぎないという批判である。しかし、本章でいう「民の孝慈」は「民の利は百倍す」「盗賊の有ること無し」という社会のあり方とともに語られている。この、民の世界において福利が百倍し、盗賊がなく、孝慈に溢れていることこそ老子の理想社会である。老子の理想社会というと、普通は、「小国寡民《かみん》」のことというのが決まり文句であるが（81講参照）、その章の解説で述べるように、それは国家のあり方として連邦制と平和を期待するという政治思想を述べたものであって、老子の理想社会論はむしろ本章にある。

私はそれが「孝」と「慈《じ》」にみちた社会と描かれているのは、きわめて大事なことだと思う。まず「孝」とは、子が親の身体をいたわり、家事や仕事を分担し助け、そして親が子の身体を心配し、その志《こころざし》を尊重し、その自立を援助することである。『老子』には、「孝」という言葉は、本章と一八章にしかみえないが、老子がこの意味での「孝」を否定していたとは万が一にも考えられない。『論語』には「父在《いま》せば其の志を観、父没すれば其の行いを観る」（学而、父が生きている時はその志をよく見て考え、父が死去した時にはその実際の行為を考える」）、「父母には唯だ其の病のみをこれ憂えしめよ」（為政、子どもが父母に心配をかけるのが許されるのは、病気の時だけだ）、「今の孝は是れ能《よ》く養うをいう。犬馬《けんば》に至るまで皆な能く養うことあり。敬せずんば何を以て別たん」（為政、いま孝行というと親を扶養することだけをいうが、それは犬馬でもやることだ。親を敬重することがなくては犬馬と同じだ）、「父母の年は知らざるべからず。一は則ち以て喜び、一は則ち以て懼《おそ》る」（里仁、父母の年を忘れるようなことがあってはならない。一つにはその健康と長寿を喜ぶためであり、一つにはその死を考えて懼れるためだ）などの条目がみえる。これらは老子にとっても当然の前提であったはずである。

これに対して、「慈」については、老子が、六七章で自分の性格上の長所の第一に「慈」を挙げていることが注目される。「慈」とは慈《なさ》け深い、情が深いということであろう。『説文解字《せつもんかいじ》』には「愛なり」とある。また〔福永注釈〕は、老子のいう「慈」とは「広く人間の人間に対するいつくしみの感情（人類愛）」、つまり博愛のことであるとする。それはその通りであるが、さらに、老子が同章で自分の性格を「倹（遠慮がち）」「後（自分から先頭に立とうとしない）」などと述べているのは、老子が自分の「慈」をいわば「女性的な徳」をもって特徴づけていることを示している。44講で解説するように、老子は女性的な側面をもった「玄徳」を徳の理想としているのである。

なお、福永は、老子のいう「慈」は、儒家のいう「慈」が「親の子に対する愛をよぶ言葉」であるのとは異なっているとしている。『論語』には「慈」という字は「孝慈」という熟語の形で一カ所にしか登場しないが、それは家の相続争いや家臣の反抗に悩んでいた魯《ろ》の有力貴族、季康子《きこうし》が「民をして敬忠《けいちゅう》にして以て勧《すす》ましむるには、これを如何《いかん》」(民衆を敬忠にするにはどうしたらいいか)という問いを発したという記事である(『論語』為政)。孔子はそれに対して、「これに臨むに荘を以てすれば則ち敬す。孝慈なれば則ち忠あり。善を挙げて不能を教うれば則ち勧む」と述べた。簡単に訳すと「荘重な態度で向かえば民衆は敬虔になりますし、ご自分が父母に孝行し、下々に慈悲深く接すれば人は忠《まごころ》をもって仕えるでしょう。また善《よ》い人を引き立てて才能のないものを教訓すれば民衆は仕事をするでしょう」ということになる。この『論語』の一節がいう「慈」は、あくまでも貴族・士大夫が「下々に慈悲深く接する」という恩恵の意味であって、老子のいう「慈」とは異なっている。

強いて比較すれば、福永もいうように、老子のいう「慈」は『論語』の言う「仁《めぐみ》」に似ているかも知れない。孔子は弟子の樊遅《はんち》が「仁とは何か」と問うたのに対して「人を愛す」と答えており(『論語』顔淵)、また「汎《ひろ》く衆を愛して仁に親しみ」とも述べている(学而)。ただ、「仁とは何か」という質問に対して孔子が「礼に非ざれば視ること勿《なか》れ、礼に非ざれば聴くこと勿れ、礼に非ざれば言うこと勿れ、礼に非ざれば動くこと勿れ」とも答えていることからすると（『論語』顔淵）、孔子のいう「仁」はつねに「礼」を優先するという本質をもっている。そして「礼に非ざれば視ること勿れ、礼に非ざれば聴くこと勿れ」というのは、「礼」が目に見える外見的な規範を本質としていることを示している。もちろん、人間相互の関係が「外見的な規範」の下で鍛えられるということそれ自体はつねにあり得ることである。孔子は「礼」という外面的な儀礼によって人間の身体を鍛え、「かしこい身体」を作り、統御《とうぎょ》しがたい人間の無意識の領域を馴化《じゅんか》しようとしたのである。それ故に、いつの時代においても「礼」の意義を否定することはできないが、しかし、恩恵的な「慈」や「仁」は必然的に「礼」を上下関係にしてしまう。孔子の意図は別として、「仁」と「礼」の体系は上下の外見的規範に対する恭順《きょうじゅん》となってしまいがちなのである。

これに対して老子のいう「慈」はもっと内面的なものであって、その意味ではむしろ孔子がいう「恕《じょ》」（おもいやり）に近いというべきかもしれない。孔子は子貢《しこう》が「一言にして以て終身これを行うべきものあるか」と問うたのに対して、孔子は「それ恕《じょ》か。己《おのれ》の欲せざる所は人に施すことなかれ」と答えたという。ここでは自他の対等性は明瞭であって、それは慈《なさ》け深さと自然な人類愛・博愛に広がっていく。老子は、自分の人生のなかで、この「恕《おもいやり》」に近い意味をもつ「慈」を、一つの安定した「徳《いきおい》＝玄徳」の下で、終身、維持してきたというのであろう。

清末《しんまつ》の思想家で梁啓超《りょうけいちょう》などとともに活動して処刑された譚嗣同《たんしどう》の『仁学《にんがく》』は儒家の「仁」を評価して、それを社会改革の指導理念として持ち上げた。そして、譚嗣同は、儒家に比して老子に「仁」の思想がないことを批判し、その「柔静《じゅうせい》」の教えを「中国をまどわした」と非難した。中国近代の諸思想と『老子』の関係をどう考えるかは難しい問題ではあるが、私は、譚嗣同は、以上のような老子の「慈」の思想の意味を見のがしており、老子のいう「民の孝慈」、つまり民衆社会内部で親子の間の愛（「孝」）と相互的な博愛（「慈」）が組み合わさって強められるという理想社会論は、十分に見直す価値があると思う。

13講「言葉の知」は「文明の病」（七一章）

【現代語訳】

自分の無知を知っているのが人としての上等さである。知らないのに知っているというのは、心の病気である。いったい、「病い」を「病い」と分かっていれば、「病い」の気はなくなる。有道の士は病気をもたない。病いを病いと知ることによって病気から自由になるのである。

知不知上、不知知病。夫唯病病、是以不病。聖人不病。以其病病、是以不病。

知らざるを知るは上なり、知らずして知るとするは病《やまい》なり。夫《そ》れ唯《た》だ病を病とせば、是《ここ》を以て病あらず。聖人は病あらず。其《そ》の病を病とするを以て、是を以て病あらず。

【解説】ここで老子のいっていることは、ソクラテスが「何かを知っているつもりで、そのじつ、わずかしか知らないか、何も知らない」ことを明らかにする、それが「魂をできるだけすぐれたものにする」ことだというのと同じことだろう。ソクラテスが「私はいまだかつて何人《なにびと》の師となったこともない」といっているのも老子に似ているように思う（プラトン『ソクラテスの弁明』）。老子は、ソクラテスと同じように、そもそも「知る」とはどういうことなのかを問うているのである。

〔福永注釈〕によると、『老子』本章は『論語』に対する批判として書かれたものらしい。『論語』（為政）には、孔子が弟子の子路《しろ》に対して、「汝《なんじ》に之を知ることを教えんか。之を知るを之を知ると為し、知らざるを知らずと為せ。是れ知るなり」といったという一節がある。つまり「知る」ということは、知っていることと知らないことを区別することだ。自分が何を知っているか、何を知らないかを明瞭に弁別せよという訳である。この『論語』の言い方は、いかにも教師臭い、教師のいいそうなことに聞こえる。福永の言うように、ここで孔子は知識というものをすでに決まった回答のあるもののように扱っている。

　これに対して、老子は、そもそも「知る」とはどういうことなのかを問い、自分の「不知」を知っているのが上等というものであって、万が一にも「知らないこと」を知っているなどとしてはならないと述べる。もちろん、孔子のいうことが無意味だという訳ではない。自分の「知」の範囲を確認するのは必要なことである。しかし、知識というものは、実はつねに不分明な部分を残している以上、その知識の範囲が本当に正しいかを疑った方がよい。老子は、それを忘れて「知らないのに知っている」と錯覚することを「病」であるという。この「病」という言葉は、『論語』における「病」の意味が「憂《うれい》・患《うれい》」であることを援用して（述而、衛霊公）、これまで普通、「気になること」「欠点」などと訳されてきた。しかし、ここは「文字通り病気の意でも悪くはない」（〔池田注釈〕）。それは意思によって取り払える「憂い」や「欠点」ではなく、心の「病」であるというのである。

　もちろん心の病は「文明の病」のみではない。人間の心と意識と言葉は矛盾することが多い。心の病は人間が入り込む罠、トラップであって、人間の心は、いつの時代でも、そして「知」や文明の実態とは関わりなく、知らず知らずにそこに陥りやすい。人間関係、男女関係、家族関係の中で、人間が心のトラップに陥るのは人間の運命であって、それは運命であると覚《さと》って突き抜けていくほかない。老子が続けて「病を病とせば、是《ここ》を以て病あらず。聖人は病あらず。其《そ》の病を病とするを以て、是を以て病あらず」というのはそういう意味だろう。「其《そ》の病を病とするを以て、是を以て病あらず」というのは面白い言い方で、病を病として対処することができれば、それはすでに病「気」ではないというのである。自分の心の病を見抜いて「鈍」に生きること。文明論をこえて、老子はそれを呼びかけている。

職人が仕事を身体で覚え込んだ場合の「知」は、こういう病気には陥らない。これは「文字」によって学ぶことを前提とした「文明の病」である。「文字」は官僚制を呼ぶから、「文明の病」はいよいよ深くなっていく。思想史家の藤田省三は「身体のリズムということと認識とは不可分一体のものであって、言葉だけで事を解決しようとするのは官僚制の特徴なのですね。そこに文書主義が生まれるわけです」（竹内光浩・本堂明・武藤武美編『語る藤田省三』）と述べたことがある。これは日本の儒学者、荻生徂《おぎゆうそ》徠《らい》（一六六六〜一七二八）による「官僚的な知」の批判にふれて述べたものであるが、藤田の説明は儒学それ自身に対する批判としてあたっている。

老子は女と男の性愛について語ることをタブーとしない。『論語』『孟子』そして『荘子』などと大きく異なって、老子の思想は生身の身体を基礎におくのである。

その身体思想は女性を大事にする。儒学が「男女、夫婦、父母」などの男を先にする言葉を使うのに対して、『老子』は「雌雄・牝牡《ひんぼ》・母子」などと女を先に掲げる。『老子』を通読すれば女性への親近感は明らかである。ただ、老子は女性的なものをもっぱら「和柔」とし、「女―男」という対比をなかば固定化する。これは老子の族長としての保守主義的な態度であろうが、しかし、ともかく老子の思想は、この時代、たとえばギリシャの哲学思想の中にはまったく存在しないような女性尊重の思想である。

なお、漢の王族、劉向《りゅうきょう》(前七七〜六)の『列仙伝』の老子の項に「好んで精気を養い、接《せっ》して施《ほどこ》さざるを貴ぶ」(男性精気を養い、女性に接しても精を放たない)とあるように、老子は早くからいわゆる「房中術《ぼうちゅうじゅつ》(寝室の性の技法)」の祖とされていた。房中術は王侯の後宮《こうきゅう》から始まったもので、老子がその祖であるとは考えにくい。しかし、老子がその身体思想にもとづいて「養生」を強調しただけでなく、セックスを率直に論じたことが、この伝承の生まれる理由となったことは十分に考えられよう。

14講　女と男で身体の「信」をつないでいく　（二一章）

【現代語訳】

女性的な「徳《はたらき》」の深い孔《あな》のようなゆとりにそって「道」はただ進むだけだ。この道が物を作るのは、ただ恍惚《こうこつ》の中でのことだ。恍惚の中で「象《かたち》」がみえる。その恍惚の中に物があるのだ。そしてその奥深くほの暗い中に「精」が孕《はら》まれる。この精こそ真に充実した存在であって、その中に「信《しん》」が存在する。この信が遥かな過去から現在にいたるまで一貫して存在し、つねに衆父《しゅうほ》（族長）を統括してきたのである。私が族長とはそういうものだと知ったのは、そういうことを私も体験したからである。

孔徳之容、唯道是従。道之為物、唯恍唯惚。惚兮恍兮、其中有象。恍兮惚兮、其中有物。窈兮冥兮、其中有精。其精甚真、其中有信。自古及今、其名不去、以閲衆父(1)。吾何以知衆父之状哉、以此。

（1）底本「衆甫」。帛書により改む。

孔徳の容《よう》は、唯《た》だ道これに従う。道の物たる、唯だ恍《こう》、唯だ惚《こつ》。惚《こつ》たり恍《こう》たり、其《そ》の中に象《しょう》有り。恍たり惚たり、其の中に物有り。窈《よう》たり冥《めい》たり、其の中に精《せい》有り。其の精甚《はなは》だ真なり、其の中に信有り。古《いにしえ》より今に及ぶまで、其の名は去らず。以て衆父《しゅうほ》を閲《す》ぶ。吾《わ》れ何を以てか衆父《しゅうほ》の状を知る、此れを以てなり。

【解説】 老子は、本章で「性」そのものについてのイメージをふくむ哲学詩を試みた。すでに福永は、中段の「窈《よう》たり冥《めい》たり、其の中に精《せい》有り」という「精」は「男女の交合作用に発想の基盤をもつ」としている。それでも、本章の記述は、神秘的であるだけに非常に曖昧で、これまで本章の全体を「性」のイメージにそって理解することはむずかしかった。これがはっきりしたのは、馬《ま》王堆《おうたい》墳墓で、「帛書《はくしょ》老子」と一緒に『胎産書』『合陰陽方』などの医学書・房中術の書が発見されたためである。それに注目した大形《おおがた》徹は、福永の想定にそって本章の解釈を突き詰めることに成功した（大形「『道徳経』にみえる「精」と房中術」『人文学論集』二六）。

解釈のかなめは、やはり福永が着目した「窈《よう》たり冥《めい》たり、其の中に精《せい》有り」という句にあった。この「精」が男の「精」そのものであることは福永のいう通りであるが、鍵は「窈《よう》たり冥《めい》たり」の意味であった。この「窈冥」という言葉は、それ自体としては「奥深くほの暗い」というような意味で、一般には別世界あるいは冥界・異界などを示す。『荘子』(外篇、在宥篇)に仙人《せんにん》が立ち至る場として登場する「窈冥の門」は地下の冥界《めいかい》の門とされる。しかし、馬王堆出土の『胎産書』に「人の産まるるや、冥冥に入り、冥冥より出づれば、乃ち始《たい》(胎)は人となる」という「冥冥」は、後の『産経』に「人の始めて生まる。冥冥より生まる」とあるのと同じで、女性の胎内《たいない》を意味する。大形は、ここから『荘子』の「窈冥の門」も女性の陰門に通じ、「窈《よう》たり冥《めい》たり、其の中に精《せい》有り」というのは、女性性器の中に「精」が宿ったことを婉曲《えんきょく》に表現したものであるとした。ようするに本章は男女が新しい生命を生み出すことを論じ、性交と受精を示唆しているというのである。

ただ、大形も本章全体の現代語訳はしていない。そこで、最初から説明していくと、まず「孔徳」という言葉は、周代の鼎《かなえ》の銘文からすでにみえ、「大いなる徳」「深淵なる徳」という意味であるが、「穴の中の空間のように無為の徳」(『木村注釈』)とあるように「孔」の意は残すべきだろう。「孔徳の容《よう》」の「容」は従来の注釈では姿・有様などとされるが、むしろその本来の意味、つまりは「容れること広大」の意味にとりたい。

それ故に「孔徳の容《よう》は、唯《た》だ道これに従う」とは「女性の深い徳の大きさに「道」が従っていく」という意味になる。ここに女と男の性の交わりが暗喩《あんゆ》されているとしたら、「道の物たる、唯だ恍《こう》、唯だ惚《こつ》。惚《こつ》たり恍《こう》たり、其《そ》の中に象《しょう》有り」は、道の物としての気配（コラム6参照）はただ恍惚としており、その中に人間の「象《すがた》」が生ずるということであろう。『胎産書』に妊娠一カ月目を「留形（形がつくられる）」と名づけていることも参考になる。そして、「窈《よう》たり冥《めい》たり、其の中に精《せい》有り」とは、大形の解釈によって、「窈窈冥冥たる女の孔の中に精が育まれるのである」と理解すべきことになる。「象」に「精」が宿り、人間になっていくという訳である。

この哲学詩には、「物・惚」「恍・象」「惚・物」「冥・精」「信・真」と韻が読み込まれており、表現は神秘的であるが、その奥に、人間の男女とセックスについての記述があると考えてよいのである。老子がここまで踏み込んで性交や妊娠の世界を描いた理由は、すでにその時代に広まっていた医書や房中術書のような知識にふれるのが自然だったということであろう。しかし、さらに考えられるのは、老子にとって生命の再生産＝生殖による血統の維持について論ずることがどうしても必要だったということである。

本章の結論は、「其の精甚《はなは》だ真なり、其の中に信《しん》有り。古《いにしえ》より今に及ぶまで、其の名は去らず。以て衆父《しゅうほ》を閲《す》ぶ」となっている。衆父は『荘子』（外篇、天地篇）に「族あり祖あり。以て衆父となすべきも云々」とあって族長のことであり、「以て衆父《しゅうほ》を閲《す》ぶ」とは、男が伝える「精」の中に存在する「信」が歴代の「衆父」＝族長を統括し、連続していくということである。ここには人間の生殖により氏族の「信《まこと》」が族長の身体を通じて連続していくという観念がある。

老子の「士大夫《したいふ》」としての立場からすると氏族の血統の男系を持続させることはかけがえのないことであった。もちろん、道の男性原理は、女性の孔徳に容れられることによって持続できるものであり、女と男の性愛とそこに根をもつフェミニズムが大事な意味をもっていた。しかし、老子のフェミニズムもやはり時代の所産なのであって、それはいわば族長的で保守的なフェミニズムというべきものであったのである。

それにしても、その血統を「信」によって表現するのが興味深い。私はこの信の強調は、おそらく孔子の「信」の考え方に対する批判を含んでいたと思う。『論語』でもっとも多く登場する倫理規範用語が「信」であることはよく知られており、それが人生訓それ自体として貴重なものであることはいうまでもないが、ここで問題としたいのは、「信」の社会的な側面である。たとえば『論語』（顔淵）は王の役割として「食を足《たら》し兵を足《たら》し、民をしてこれを信ぜしむ」といい、そしてその「食」「兵」「信」の三者のうちでは、やむをえず捨てる場合は、まず「兵を去らん」とし、次に「古えより皆な死あり」という理由で「食を去らん」とし、「民は信なくんば立たず」としてもっとも「信」を重視する。まず「兵」をやめるというのは正論であるが、しかし、「食」よりも「信」という孔子の考え方は統治者の目線《めせん》である。それは王が民に要求する「信」なのである。私は『論語』（為政）

の「人にして信なくんば、其の可なることを知らざるなり」という有名な一句にも、そのような要素があるように思う。

これに対して老子の「信」は士大夫が族長として自立的に維持するものであった。老子は、王権の外側にあり、おのおのの士大夫の氏族に固有なものとして、「信」を考えていたのである。

15講　女が男を知り、男が女を守り、子供が生まれる　（二八章）

【現代語訳】

女が男を知り、男が女を守る生活のなかで、男女の間にある原初の谷間《たにま》が開く。そこでは恒遠なる「徳《はたらき》」が離れることはなく、人間の生命を赤ん坊に戻すことができる。女が男の白い輝きを知り、男が女の黒い神秘を守る生活のなかで、二人は世の中の運命を占う式《しき》盤《ばん》となることができる。そうすれば、恒遠なる「徳《はたらき》」が違《たが》うことなく、無極《むきょく》なる宇宙の神秘に復帰することができる。栄誉と恥辱《ちじょく》は、女が男の栄誉を見て知り、男が女を恥辱から守る生活のなかで、豊かな谷間の中に溶け込んでいく。そうなれば人の徳《いきおい》は満ち足りて恒遠なものとなり、そこに原生林の大木（「樸《あらき》」）のような風格が生まれ、そこに復帰することができる。もちろん、現実には木をみると切り刻んで小さな器を作るのと同じに、有道の士もただの官僚として用いられる。（しかし）最上の制（切）り方は分割しないことだ。

知其雄、守其雌、為天下渓。為天下渓、恒徳不離、復帰於嬰児。知其白、守其黒、為天下式。為天下式⑴、恒徳不差⑵、復帰於無極。知其栄、守其辱、為天下谷。為天下谷、恒徳乃足、復帰於樸。樸散則為器。聖人用之、則為官長。故大制不割。

（1）「式」は「栻」の略。（2）底本「忒」。「差」の意。

其《そ》の雄《おす》を知り、其の雌《めす》を守れば、天下の渓《たに》と為る。天下の渓と為れば恒徳離れず、嬰児《えいじ》に復帰す。其の白を知りて、其の黒を守らば、天下の式と為る。天下の式と為れば、恒徳は差《たが》わず、無極《むきょく》に復帰す。其の栄を知りて、其の辱を守らば、天下の谷と為る。天下の谷と為れば、恒徳は乃《すなわ》ち足り、樸《あらき》に復帰す。樸は散ずれば則《すなわ》ち器と為り、聖人も用いれば則ち官の長と為る。故に大制《たいせい》は割《さ》かず。

【解説】冒頭の「其《そ》の雄《おす》を知り、其の雌《めす》を守れば」という句は、『荘子』（天下篇）に「人に先んぜずして、常に人に随う」という文脈の中で登場する。それ故に、ここには

「雌」のように控えめにという意味があることは確かである。その意味では、この句が「一人の人間が男の剛強さを心得ながらも、女の従順さを守り続けるならば、人々の集まる天下の渓《たに》と為る」などと解釈されてきたのは自然なことであった。ある男が強い能動性＝男性性をもつと同時に柔軟な受動性＝女性性をもつことが人間の理想だという訳である。

しかし、これでは少し堅苦しすぎる。また気になるのは、これでは「雄」を知り「雌」を守って、人間としての理想に達するのは「男」のみとなってしまう。しかし、老子には女の側からの視点というのもあるのではないだろうか。この点で、〔福永注釈〕がここに「雄を知った雌」「男を知りつくした女、男性的な在り方の本質を十分わきまえた上での女性的なあり方」を読み込んだのが面白い。この福永の視点は、これまでの解釈が男の理屈にかたよりすぎているのではないかという疑問につながる。「雄を知り、雌を守る」という表現にはもっと直截《ちょくせつ》なものがあるのではないか。私は、福永の解釈を突きつめれば、この句は「（女が）その男を知り、（男が）その女を守れば」と読むべきものになると思う。『老子』では男女を並列する場合には女が前に出るのが原則だから、この場合も「（雌が）、（雄が）」という主語が省略されている、つまり実は主語を男女二人だと考えるのである。

これで「其《そ》の雄《おす》を知り、其の雌《めす》を守れば、天下の渓《たに》と為る」という文章の前と後ろの句のつながりが分かりやすくなる。普通、ここは「男らしさと女らしさ」の両方をもつ人間は人望が高くなり、川水が「渓《たに》」に集まるように人が集まってくると解釈する。しかし、これはややこじつけではないか。この「天下の渓《たに》と為る」という場合の「渓」には、もっと端的に二人の男女が籠もる場というニュアンスがある。つまり中国の周の時代の詩歌集、『詩経《しきょう》』の国風のうちの邶風《はいふう》に収められた「谷風《こくふう》」という詩は「谷間に風が吹いて曇ったり雨がふったりするときは昼間でも仲良くしてたのに、怒ってばかりいないでよ。菜や草をとるのに根っこだけよければいいの。私を見てよ。やさしくしてくれるなら死ぬまで一緒にいたいのに」という俗謡《ぞくよう》である。この「雲雨」というのは一休和尚の『狂雲集』にも出てくるように中国詩文の世界では伝統的にセックスのことをいう。漢の時代にできた『毛伝』という注釈書も、この俗謡を「陰陽《おんみよう》和して谷風《こくふう》至り、夫婦和して室家《しつけ》成る。室家成りて継嗣《けいし》生まる」と解説している。「谷風」とは「陰陽＝男女」の間に吹く風なのである。

こうして二人の間には、原初から変わらぬ人間の身体の秘密の谷間が開く。人間の肉体の中には、原初から女と男の間に開いている谷間があり、そこに降りていった二人は綿々《めんめん》と続く天地の根に接する。そして、「恒徳」、つまり恒遠なる生命の「徳《いきおい》」から離れることなく、二人の生命世界は赤ん坊に復帰し、再生するというのであろう。

次の「其の白を知りて、其の黒を守らば、天下の式と為る」という句も、現代語訳のよ

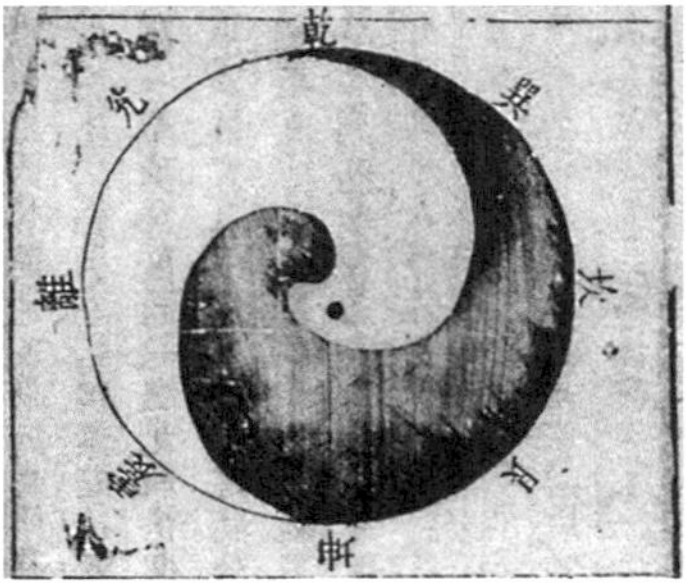

図7　太極図『図書編』（明天啓刊本）

うに理解すると女と男の関係というニュアンスを帯びる。〔任継愈《レン・ジーユィ》注釈〕によれば「天下の式」の「式」とは易で使用される占いの道具、「栻《しょく》」、つまり式盤《しきばん》を意味する。図7の太極図は遥か後の図であって、ここで掲げるのは適当ではない。しかし、この「白・黒」のコントラスト自体は無意味ではなく、「白を知り、黒を守る」という「白・黒」は、おのおの易でいう「乾《けん》・坤《こん》」「陰・陽」のことである。これも人間が「乾・坤」「陰・陽」の両面を兼ね備えるというのが表側の意味であるが、「女が男の白い輝きを知り、男が女の黒い神秘を守る」家族の生活が式盤となって天下は動いていくというのであろう。そうすれば、「恒徳」の力によって「無極《むきょく》に復帰す」という訳である。宋の道学に老荘思想を持ち込んだ周敦頤《しゅうとんい》（一〇一七〜七三）は、その易書、『太極《たいきょく》図説』で、本章の「無極」に注目し、それを「太極＝道」以前の宇宙の神秘と理解している。「其の栄を知りて、其の辱を守らば、天下の谷と為る」というのも、前出の現代語訳にあるように同じ趣旨で理解できる。人生における栄誉と恥辱は、女と男がおのおのの栄辱をともにする中で、谷の中に溶け込んでいくというのである。

最後の一行、「樸《あらき》は散ずれば則《すなわ》ち器と為り」以降の部分は、以上を前提として一種の文明批評に転じている部分である。「樸は散ずれば」の「散」は切り割《さ》くことをいい、『荘子』（外篇馬蹄篇）に「樸を残《そこな》いて以て器となすは、工匠の罪なり」とあるのと同じ意味である。それ故にここは「現今は、樸も切り割って小さな器とするが（「制」の語義は61講参照）、それでは有道の士でもただの官庁の長ぐらいに成り下がってしまう。大きな物を製《つく》るためには、材を割るべきではない」ということになる。「樸→器」と「聖人（有道の士）→官長」という対比である（なお、この対比が可能なのは、「器」が人間の「器《うつわ》」・器量というニュアンスをもつためである。「器」という語の定義はコラム11を参照）。

コラム5　易・陰陽道・神仙思想と日本の天皇

任継愈《レン・ジーユイ》は中国では珍しく儒教を宗教として捉えることで知られた宗教史研究の重鎮である。任継愈の『老子訳注』は、中国におけるもっとも標準的な老子の解説書であり、訳者の坂出《さかで》祥伸《よしのぶ》がいうように、「天下の式《しき》」の「式」を易の「式盤《しきばん》」のことであるとした解釈の確度は高い。

前漢の皇位を簒奪《さんだつ》した王莽《おうもう》は、結局、身体を八つ裂きにされたが、その死の前々日、天文郎《てんもんろう》を呼び出して「栻《しょく》」を前に置いて日時を占わせた。『漢書』王莽伝を読んでいる

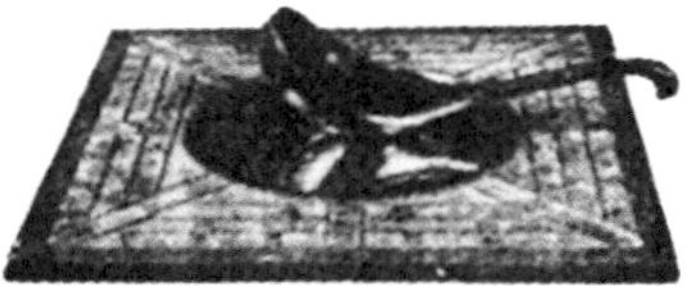

図8　王振鐸による式盤復元図

と、王莽が天文や易に凝《こ》る様子は異様であるが、『老子』の教えも、そのような流行の一因であったのであろう。『易経《えききょう》』（繋辞伝）に「一陰一陽これを道と謂う」「乾道《けんどう》は男を成し、坤道《こんどう》は女を成す。乾は大始を知《つかさ》どり、坤は成物を作す」などとあるのは老子の影響ではないだろうか。もちろん、『易経』は四書五経の一つで、孔子が編纂したものとされる（四書は「論語」「大学」「中庸」「孟子」、五経は「易経」「書経」「詩経」「礼記」「春秋」）。しかし、儒学が取り入れた易はすでに『老子』の思想から大きな影響を受けたものであって、儒家の手によって『易経』が現在の形に整えられたのは前漢（前二〇二～二〇八）の始めのことであるとされる。

こうして老子の思想と儒学の双方によって認められた易は、中国の世界観に大きな影響をあたえることになった。これ以降、易はただの占いの術ではなく、天体の運行や方位を観測し、暦・算・測量などの技術をもち、自然界の変異を陰陽の対立から説明する自然思想として体系化される。それが基礎となって、中国の民俗宗教とされる道教が形をとり、また天球儀や式盤や筮竹《ぜいちく》などの機具・呪具《じゅぐ》を使用して国家や個人の吉凶禍福《きっきょうかふく》を判じる陰陽道《おんみょうどう》が形成されたのである。

このように宗教化していった易・道教・陰陽道は、東アジア全域に影響をおよぼした。『日本書紀』によれば、大王継体《けいたい》の時代、五一二年、百済《くだら》から日本に五経博士が渡来し、以降、継続的に交代要員が送られて、継体の子、欽明《きんめい》の時代、五五三年には易博士・暦博士などの名前と卜書《ぼくしょ》・暦本《れきほん》もみえる。実際上は、易・陰陽道の伝来は、もっと早かったであろうが、『日本書紀』では六世紀、いわゆる仏教伝来に先行していることが注目される。欽明の子の敏達《びだつ》は、「仏法を信《う》けたまわずして文史《ぶんし》を愛《この》みたまう」（『日本書紀』）とされるが、この「文史」とは文学・史学のことだが、実際には老荘思想を含んでいたろう。私は敏達は『老子』を読んだ可能性が高いと思う。さらに、その妻の推古《すいこ》の時代には大寺、飛鳥寺が造営されるが、百済からきた僧侶は暦・天文地理・遁甲方術《とんこうほうじゅつ》の書を献じたというから、仏教と陰陽道が二者択一のものではなかったこともあきらかである。そして敏達の子孫は蘇我氏との血縁関係をもたず、大王継体に縁の深い近江の息長《おきなが》氏の系統に近い〈敏達―押坂彦人《おしさか》―舒明《じょめい》〉と続いたことが重要で、その中で易・陰陽道と老荘思想への傾倒は継続的に維持された。もちろん、舒明は飛鳥寺に並ぶ百済大寺を立てたが、その妻の皇極《こうぎょく》（重祚《ちょうそ》して斉明《さいめい》）は道観《どうかん》（道教の寺）を建てるなど、老荘思想への傾倒を明らかにした。そして、その子の天智天皇の建てた近江京には天文観測をする占星《せんせい》台《だい》があったといい、また弟の天武天皇が「天文・遁甲《とんこう》を能《よ》くす」（遁甲は天文にもとづく隠身法）といわれたほど陰陽道に造詣が深く、占星台を設置したこともよく知られている。壬申《じんしん》の乱で蜂起したときに、「燭《ひ》を挙《ささ》げて、親《みづか》ら式をとりて、占った」とあるように、天武は自分で式盤をあつかったらしい。

そもそも福永光司『道教と古代日本』がいうように、天皇という称号は道教における宇宙の最高神の称号に由来するものである。そこから考えても、少なくとも六世紀以降の王家の基軸的な宗教思想は老荘思想や陰陽道にあった。そもそも日本では六世紀前半までは神話時代が続いていたが、日本の神話時代から文明時代への過渡期をになった継体―欽明―敏達の王統が、神仙思想（≒道教≒老荘思想）の伝統をもっていたのは当然のことなのである。そしてこの神話と神仙思想が、そのまま後の神道につながっていったことはいうまでもない。

16講　家族への愛を守り、壊れ物としての人間を守る　（五二章）

【現代語訳】

天下に始めがあるとしたら、それは母から始まる。男が最初に妻、つまり子供の母の身心を得ていれば、その子はよく分かるし、また逆に子供のことをよく知って、その母を大事に守るということもある。そうすれば自分が死んでも危ないことはない。そして身体の穴を閉じ、その門を猥《みだり》に開《ひら》くことがなければ、一生、疲れることはない。もし、それらの穴や門を開いて、そのような事をすると救われないことになる。母子の小さな世界を見るには「明」が必要であり、その柔弱な世界を守る力こそを本当の「強」というのだ。光を働かせ、つねに明朗であるようにしたいものだ。そうすれば身《み》の殃《わざわ》いが残ることはない。これこそを永遠の今、「恒《こう》」なる本性に順《したが》うという。

天下有始、以為天下母。既得其母、以知(1)其子。既知其子、復守其母。没身不殆。塞其兌、閉其門、終身不労(2)。開其兌、済其事、終身不救。見小曰明、守柔曰強。用其光、復帰其明、無遺身殃。是謂襲(3)恒。

（1）底本「復」、他本は以。（2）底本「勤」。意により置き換え。（3）底本「習」。帛書による。

天下に始め有り、以て天下の母と為《な》す。既に其《そ》の母を得て、復《ま》た其の子を知る。既に其の子を知り、復た其の母を守らば、身を没するまで殆《あやう》からず。其の兌《あな》を塞《ふさ》ぎ、其の門を閉ざさば、身を終うるまで労《つか》れず。其の兌《あな》を開き、其の事を済《な》せば、身を終うるまで救われず。小《しょう》を見るを明《めい》と曰《い》い、柔《じゅう》を守るを強《きょう》と曰う。其の光を用いて、其の明に復帰せば、身の殃《わざわい》を遺《のこ》す無し。是を恒《こう》を襲《かさ》ぬと謂《い》う。

【解説】 本章には男女夫婦の愛、個人的な性愛を何よりも重視することが説かれている。ただ、こういう問題でも、『老子』の議論は世界観から始まる。冒頭の「天下に始め有り、以て天下の母と為《な》す」という句は、第二部でとりあげる『老子』の宇宙論において、宇宙の始源の混沌が星雲のようにゆったりと周る様子が「天下の母たるべし」（二五章）と描かれていることに重なっている。

しかし、続いて「既に其《そ》の母を得て、復《ま》た其の子を知る」とあるのは、一人の男と一人の女の話である。すでにその女は母となっており、老子は家族という身体の世界の小宇宙《ミクロ・コスモス》に話題を移している。「其の兌《あな》を塞《ふさ》ぎ、其の門を閉ざさば、身を終うるまで労《つか》れず。其の兌《あな》を開き、其の事を済《な》せば、身を終うるまで救われず」とは、「子供までもうけた以上、個人的な愛情を大事にし、みだりに身体の欲望の門を他に開くな」というストレートな忠告である。この文章は「神明のことは閉ずるにあり、審《つつ》しみて玉閉をとらば、神明将に至らんとす」（『天下至道談』）という、当時流行していた房中術の説く性交における抑制と似通っているが、その趣旨はもっと倫理的なものである。

最後の部分の、この小さな家族世界を見るには明るさ、明朗さが必要であり、その柔弱な世界を守る力こそを本当の強さというのだ、これこそが恒遠なる道に順《したが》うことだという主張も明解である。この「小《しょう》を見るを明《めい》と曰《い》い、柔《じゅう》を守るを強《きょう》と曰う」というフレーズの趣旨は三三章でも繰り返されており、老子の倫理の考え方において、きわめて大事な位置にある（7講参照）。本章ではそれが家族と夫婦にそくして語られているのである。

なお、これまでの解釈は、「天下の母」とは「道」「事物の根本」などを比喩したものであって、母と子というのもただの比喩であるとしている。しかし、そのような解釈はきわめて曖昧で、ほとんど詩としてのイメージを結ばず、堅苦しすぎる。私は、そういう「詩を詩としない」読み方には賛成できない。

17講　赤ん坊の「徳《いきおい》」は男女の精の和から生ずる　（五五章）

【現代語訳】

善の徳《いきおい》を十分にもっている人は、赤ん坊のようだ。赤ん坊は蜂《はち》も蠆《さそり》も虺《まむし》も蛇《へび》も咬《か》もうとしない。猛獣も襲わないし、猛禽も蹴爪《けづめ》にかけない。骨は弱く、筋《すじ》は柔らかいのに、握力は強い。まだ雌雄の交合のことも知らないのに、陽根《ようこん》が立つのは精が満ちているからだ。一日中泣いても声がかれないのは、その「気」が「和」しているからだ。この「和」が永遠の今、「恒《こう》」となり、そして、その「恒」を知れば「明《めい》」になる。その中で生活が進んでいくのを「祥《さいわい》」と曰い、心がうまく「気」を使うことを「強《つよさ》」という。しかし、心気でなく、物の気《エネルギー》のみが盛んだと衰えるのも早い。それでは道理に反するからであり、道理に反すれば早々に終りがやってくる。

含徳之厚者、(1)比於赤子。蜂蠆虺蛇不螫、猛獣不拠、攫鳥不搏。骨弱筋柔而握固。未知牝牡之合而陽怒、(2)精之至也。終日号而不嗄、和之至也。和曰恒、(3)知恒曰明。益生曰祥、心使気曰強。物壮則老、謂之不道。不道早已。

(1)「者」、楚簡により補う。(2)底本「全作」。楚簡により改む。(3)底本「知和曰常」。楚簡・帛書により改む。

徳《とく》を含むことの厚き者は、赤子に比ぶ。蜂蠆虺蛇《ほうたいきだ》も螫《さ》さず、猛獣も拠《おさ》えず、攫鳥《かくちょう》も搏《う》たず。骨弱く筋柔らかくして握ること固し。未《いま》だ牝牡《ひんぼ》の合を知らずして陽の怒《ど》すは、精の至りなり。終日号《な》いて嗄《こえか》れざるは、和の至りなり。和を恒と曰《い》い、恒を知るを明《めい》と曰う。生を益《ま》すを祥《さいわい》と曰い、心、気を使うを強と曰う。物は壮《そう》なれば則《すなわ》ち老《お》ゆ。之を不道と謂《い》う。不道は早く已《や》む。

【解説】　本章は末尾の一節、「物は壮《そう》なれば云々」以外は、楚簡《そかん》に含まれている。楚簡を書いた壮年の頃から、老子は赤ん坊が好きだったのだろう。子供も何人かいたのであろうか。

ただ、赤ん坊が「善の徳の豊《いきおい》かな人」であるというのは、かわいいというだけではなく勢いがあるという意味を含んでいる。とくに興味深いのは、赤ん坊は猛獣・猛禽《もうきん》に傷つけられないだけでなく、蜂《はち》・蠆《さそり》・虺《まむし》・蛇《へび》などの毒虫に刺されないとあることである。日本の『弘法大師行状絵詞』（巻六）に「古賢《こけん》の詞に「人能《よ》く暴虎《ぼうこ》を搏《う》つも、蜂蠆《はちさそり》に失声《しっせい》なきあたわず（刺されて息を呑む）」と言へり」とある「古賢の詞」は、『老子』本章に由来するのであろうか。『老子』五〇章には幸運な人は、兕《さい》の角にかけられることも、虎に爪を立てられることもないとあるが、赤ん坊はそれ以上に毒虫からも安全だということになる。

続く、身体ができあがっていないのに、両拳《こぶし》を握り固めているとか、男の子の陽根《ようこん》が立つなどは、今でも観察できることである。男児の陽根が立つことを精の至りなりという「精」は、二一章に「窈《よう》たり冥《めい》たり、其の中に精《せい》有り」とあるセックスの「精」のことであろう。これに対して、「終日号《な》いて嗄《こえか》れざるは、和の至りなり」という「和」は、「陰陽」の調和、女性性と男性性の調和である。「和」という字の用例は『老子』には多くないが、四二章には「陰を負いて陽を抱き、沖気《ちゅうき》もって和を為す」とある。詳しくは同章の解説（38講）を参照していただくとして、ようするに、ものには陰（女）と陽（男）があって、そこから「沖気《ちゅうき》（揺れる気）」が発して「和」がもたらされるというのである。赤ん坊の「和」とは、この男女の和気が直接に引き継がれたものであるということになる。

以上が本章の赤ん坊についての議論であるが、老子は、ここから「精」「和」「恒」「明」「祥《さいわい》」「強」の人生論を展開する。これを考える上では、一六章の「万物の奥には「根」があり、そこに「静」かに復帰してきたものが「命」であり、そこに「恒」がある。その自覚が「明」である」という「根」「静」「命」「恒」「明」をキーワードとしたよく似た章句とつき合わせてみる必要がある。

つまり、本章の「和を恒《こう》と曰《い》い、恒を知るを明と曰う」は一六章の「命に復《かえ》るを恒と曰い、恒を知るを明と曰う」と後半部分が同じであり、両者を比較すれば前半の「和」と「命に復る」も同じ意味となる。「和」は男女の生命の調和であるから、たしかにこれは「命」と同じである。問題は「恒」の意味であるが、「命に復ればここに恒にして」ということからすると、「恒」は生命の永遠性ということであろう。「恒を知るを明と曰う」というのは、この永遠性に戻ることこそが「明」だというのである。

本章のように「精→和→恒→明」と表現しても、一六章のように「根→静→命→恒→

明」と表現しても、言いたいことは同じであろう。違いは傍線の部分だが、前者の「精」はセックスの「精」、後者の「根」は本章でいえば「陽（男根）」だから同じことである。また前者の「和」が後者の「静↓命」となっているのは、男女の「和」は「静の中での命」のことだからである。

本章はさらに「生を益《ま》すを祥《さいわい》と曰い、心、気を使うを強と曰う」と続く。この句は、これまで「無理に寿命を伸ばそうとするのを災いといい、心が身体の気を制御するのを強壮という（中略）。これを道に対する違反と言う」（『池田注釈』）などとマイナスの意味で読まれてきた。「生を益《ま》す」を「導引《どういん》」（気を重視する体操）や「服薬」などによって意図的に不老長寿を願うことと解釈して、「無為」にふさわしくないとし、「祥」は普通に吉福の意ではなく特殊な用例にそって無理して「祥《わざわい》」と読むのである。しかしこれは「河上公注」が「祥は長なり。生を益して自ら生きんと欲し、日に以て長大なるを言う」（祥は善いことで、生活の幅を広め意欲を高め、日に日に善くなっていく）と説明するのが素直だろう。その理由は、最終句の「物は壮《そう》なれば云々」は後に付け加えられたものであって、楚簡《そかん》では、この「生を益《ま》すを祥《さいわい》と曰い、心、気を使うを強と曰う」とい

図９　馬王堆出土の導引図（太極拳）

う句が最後だったことである。本章全体で肯定的に問題を論じてきた最後に、この短い句で急に否定的な側面の議論に移ったとするのは無理が多く、そうだとすれば「心、気を使うを強と曰う」という句も肯定的に理解するのがよい（ただこれについては「河上公注」も「心は当《まさ》に和柔を専一にして神気の内に実るべし、故に形は柔なり。しかるに反して妄りに所為あらしむれば、和気の中を去る。故に形体は日に以て剛強なり」として否定的に理解している。これまでの解釈はそれを引き継ぐが、賛成できない）。

なお、この「気」という字は、本章と前記の「陰を負いて陽を抱き、沖気《ちゆうき》もって和を為す」（四二章）のほかには次講に掲げた一〇章にしか現れない。そしてそこでも「気を専《もつぱ》らにし柔《じゆう》を致《きわ》めて、能《よ》く嬰児《えいじ》たらんか」として、「気」が充実して「柔」であることが赤ん坊の特質とされているのである。「心、気を使うを強と曰う」が肯定的な意味であることは、ここからも明らかであろう。

以上で、「精→和→恒→知→祥《さいわい》→強」という本章の示す人生観・生命観の概略を説明した。残ったのは、最終句「物は壮《そう》なれば則《すなわ》ち老《お》ゆ。之を不道と謂《い》う。不道は早く已《や》む」であるが、これは楚簡にはなく帛書の段階で確認できる文章である。ここで初めてマイナスの側から論ずる文章が加筆されたと考え、「心気でなく、物の気のみが盛んになるとすぐに老《お》いと衰えがやってくる。これは道理の道ではない。不道では滅ぶ」と読んだ。

18講 母親は生んだ子を私《わたくし》せず、見返りを求めない（一〇章）

【現代語訳】

生き生きと血色のよい肉体に載《の》ってその一なる本性を抱きしめて離さないでいたい。気を整《ととの》えて柔弱をきわめて赤子のようになっていたい。神秘な玄《くろ》い鏡を洗い清めて疵《きず》のないようにしておきたい。地では、人々を愛し国を穏《おだ》やかにして政治の知を不要とし、天では天空の門を開閉して従順な雌の動きをとらせたい。明るく四方を照らしながら才知からは離れていたい。「道」が万物を最初に生じさせるが、それを蓄《たくわ》え増やすのは「徳」であり、徳こそが、子を生んだ母親のように、世界を私のものとせず、為《し》てやっても見返りは求めず、生育させても支配しようとしない。これを玄徳《げんとく》という。

載営魄抱一、能無離乎。専気致柔、能嬰児乎。滌除玄覧、能無疵乎。愛民治国、能無以知乎。天門開闔、能為雌乎。明白四達、能無以知乎。(道) 生之 (徳) 畜之[1]、生而不有、為而不恃、長而不宰。是謂玄徳。

(1) 底本「生之畜之」。五一章に「道生之、徳畜之」とあるにより補入。

営魄《えいはく》に載りて一を抱きて、能《よ》く離るること無からんか。気を専《もっぱ》らにし柔《じゅう》を致《きわ》めて、能く嬰《えい》児《じ》たらんか。玄覧《げんらん》を滌除《てきじょ》して、能く疵《し》無からんか。民を愛し国を治めて、能く知を以てすること無からんか。天門開闔《かいこう》して、能く雌《し》たらんか。明白にして四達《したつ》し、能く知を以てすること無からんか。（道）これを生じ、（徳）これを畜《ふや》し、生じて有せず、為《な》して恃《たの》まず、長じて宰《さい》せず。是を玄徳《げんとく》と謂《い》う。

【解説】 本章は、一種の女性賛歌、母親賛歌である。冒頭の「営魄《えいはく》に載る」とは『楚辞』（遠遊篇）に「営魄《えいはく》に載りて登霞《とうか》し、浮雲に掩《おお》われて上り征《ゆ》く」とあるのと同じで、生きた肉体に載って飛翔することである。「営」はここでは「熒」と同じで、明るく輝き生き生きとして血色のよいこと、そして「魄《はく》」は『淮南子《えなんじ》』（説山訓）に「魄は人の陰神なり、魂《こん》は人の陽神なり」とあるように人間の「陰」の側面、女性的側面であり、身体の骨を中心とした肉体要素をいう。「魂気《こんき》は天に帰り、形魄《けいはく》は地に帰る」（『礼記』郊特牲篇）とあるように、陽気である「魂」は天に飛翔し、陰気である「魄」は土に帰るのであるが、ここでは、陽気である「魂」が陰気である「魄」に載って飛翔するという幻想が語られている。これは男と女のペアが飛翔すると理解することもできる（なお、このような魂魄観念はすでに古墳時代の日本にも伝わっていたと考えられている。参照、寺沢薫『青銅器のマツリと政治社会』)。

次の「気を専《もっぱ》らにし柔《じゅう》を致《きわ》めて、能《よ》く嬰児《えいじ》たらんか」とは、気を保って柔弱な生命を維持し赤ん坊のようでいたいということ。「玄覧《げんらん》を滌除《てきじょ》して、能く疵《し》無からんか」の「玄覧」の「玄」は最終句の「玄徳」と響き合う「女性の神秘な玄さ」という意味で、「覧」は鏡であるから、女の神秘の鏡を傷つけないようにしたいということである。

続く「民を愛し国を治めて、能く知を以てすること無からんか」は民を愛し国を穏やかにして、政治的知謀を不要となるようにしたいと、急に「民・国」の話になる。これは「天門開闔《かいこう》して、能く雌《し》たらんか」と話題が大きな夜空に開く「天門」に展開していくことに対応しているのであろう。「天門」とは別に述べるように(34講)、女性の陰門に喩《たと》えられた天空の門である。〔小川注釈〕は「雌がもち出されるのは、不老長生《ふろうちょうせい》の錬丹《れんたん》の術において、その薬の水銀を姹女《たじょ》(少女のこと)と呼んだように密教的な意味においての女性であり、両性の交わりの技術を説いた房中術(の起源に関わるのであろう)」としている。

図10 「天門」と璧と西王母

小川は房中術をさらに奇怪にしたオカルト的密教を想定するのである。しかし老子にそれを充てるのは無理で、むしろ小川が「人間の性生活になぞらえて天地生成のはじめを説く原始信仰の痕跡をここにみてもよい」としている方が適当であろう。そうだとすると、続く「明白にして四達し、能く知を以てすること無からんか」というのは男性的な白い光によって四方を照らすということであろうか。

最終句、「(道)これを生じ、(徳)これを畜《ふや》し、生じて有せず、為《な》して恃《たの》まず、長じて宰《さい》せず。是を玄徳《げんとく》と謂う」の前半部分は、「道」が人間を最初に生じさせるが、それを養うのは「徳」であると定義している。ここには、創造者としての「道」を男性的なものとし、養成者としての「徳」を女性的なものとする老子の考え方がでている。「生じて有せず、為《な》して恃《たの》まず、長じて宰《さい》せず」というのは「道と徳」の両方の属性を示し、そこには「道と徳」＝「男と女」の協力が含意《がんい》されている。とはいえ、為《し》てやっても見返りは求めず、育てても支配しないというのは女性的な美徳として描かれていることは確実である(59講参照)。

末尾の「玄徳」はほかに五一章、六五章の二カ所に登場するが、こういう文脈からしても基本的には女性的な「徳」を意味する。「玄徳」の「玄」は、地母神を「玄牝《げんぴん》」という「玄」と同じで、「女性の神秘の黒」という意味で使われているのである。

19講　男がよく打ち建て、女がよく抱く、これが世界の根本　（五四章）

【現代語訳】

男の本性が打ち建てたものは抜けることはなく、女の本性が抱き入れたものは脱《ぬ》けることはなく、それ故にその子孫の祭りは止むことはない。これを自分たちの身体で実修すればその徳《はたらき》は真実のものとなる。家について実修すればその徳《はたらき》は外に余慶《よけい》を及ぼす。郷《さと》で実修すればその徳《はたらき》は郷土《ふるさと》の大地とともに長く続くだろう。また、邦《くに》で実修すればその徳《はたらき》は豊かな生活をもたらし、さらには世界全体で実修すればその徳《はたらき》は普《あまね》くゆきわたる。それだから、身体と身体を誠実に向き合わせ、家と家を誠実に向き合わせ、郷と郷を誠実に向き合わせ、邦と邦を誠実に向き合わせ、そして世界が世界を誠実に内省することが大事なのだ。私が、そのような世界を必然と考えるのは、こういう事情だ。

善建者不抜、善抱者不脱、子孫以祭祀不輟。修之於身、其徳乃真、修之於家、其徳乃余、修之於郷、其徳乃長。修之於邦、其徳乃豊、修之於天下、其徳乃普。故以身観身、以家観家、以郷観郷、以邦観邦、以天下観天下。吾何以知天下然哉、以此。

善く建てたるは抜けず、善く抱《いだ》けるは脱《お》ちず。子孫以《もっ》て祭祀《さいし》して輟《や》まず。之《これ》を身《み》に修《おさ》むれば、其《そ》の徳《はたらき》は乃《すなわ》ち真にして、之を家に修むれば、其の徳《はたらき》は乃ち余り、之を郷《さと》に修むれば、其の徳《はたらき》は乃ち長し。之を邦《くに》に修むれば、其の徳《はたらき》は乃ち豊かにして、之を天下に修むれば、其の徳《はたらき》は乃ち普《あまね》し。故に、身を以て身を観《み》、家を以て家を観、郷を以て郷を観、邦を以て邦を観、天下を以て天下を観る。吾《わ》れ、何を以てか天下の然《しか》るを知るや、此《これ》を以てなり。

【解説】「善く建てる」という行為と「善く抱《いだ》く」という行為は、前者は男の行為であり、後者は女の行為である。相互の身体は別として、男が建てるものは、たとえば家の柱であり、女が抱くもの、守るものは、たとえば家の中の子どもや家財であろう。この「建てる」「抱《いだ》く」がうまくいけば「子孫以《もっ》て（中略）輟《や》まず（子孫は続く）」とされていることも、ここに男と女が含意されていることの証拠である。これは先に15講で参照した『毛伝』という『詩経』の注釈書が「陰陽《おんみょう》和して谷風《こくふう》至り、夫婦和して室家《しっけ》成る。室家成りて継嗣《けいし》生まる」などとしているのと、実際上は同じことである。

そして、それに続く「修身—修家—修郷—修邦—修天下」という文章は有名な『大学』の「修身《しゅうしん》、斉家《せいか》、治国《ちこく》、平天下《へいてんか》」をうけたものである。これは『孟子』（離婁章句）に原型がある儒家の「修身」の思想を示すものであって、その意味は「身を修め、家を斉《ととの》え、国を治めれば、天下を平らげることができる」という、同心円のように「修身」が拡大していく論理である。『老子』の本章はこの表現を踏襲しているが、しかし『老子』では、その主語は男と女であり、実際の意味はまったくといってよいほど異なってくる。

『孟子』や『大学』の筋道は「男＝士大夫《したいふ》」が家父長の権威を確立し、さらに出世していくというものである。老子は、そのような立場を取らない。もちろん、老子の立場もあくまでも「士」を前提としているが、しかし、『老子』の強調するのは「身・家・郷・邦・天下」の基礎にはすべて男女の営みがあることである。とくに興味深いのは最初の「身」であって、主語が「男と女」である以上、「之《これ》を身《み》に修《おさ》む」というのは男女がおのおの身体をもって向き合うことであり、これは身体的な性愛に支えられている。

「之《これ》を身《み》に修《おさ》むれば、其《そ》の徳《いきおい》は乃《すなわ》ち真」というのは、二人の性愛から生まれる徳《いきおい》＝エネルギーは「真」、人間の「まこと＝誠」であるというのであろう。そして二人の愛が家にあらわれた場合は、その徳《いきおい》＝エネルギーは周《まわ》りに及び、それがさらに郷里に及んだ場合は、その徳《いきおい》は地域に刻まれて長く続き、それが邦《くに》にまで及んだ場合は、その徳《いきおい》は国土と人々を豊かにし、さらに天下に普《あまね》く広がっていくという訳である。こうして「修身、斉家、治国、平天下」という儒教の「修身」の思想は、個人の性愛が博愛、つまり老子のいう「慈」に変わっていくという論理に切り換えられたのである。

20講　柔らかい水のようなものが世界を動かしている　（四三章）

【現代語訳】

世界で最も柔らかいものが世界でもっとも固いものを動かしている。柔らかい水のようなものが、すべての隙間を埋めて広がっていく。我々は、その無為な動きが有益な変化をもたらすことを知っている。言葉を必要としない教えが、意図しないままに広がっていき、天下にはこれに敵うものがない。

天下之至柔、馳騁天下之至堅、無有入無間。吾是以知無為之有益。不言之教、無為之益、天下希及之。

天下の至柔《しじゅう》は、天下の至堅《しけん》を馳騁《ちてい》し、無有《むゆう》は無間《むかん》に入る。吾《わ》れ是を以て、無為の有益なるを知る。不言の教、無為の益は、天下のこれに及ぶこと希なり。

【解説】「馳騁《ちてい》」とは駆け巡ることであるから、「天下の至柔《しじゅう》は天下の至堅《しけん》を馳騁《ちてい》す」とは、天下でもっとも柔弱なものが、もっとも堅いものの中を自由に貫通することである。この「天下の至柔《しじゅう》」が水を意味することは、本章と同じ趣旨を述べている七八章に、「天下に水より柔弱なるは莫《な》し」とあることに明らかである。そして、「無有《むゆう》は無間《むかん》に入る」の「無有」とは形のないもの、「無間」とは隙間のないものだから、形のないものが隙間のない堅いものの中に入っていくというのである。これも水のイメージであろう。

すでにみた「上善は水の若《ごと》し。水の善は万物を利して争わざるにあり。衆人の悪《いと》う所に処《お》る」（八章）という思想は、世界は水に浸透されており、水の女性的な徳《はたらき》はすべてにしみ通っていくということだ。こういう『老子』の考え方は人間にとって普遍的なものであったろう。たとえばヨーロッパの泉にも「仙女」がおり、またコウノトリが泉や沼のような場所から赤ん坊を運んでくるという伝説があるように、水は女性や出産の象徴であるというイメージは世界中に広がっている。これはギリシャの哲学者タレスに通ずるといってよいが、タレスの思想は文章としては残っておらず、その詳細は不明と言わざるをえない。

それに対して、中国には『老子』のほかにも似たような主張が確認できる。つまり、『老子』の楚簡《そかん》を出土した湖北省の郭店楚墓《かくてんそぼ》には、楚簡老子と同筆の「太一生水《たいいつ》」という竹簡本もおさめられていた。それは「太一水を生ず。水反りて太一を輔《たす》け、是を以て天を成す。天反《かえ》りて太一を輔け、是を以て地を成す。天地復《ま》た相輔け、是を以て神明《しんめい》を成す。神明復た相輔け、是を以て陰陽を成す」と始まるが、「太一生水」とは、「太一（原初の一なるもの）」がまず水を産んだということである。この「太一」は『老子』でいえば「道」ということになる。そして、そのように生まれた一面に広がる水の世界が「天」に結果し、「地」が分かれ、天地の中に「神明」が生じ、それが「陰陽」となったとある。ようするに「水」↓「天地」↓「神明」↓「陰陽」というのだから、これは倭国神話において、天地開闢《かいびゃく》の始めは海にクラゲが漂う様子であったが、天地が分かれ、その中空に神が生じ、神がイザナキ・イザナミの男女（陰陽）の姿をとったというのと同じ思想である。世界の始めに大洪水があったというのはノアの大洪水神話も同じである。

ただ「太一生水」では、太一は「水に蔵《ひそ》み」（水の中に入り込み）、時間をかけて広がって、万物を生じさせる「万物の母」となったという。これは「太一＝水」ということであって、すでに浅野裕一『古代中国の宇宙論』が指摘するように、『老子』とは大きく異なっている。つまり、『老子』における「道」は不可視の世界の法則・秩序そのものであって、「道」には「道＝水」というような具体的な姿はあたえられない。『老子』における「水」は、あくまでも構造や秩序・法則そのものではなく、それを支える用《はたら》きである。これに対して、「太一生水」は、「陰陽」が「四時《しじ》」（季節）、「四時」が「滄熱《そうねつ》」（寒暑）、「滄熱」が「湿燥《しつそう》」、「湿燥」が「歳《とし》」を作り出すという形で、水の循環を語っている。水の量が直接に世界の構造や在り方を作っていくという一種の偽《にせ》科学である。これは、「陰陽」という原理によって、この世界の動きを説明する、後の陰陽道《おんみょうどう》の思想にきわめて近い。陰陽道は、漢の時代に、世界は水・金・土・火・木の五つの要素で構成されるという五行《ごぎょう》思想や易・占と結びついて、中国の独特の神秘主義的な世界観となっていった。そしてそれが道教と一体になって、日本の神話の中にまで流れ込んできたのである。

これに対して、『老子』では水は「道（構造・法則）」そのものではなく、それを支える女性的・母性的な徳《はたらき》なのである。また老子は、万物にしみ通る女性的な徳としての「水」と、人間の性《ジェンダー》としての「女」そのものをむしろ慎重に区別していたようである。「女」ということをとれば、老子の思想は、まずは女性尊重の思想、（決して現代的な意味ではないとしても）一種のフェミニズムの思想それ自体であった。「太一生水」や陰陽道などの「陰・母・女」は、そういうものであるよりも一種の疑似科学《ぎじかがく》的な説明原理であるから、『老子』とは相当に異なったものだと考えた方がよいようである。これは老子の思想と中国の民族的な世界観・宗教である陰陽道や道教との関係を考える上で大事な論点として指摘しておきたい。

第四課　老年と人生の諦観

老子は、紀元前三一〇年頃に生まれ、紀元前二三〇年頃に死去した人物であると考えられる（序参照）。『老子』の早い時期のテキストである湖北省荊門《けいもん》市の郭店《かくてん》で発掘された竹簡本はだいたい紀元前二七五年前後に作成されたものであるとされているが、そうだとすると、老子が、この竹簡の原本となるものを執筆したのは、だいたい四〇歳頃ということになる。逆にいうと、現行の『老子』のなかで楚簡に含まれていない部分は、老子が四〇歳を超えてから、老齢に入ってからのものであったことになる。

本課は、この仮定の上に、おもに楚簡に含まれていない諸章から、老齢になった老子の執筆にふさわしいような内容の諸章を集め、「老年と人生の諦観」と題してみた。ただ、25講で扱う九章だけは楚簡《そかん》に全文が含まれているが、「人には器量の限度がある、無事に身を退くのが第一だ」という内容であるので、ここにおさめた。『老子』で説かれていることからすると、老子は国の政治に深く携《たずさ》わった経験があったであろうが、おそらく『老子』の執筆を本格化したころ引退の意思を固めたのではないだろうか。

21講　力あるあまり死の影の地に迷う　（五〇章）

【現代語訳】

人は生まれて死んでいく。そのうち生を普通に終える人が十人に三人、早くに死ぬ人が十人に三人だろう。そして、生き急ぐなかで死の影の地に迷う人が十人に三人いる。それは生きる力と期待が厚すぎたためだ。残りの一人はうまく「生」の善（本性《もちまえ》）を握った人であり、山地を行っても犀《さい》や虎に遇わないし、戦争に動員されても甲冑と武器なしで生き延びた。犀も角を突こうとせず、虎も爪を立てようとせず、敵兵も刃をたてる隙がない。彼は死の影の地を本能的にさけることができたのだ。

出生入死。生之徒十有三。死之徒十有三。而民生生（1）、動之死地、十有三。夫何故、以其生生之厚。蓋聞、善執（2）生者、陵（3）行不遇兕虎、入軍不被甲兵。兕無所投其角、虎無所措其爪、兵無所容其刃。夫何故。以其無死地。

（1）底本「人之生」。帛書により改む。（2）底本「摂」。帛書により改む。（3）底本「陸」。帛書により改む。陵は山地。

生を出でて死に入る。生の徒は十に三有り、死の徒も十に三有り。而《しか》して民の生を生きんとして、動きて死地に之《ゆ》くもの、十に三有り。夫《そ》れ何の故ぞ。其《そ》の生を生きんとすることの厚きを以てなり。蓋《けだ》し聞く、生を執《と》るに善なる者は、陵《やま》に行くも兕虎《さいとら》に遇わず、軍に入りて甲兵を被らず。兕《さい》も其の角を投《とう》ずる所なく、虎も其の爪を措《お》く所なく、兵も其の刃《やいば》を容るる所なしと。夫れ何の故ぞ。其の死地無きを以てなり。

【解説】『老子』は陽性の本である。老子自身もニヒルなところはない人だったと思う。しかし、よく読んでいくと、そこには死についての言及が多い。『老子』の時代は戦争による大量死が始まった時代である。老子は秦《しん》帝国が強行した激しい戦争を見るなかで、老年に近くなるとともに、死を深く考えるようになったのではないだろうか。

哲学者の三木清は「人間を一般的なものとして理解するためには死から理解することが必要である」(『人生論ノート』)と述べているが、『老子』という書物は、死を知らなければ本当の意味では生を知ったとはいえないと述べた世界でも初めての書物であったのかもしれない。人生訓というレヴェルでは、おそらくこれが『老子』と『論語』の最大の違いではないかと思う。もちろん、孔子が、「いまだ生を知らず、いずくんぞ死を知らんや」

から出発せねばならないということも事実なのである。しかし、他方で生を知るためには死を知ること（『論語』先進）といったのは正論である。

この章は、老子が、そういう「死」の世界をどう捉えていたかをもっともよく伝える章であるが、ここで老子は十人の人間を取り上げる。人間は十人十色だが、その人と生死の関係を見ていくと、普通に生をすごせるものが三人、途中で死んでしまうものが三人、そして生き急ぐあまりどこかで死の影にとりつかれた人が三人であるというのである。

とくに重要なのは、死の影の地を歩く三人のことであろう。老子は彼らを、人並みよりも生きる力や期待が強かったために死の影に迷う人々という。彼らは愛憎も強く、その分、世の勤《いそ》しみに励むのにも、疲労するのにも枠を外れてしまう。こういう意味での生きにくさというのは、人間の業として昔から変わらない。

十人のうち残る一人は、彼らと対比して、「生を執《と》るに善なる者」である。これは底本《ていほん》とした王弼《おうひつ》本などでは「生を摂るに善なる者」とあって、従来は「摂」を「養う」と読んで、善く生を養ったもの、つまり養生術のうまいものと理解されていたが、帛書によって「摂」は「執」に直した。そして私は文字通り「うまく生を握ったもの」と理解したい。つまり「生」の中に幸運をもって入り込み、死の影の地をさける本能をもった人ということである。山で虎などの猛獣にあっても危害を加えられない人というのは実際にいたのだろう。そういう強運な人が十人に一人いるというのが、老子の観察である。

また戦争に動員されても戦場で甲冑と武器を身につけずにすみ、敵兵も刃をたてる隙がないというのも面白い。戦争についての老子の思想は本書の第Ⅲ部で検討するように、きわめて深いものがあるので、おそらくこの章句の背景には『老子』の時代にはよく知られていた戦争についてのことわざがあったのであろう。しかし、残念ながら、その事情はすでによくわからなくなっている。

22講　私を知るものは希だが、それは運命だ　（七〇章）

【現代語訳】

私のいうことは分かりやすく、行《おこな》いやすいことだが、世の中にはそれを理解する人も、実行する人もいない。言説は格もあり、事業を指揮するに足るものだ。しかし、それは知られることがなく、私も知られないままでいる。私を知るものは稀《まれ》で、私に則《のっと》って行動する人は少ない。これが有道の士はつねに褐色の粗末な衣を着て懐に玉を隠しているということなのであろうか。

吾言甚易知、甚易行、天下莫能知、莫能行。言有宗、事有君。夫唯無知、是以不我知。知我者希、則我者貴(1)。是以聖人被褐懐玉。

(1)「貴」は匱(とぼし)の略体。「少ない」の意。馬王堆本は「則我貴矣」。

吾《わ》が言は甚《はなは》だ知り易く、甚だ行い易し。天下能《よ》く知る莫《な》く、能く行う莫し。言《げん》に宗《そう》有り、事《こと》に君《きみ》有り。夫《そ》れ唯《ただ》知ること無し、是《ここ》を以て我を知らず。我を知る者希《まれ》にして、我に則る者は貴《とぼ》し。是を以て、聖人は褐《かつ》を被《き》て玉《ぎょく》を懐《いだ》く。

【解説】冒頭は、老子が、自分の言説が簡易で実行しやすいものであるのに理解されず、実践されないという状況を述べたものである。問題は、老子がそれをどう受けとめたかであるが、これまで多いのは、老子は世間の無理解を非難しているという解釈で、たとえば〔金谷注釈〕〔池田注釈b〕は、要約すると「人々が土台それを理解しない事実こそ私が高貴な存在であることの証拠だ」と解釈する。

これに対して、〔福永注釈〕は「貴」を高貴ではなく、「匱(とぼし、少ない)」の意とみて、より複眼的に、この章は老子が世間に対する孤高の心情と憂愁を吐露したものであると解釈する。福永は、そのような心情は二〇章、四一章、六七章などでも見ることができるという。池田の解釈は馬王堆《まおうたい》本に「則ち我は貴し」とあるのによったものだが、その場合でも「貴」は高貴ではなく、貴重あるいは稀《まれ》の意とみてもよい。そこでここでは大枠において福永の意見にそって解釈してみた。福永のいうように他章と読み合わせると、老子の内面の声が聞こえてくるように思う。

世間に対して道を説くことによって世間から疎遠な立場に追い込まれるということは、昔も今も変わりがない。こういう「道を説く」ものに対しては世の視線が敬して遠ざけるというものになるのは必然であって、歌人の与謝野晶子のように、そのような男に対して「やわ肌のあつき血汐《ちしお》にふれも見でさびしからずや道を説く君」と呼びかける人は、実際にはほとんどいない。正義というものはかならず存在するとはいえ、個々人にとってはそれは自明なものとしては現れない。あるいは自明なものとして現れては意味がないものである。本章はその微妙な事情をよく語っていると思う。

ここには老子の慷慨《こうがい》の意思と儒教に対する批判が籠められている。つまり「褐《かつ》を被《き》て玉を懐く」という語は、『孔子家語』(三恕)にみえる句で、「子路、孔子に問いて曰く、人の此にあり、褐《かつ》を被《き》て而して玉《ぎょく》を懐く、何如と。孔子曰く、国に道なければ隠ることこれ可なり。国に道あれば則ち袞冕《こんべん》して玉を執る」というのである。つまり子路が孔子に「褐色の庶民の衣を着ているが、懐には玉をもっているのはかまわないだろうか」と聞いたところ、孔子は「国に道義がない状況ではそうして隠れてもいいが、国に道義があれば必ず、高官の衣冠と位階の印の玉を身につける」と答えたというのである。

これに対して、老子は本来ならば高官の衣冠と立派な玉を身につけていたはずだなどとは考えない。逆に老子は、有道の士の主張がどれだけ分かりやすく明解であっても、その言説は理解されず、知られることは本質的に稀有なことだと覚悟しておくほかなく、その常識こそが有道の士の資格かもしれないという。つまり有道の士とは本質的にはつねに「褐《かつ》を被《き》て玉を懐いている」のだという訳である。

私は本章を読んでいると、山上憶良の「貧窮問答歌」の「我《われ》除《お》きて　人はあらじと　ほころへど　寒くしあれば　麻襖《あさぶすま》引きかがふり」（私のほかには然《しか》るべき人はいないと思うのだが、貧しさというのは寒いもので、麻の掛物をひきかぶってもまだ寒い）という一節を思い出す。

23講　老子、内気で柔らかな性格を語る　（六七章）

【現代語訳】

世の中の人は、私は大人物らしいが、とてもそうはみえないという。私はたしかに大人物という柄ではないが。柄でないだけは大人物というところか。もし私がいかにも大人物らしければ今よりも卑小な人間であったろうと思う。それでも私には私なりの宝がある。それは第一に「慈《じ》」、慈《なさ》け深さであり、第二は「倹」、遠慮がちなことであり、第三は自分から世の中の先に立つのが嫌いだということである。ただ慈《なさ》け深く情に脆《もろ》いので逆に勇敢になったりする。そして遠慮がちなので逆に広く共感をえることもあった。また先に立つのが嫌いなので、逆に代表の地位につかされることもあった。もし、今になって、慈《なさ》け深いという性格を捨てて勇敢であろうとし、遠慮がちな性格を捨てて気が大きくなり、後についていく性癖を捨てて先頭に立とうとすれば、私はすぐ死んでしまうだろう。ともあれ、現在、戦いに勝つためにも、守るためにも慈け深さは必須のものだ。天が今まさに私たちを救おうとしているとすれば、それは慈を以て衛《まも》るということに現れるはずである。

天下皆謂我(1)大似不肖。夫唯不肖、故似大(2)。若肖、細久矣(3)。我有三宝、持而保(4)之一曰慈、二曰倹、三曰不敢為天下先。慈故能勇、倹故能広、不敢為天下先、故能為成事長(5)。今捨慈且勇、捨倹且広、捨後且先、死矣。夫慈矣戦則勝、以守則固。天将救之、以慈衛之。

(1) 底本、ここに「道」あり。帛書により不載。(2) この句、帛書(乙)による。(3) 底本「久矣其細也夫」。帛書により改む。(4) 底本「宝」。帛書「葆」により「保」とす。(5) 底本「故能成器長」、帛書により改む。

天下皆《み》な謂《い》う。我は大にして不肖《ふしよう》に似たり、と。夫《そ》れ唯《た》だ不肖なり、故に大に似たり。若《も》し肖《しよう》ならば、細かきこと久しきか。我に三宝あり、持《じ》して之を保《たも》つ。一に曰く慈《じ》、二に曰く倹《けん》、三に曰く敢えて天下の先《せん》と為《な》らず、と。慈なり、故に能《よ》く勇《ゆう》なり、倹なり、故に能く広し、敢えて天下の先と為《な》らず、故に能く事を成す長となる。今、慈を捨《す》てて且《まさ》に勇ならんとし、倹を捨てて且《まさ》に広からんとし、後を捨てて且《まさ》に先んぜんとすれば、死せん。夫れ慈は、以て戦わば則ち勝ち、以て守れば則ち固し。天将《まさ》に之《これ》を救わんとし、慈を以て之を衛《まも》らんとす。

【解説】 本章は『老子』全章のなかでも変わった印象をあたえる章である。老子は、ここでどちらかといえば内気な自分の性格を回顧し、また何か弁解するかのように語っている。私は、この章を書いた時には老子は相当の老齢になっているのではないかと思う。

冒頭「天下皆《み》な謂《い》う。我は大にして不肖《ふしよう》に似たり、と」の不肖の肖は似るという意味である。「不肖に似たり」というのは「肖《に》ざるに似たり」、「似ていないに似ている」ということになるが、何に似ていないかといえば「大人物であるという噂」ということだろう。

重要なのは、この「天下皆な謂う」という記述が、この時代、老子の思想についての世評があった消息を伝えていることである。しかも老子は、その世評を居心地が悪いと感じている。そういう雰囲気がわかるように訳してみた。

老子は、自分の性格の長所について「慈《じ》・倹《けん》・天下の先《せん》と為《な》らず」の三点を挙げている。まず「慈《じ》」とは慈《なさ》け深い、情が深いということであろう。『説文解字』には「愛なり」とある。この「慈」についてはすでに12講で詳しくふれたように、情け深さ、博愛・人類愛のことであり、本章で、老子が自分の性格の長所の第一として、この「慈」を挙げたことはきわめて重い。「慈」は老子の倫理思想にとっても社会思想にとっても「隅《すみ》の要石《かなめいし》」のような位置にある。なお続いて「慈なり、故に能《よ》く勇《ゆう》なり」とあるのは『論語』(憲問)に「仁者は必ず勇あり」とあるのを本《もと》とした言い方であろうが、慈《なさ》け深く感情が豊かな人間が、状況によって勇気に満ちるということ、自己の直情性を告白した言葉だと理解したい。「慈しみを守っているからこそ人々の心服が得られて勇敢になる」(〔金谷注釈〕)、「慈を守ればこそ身を挺して民の困苦を救うに勇でありうる」(〔楠山注釈〕)などという解釈は理が勝ちすぎている。

次の「倹《けん》」も老子が自分の性格についてふれたものである以上、謙虚なこと、遠慮がちなことと理解したい。これまでの解釈では「倹」はもっぱら「倹約」とされ、たとえば

「倹約するからいくらでも施しができ」（『小川注釈』）るなどとされる。譚嗣同《たんしどう》の『仁学』となると、この「倹」を「倹約」をこえて「僉」（コセコセした人間）という意味でとって、老子を非難している。これらは「倹」をもっぱら人の外的な姿勢という意味でとる点で共通している。しかし、「倹」の「つづまやか」（つつましやか）という語義には「ひかえる」という意味があり（諸橋轍次『大漢和辞典』）、たとえば「顔氏家訓《がんしかくん》」に「倹は省約にして礼をなすなり」とあるように、内面的な態度と取った方がよい（なお、この「つづまやか」を別の漢字で書くと「約」となり、それは『論語』（顔淵）に発する有名な「克己心」の「克」にも通ずる。この「克己」を朱子はもっぱら「己に克《か》つ（勝つ）」と理解したが、それ以前はむしろ「克己とは身を約するなり」（何晏『論語集解』）という解釈が強かったという（小島毅『中国近世における礼の言説』）。これらの「倹」＝「約」＝「克」は、どれも控えめという意味がある。老子の「倹」の意味はそういう背景のもとに考えるべきであろう。なお、「克」の多様な意味については7講、75講も参照）。

次の「天下の先《せん》と為《な》らず、故に能く事を成す長となる」という句も同様に、老子の気質の自然な働きのことであると理解して、「世の中の先に立つのが苦手で、事業に真面目について行くと代表の地位につかされることにもなった」と訳した。これまでは、たとえば「世界の先頭に立とうとしないからこそ、人物をうまく働かせてその首長となることができる」(『金谷注釈』)、「無為の聖人が人と争わず、人後に甘んずる謙虚さの故に却って既成の人材を統率する最高の地位をものにする」(『福永注釈』)などと訳すが、ここでの趣旨は、そのレヴェルより前の問題ではないかと考える。

老子は、以上のように自分の気質について述べた後に、もし今、「慈・倹・天下の先と為らず」をやめて、もっぱら勇敢・気宇壮大・先頭に立つということになれば私はすぐ死んでしまうという。これまで通りやっていくほかないという訳である。ここもしばしば一般論のニュアンスで解釈されるが、自分のことをいっていると読みたい。そして、この「慈・倹・後」という老子の自己評価は、世俗の常識でいえばようするに女性的な性格ということである。このような意味での女性的な側面をもった「徳」の理想像を老子が玄徳《げんとく》となづけていることは、44講を参照されたい。老子は、「道」をどちらかといえば、男性的なもの、「徳」をどちらかといえば女性的なものとして価値づけ、その統一された姿を玄徳と称している。

さて、最後の結論、「慈は、以て戦わば則ち勝ち、以て守れば則ち固し。天将《まさ》に之《これ》を救わんとし、慈を以て之を衛《まも》らんとす」の前半は、「柔弱は剛強に勝つ」(三六章)と同じことである。むずかしいのは、ここで話題が戦争に急転した文脈の理解であるが、老齢となった老子は戦争を、それまでよりもさらに身に迫って感じるようになったのではないだろうか。現代語訳では、自分の国、故郷が戦争の危機にあり、それに向かうためにも「慈」と玄徳を基礎とした天の配剤《はいざい》を求めるという解釈をしてみた。この読みがそのまま正しいかどうかは別として、老子は、本章において、自分の内面的な性格の話から始めて、社会公共の問題、平和の問題にまで説き及んだように思う。

24講 学問などやめて、故郷で懐かしい乳母と過ごしていたい　（二〇章）

【現代語訳】

学問などやめることだ。そうすれば憂いはなくなる。だいたいこの問題の答えが正しいのと間違っているのとで現実にどれだけの違いがあり、文章の美と悪の間にどれだけの相違があるというのか。人は学識を尊重してくれるようにみえるが、こちらも人に遠慮することが多くなる。だいたい学問をやっても茫漠《ぼうばく》としていてはっきりしないことばかりだ。衆人は嬉々として、豪勢な饗宴を楽しみ、春に丘の高台に登った気分でさざめいている。私は一人つくねんとして顔を出す気にもなれない。まだ笑い方も知らない嬰児《えいじ》のようだ。ああ、疲れた。私の心には帰るところもないのか。みんなは余裕があるが、私だけは貧乏だ。私は自分が愚かなことは知っていたが、つくづく自分でも嫌になった。普通の職業の人はてきぱきとしているのに、私の仕事は、どんよりとしている。彼らは明快に腕を振るうが、私の仕事は煩悶《はんもん》が多い。海のように広がっていく仕事は恍惚として止まるところがない。衆人はみな有為なのに、私だけが頑迷といわれながら田舎住まいを続けている。私は違う。しかし、それでもいい。私はここにいて小さい頃からの乳母を大事にしたいのだ。

絶学無憂。唯与訶(1)、相去幾何。美与悪(2)、相去何若(3)。人之所畏、亦不可以不畏人(4)。恍兮其未央哉。衆人熙熙、如享太牢、如春登台。我独泊兮未兆、如嬰児之未孩。累累、若無所帰。衆人皆有餘、而我独遺。我愚人之心也哉、沌沌兮。俗人昭昭、我独若昏。俗人察察、我独悶悶。惚兮、其若海、恍兮若無止。衆人皆有以、而我独頑似鄙。我欲独異於人、而貴食母。

（1）底本「阿」。帛書による。（2）底本「善」。楚簡及び帛書による。（3）底本「若何」。帛書による。（4）底本「人」なし。楚簡・西漢竹書により補う。

学を絶てば憂い無し。唯《い》と訶《か》と、相去ること幾何《いくばく》ぞ。美と悪と、相去ること如何《いかん》。人の畏《おそ》るる所あるも、亦《ま》た以て人を畏れざるべからず。恍《こう》として其れ未《いま》だ央《つ》きざるかな。衆人は熙熙《きき》として、太牢《たいろう》を享《う》くるが如《ごと》く、春に台に登るが如し。我れ独り泊《はく》として未だ兆《きざ》さず、嬰児《えいじ》の未だ孩《わら》わざるが如く、累累《るいるい》として帰する所無きが若《ごと》し。衆人は皆な余り有るも、我れ独り遺《とぼ》し。我は愚人の心なるかな、沌沌《どんどん》たり。俗人は昭昭《しょうしょう》たるも、我独り昏《こん》たるが若し。俗人は察察《さつさつ》たるも、我独り悶々《もんもん》たり。惚として其れ海の若く、恍として止まるところなきが若し。衆人は皆な以《もち》うる有りて、我独り頑《がん》にして以って鄙《ひ》なり。我独り人に異《こと》なりて、食母《しょくぼ》を貴《とうと》ばんと欲す。

【解説】本章は冒頭の一節のみが楚簡に含まれている。老子は早くから「学を絶つこと」を考えていたのであろう。そして、引退の後に、本章後半の個人的な感慨を書き加えたのではないかと思う。

最後の「食母《しょくぼ》を貴《とうと》ばん」の食母は乳母のこと。注釈の多くは、食母を「道」の象徴と理解して「学問を絶っても万物を育む道を母として大事にすることは変わらない」などと訳す。しかし、そういう負け惜しみのようなことをいっては詩にならない。これは夏目漱石の『坊つちゃん』にでてくる乳母の清《きよ》と同じで、老子にも大事にしている乳母がいたと読みたい。

この章は老子が、どういう男なのかを伝えてくれる章で、自分が学者だからかも知れないが、私が、『老子』でもっとも好きなところである。ここを読むと私は恩師の一人であるギリシャ史の太田秀通《ひでみち》氏の『史学概論』の一節、「学問なぞは、自由な生の造形を抑圧し、窒息させるだけではないか。何の役に立つものか。去れ、去れ、歴史学のぼろ切れめ」という文章を思い出す。

それはさておき、この章は、春秋戦国時代には確実に知識人の生活というものがあるようになっていて、学問を一つの職分とみるようになっていたことを伝えてくれる。何よりもよいのは、学ぶものの誇りや自嘲《じちよう》や鬱屈《うつくつ》という、今でも私などには親しい心情のあり方が語られていることである。そういう感傷のせいかもしれないが、普通、「人の恐れることは恐れない訳にはいかない」と訳される「人の畏《おそ》るる所あるも、亦《ま》た以て人を畏れざるべからず」の部分は「人は学識を尊重してくれるようにみえるが、こちらも人に遠慮することが多くなる」と訳してみた。〔小池注釈〕に近いが、その方が文脈も整うと思う。

それにしても、このようにはるか過去の人間の本音を時を隔《へだ》てて確かに聞き取ることができるというのは、学ぶものに独自の愉悦《ゆえつ》であることも自覚させられる。それを新たな形で聞き取ることが、未来の社会に、今の学問よりも広い新しい愉悦を生み出すことを望みたいものだ。

25講　人には器量の限度がある、無事に身を退くのが第一だ

（九章）

【現代語訳】

手に持った器《うつわ》の縁《ふち》ぎりぎりまで満たすのはやめたほうがいい。刃《やいば》を鍛えて鋭くし過ぎると長くはもたない。人には器量の限度、鋭さの限度があるものだ。そして財宝が堂に溢《あふ》れるまで満たすこととも同じで、これはよく守れるものではない。富貴で驕《おご》り過ぎるとかならず咎《とが》めが残る。仕事を無事に終えた身は退いていくことこそが天の道だ。

持而盈之、不如其已。揣而鋭之、不可長保。金玉満堂、莫之能守。富貴而驕、自遺其咎。功遂身退、天之道。

持《じ》して之を盈《み》たすは、其《そ》の已《や》むるに如《し》かず。揣《きた》えて之《これ》を鋭くするは、長く保つべからず。金玉、堂に満つるは、之を能《よ》く守る莫《な》し。富貴にして驕《おご》るは、自《みずか》ら其の咎《とが》を遺《のこ》す。功遂げ身退《しりぞ》くは、天の道なり。

【解説】最初の二句は「器」と「刃」を比喩に使っている。「器」は手に持ったまま縁《ふち》まで満たしていれば中身がこぼれてしまう。「刃」は鍛えて鋭くしすぎれば刃毀《はこぼ》れしてしまう。「器」は人間の器量、人格の包容力のこともいう。「器」の「うつ」は「内、うつろ」に通じ、中に入るものの量をいうからである。そして「刃物」は人間の鋭さの象徴である。つまりこの「器」と「刃」についてのたとえ話には、人には器量《きりよう》の限度、鋭さの限度があるという意味が含まれている。「器」と「剣」が対になるものであったことは、日本の厩《うまや》戸皇子《どのみこ》（聖徳太子）の「憲法十七条」（六〇四年）の第六条に「其れ諂《へつら》い詐《あざむ》く者は、国家を覆《くつがえ》す利器なり、人民を絶つ鋒《と》き剣なり」とあることからも分かる。

「金玉、堂に満つるは、之を能《よ》く守る莫《な》し」というのは、前段とあわせれば人間の「器量」と「鋭さ」をぎりぎりまで働かせて富貴《ふうき》を獲得しても、それは守れるものではないということになる。これは中国では「持満《じまん》」の戒めとして有名であるという。

日本で有名なのは、最後の「功遂げ身退《しりぞ》くは、天の道なり」であろう。ここでいう「功」とは「功績」と考えられがちだが、単に仕事という意味である。つまり、人間がその限界のある「器量」と「鋭さ」をもって働き、生命を維持できる「富」があれば、仕事を終えて身を退くことが天の道だという訳である。

これは『孝経』（第一章開宗明義）の有名な一節、「身体髪膚《しんたいはっぷ》、之《これ》を父母《ふぼ》に受《う》く、敢えて毀傷《きしょう》せざるは、孝の始なり。身を立て道を行い、名を後世に揚げ、もって父母を顕わすは孝の終なり」への批判を含んでいる。『孝経』は孔子がその門人曾子《そうし》に説いたという形をとって、戦国時代にまとめられた書であるが、しかし、それは以前から人口に膾炙《かいしゃ》していたのであろう。老子は、それに対して、「身を立てる」のではなく、ともかくも「功」（仕事）の役割を果たし、「身を退《ひ》く」ことこそが人生の重大問題であり、人間はそこを視野に入れて生きることこそが大事だと論じたのである。「名を後世に残す」という部分を無視したのもいかにも老子らしいように思う。

『孝経』は、右の「十七条憲法」の一条・四条の典拠になったとされており、律令でも大学の必修科目となっている。また孝謙《こうけん》天皇は唐制《とうせい》にならって、家ごとに一本を蔵せよと詔し、朝廷では長く皇太子の読書始に用いた。その影響が長く残ったことは卒業式の歌であった「仰げば尊し」に「身を立て　名をあげ　やよ励めよ」と『孝経』の一節が引かれていることに明らかである。

私は『孝経』の右の一節にふくまれる「家のための立身出世」などというイデオロギーはすでに偏狭《へんきょう》すぎるとは思うが、東アジアの歴史文化や倫理思想を示すものとして学校教材の中に採用することには問題がないのではないかと思う。しかし、その際には、是非、この老子の一節もあわせて読むようにしてもらいたいものである。

26講　老子の処世は「狡《ずる》い」か　（七章）

【現代語訳】
天は長大であり、大地は久遠《くおん》である。天地の時空が巨大で永遠である理由は、天地が自身で生じたものではないからだ。だからこそそれは永遠に続いてゆく。有道の士は、天地の時間の最後にいながら同時にその先頭におり、また天地の空間の外側にいながら同時にその中心にいることに気づく。無限を前にして私の存在は無となるが、しかしそれによって初めて自分が自由な自分になるのだ。

天長地久。天地所以能長且久者、以其不自生、故能長生。是以聖人、後其身而身先、外其身而身存。非以其無私耶。故能成其私。

天は長く地は久《ひさ》し。天地の能《よ》く長く且つ久しき所以《ゆえん》は、其《そ》の自らを生ぜざるを以てなり。故に能く長生す。是を以て聖人は、其の身を後にして身先《さき》んじ、其の身を外にして身存す。其の無私なるを以てに非ずや。故に能く其の私を成す。

【解説】 本章は普通の解釈では「天地は長久であるが、その理由は天地が自分から生きようという意識をもたず、無為であるからである。天地は自分で生じようなどとバタバタしないのだ」ということだとされる。天地の長久さをいわば天地の気持ちから説明しているというのである。しかし、こういう天地を擬人化するかのような言い方は、老子がもっとも嫌うところであろう。曖昧に都合よく「無為」という言葉を使って『老子』を説明したかのように考えるのは最悪である。

本章は、むしろ天地が長久である理由は、天地の生成が天地自体によるものではなく、天地を生成させるさらに巨大な何者かがあるからだといっているのである。当然のことであるが、老子の天地論は、第Ⅱ部でふれる老子の宇宙論を前提に読むべきなのである。

問題は、それに続く「聖人は、其の身を後にして身先《さき》んじ、其の身を外にして身存す」という句の解釈である。ここは、一般に穏当な〔金谷注釈〕でも「道と一体になって天地の道理をわきまえた聖人は、わが身を人の外側におきながら、それでいておのずからに人に推されて先立ち、わが身を人の外側におきながら、それでいておのずから人に招かれてそこにいる」と解釈する。そして、（自分を後や外にして逆にうまくいくのは――筆者注）「私心私欲をもたないからではないだろうか。だからこそ、かえって自分をつらぬいていけるのだ」ということになる。こういう解釈では、老子の処世訓・人生訓は、結局のところ「狡《ずる》い」ということになっていく。実際、〔金谷注釈〕も『老子』では政治や処世の現実的な関心も強いから、確かに世故にたけた狡猾《こうかつ》ともみえる言葉もある」という。

これは続く「其の無私なるを以てに非ずや。故に能く其の私を成す」という句の解釈にも関わってくる。つまり、〔福永注釈〕は、これを「「私を成すための無私」と解されても仕方のない面があり、老子の哲学にそのような老獪《ろうかい》さが指摘されることも、ある程度否定できない事実である」と解釈している。つまり、この句は「無私になり、わが身にこだわるのをやめよ、そうすればうまく私の利益も実現するのだ」と解釈できるというのである。これでは老子のいうことはやはり「狡い」ということにならざるをえないだろう。そして実は、このような『老子』の人生訓の受け止め方は、きわめて多い。

その代表は、日本神話の文献批判で有名な津田左右吉《そうきち》である。津田は『道家の思想とその展開』という論文のなかで、『老子』のいうことには本当の哲学はなく、ただ「狡い」成功の法・保身の道であり、あるいは政治の術策を説くだけだといっている。金谷や福永の意見には老子の「狡さ」とみえるものはいわば結果としての「狡さ」であるというニュアンスがあるが、津田は、そもそも老子を軽蔑している。津田は、老子の「無為」の思想はようするに「何もせずに状況をみる賢さ」であり、「知足」の思想は、「欲望を抑えていれば自然に富が集まってくる」という俗物の計算にすぎないとまでいうのである。よく売れている『サラリーマンのための老子』などという本は、『老子』の狡さを必要な賢さのようにいうが、津田の『老子』理解は、その種の解釈の先祖にあたるといってよい。

しかし、これらの見解の基礎になった「聖人は、其の身を後にして身先んじ、其の身を外にして身存す」という句の解釈は誤りである。この句の意味は、聖人は天地の長久な時空をも超越して、その前後内外にとらわれない自由な存在なのだということである。前述のように本章の主題は天地を長久なものとするようなさらに巨大な存在、宇宙なのであって、人はそれを知覚することによって自由になるというのである。これにもっとも近い解釈は、澤田多喜男が本章にふれて「聖人についても天地の永遠性が当てはまる。現実には天地と人とは、その働きが異なるとはいえ、原理的には同一だという観念に貫かれていると思われる。天地は人にとって不可解不可思議なものではないのである」と述べたことであろう(澤田『「老子」考索』)。たしかに天地は人にとって不可思議なものではなく、天地が不可思議であるとすれば人も同じように不可思議なのであって、そのように天地と人を同じように不可思議なものとしているのは、天地を超えた宇宙であり、「道」であるのだというのが、『老子』の思想なのである。

さて、しかし『老子』が本章、「天長地久」章に籠《こ》めた、このような意味は、古くから誤解され続けてきた。つまり、唐王朝の皇帝は李《り》を名乗っていたため、『史記』に老子が「姓は李氏、名は耳、字《あざな》は聃《たん》」とあることを根拠にして、老子こそ、王朝の先祖であるという宣伝を行い、老子を「太上老君《たいじょうろうくん》」などと神格化した道教を国教とした。その象徴であるかのようにして、玄宗《げんそう》皇帝は、『老子』の本章を典拠として自分の誕生日を「天長節《てんちょうせつ》」と称し、自分の命の長久を祈ることを人々に命じたのである。その中で本章は、人間の生命が天地のように長く続くという比喩として一種の長寿の呪文と理解されてきた。冒頭にふれたように天地を擬人化して、「天地は無為であって、自ら生きようとあくせくしない。それと同じように人間も長生きできる」と読むのである。

さらに奇態《きたい》なのは、玄宗《げんそう》皇帝が楊貴妃《ようきひ》を亡くした嘆きをうたった有名な白楽天《はくらくてん》の『長《ちょう》恨歌《ごんか》』の一節である。それは「天長地久、時ありてか尽きんも、この恨みは綿々として尽くるの期なし」というもので、その意味は、天地が万が一尽きる時があったとしても、楊貴妃との別れの恨みは決して尽きることがないというものである。天地を有限として人間に拘《こだわ》って「道」の永遠を忘れるという、老子の思想とまったく逆行する噴飯物《ふんぱんもの》の思想である。

これは日本にも流入してきた。奈良時代の末、光仁《こうにん》天皇は唐の制度を真似して、七七五年(宝亀六)一〇月一三日の自分の誕生日に天長節の儀を行った。これは光仁朝廷が、唐風の国家儀式のみではなく、唐の国教としての道教に興味をもっていたことを示している。つまり、聖武天皇の時代、日本の朝廷は中国から道教が流入してくることを警戒し、道士《どうし》（道教の祭祀者）が日本にやってくることを認めず（新川登喜男『道教をめぐる攻防』）、むしろ百済や新羅《しんら》など、朝鮮からの仏教を篤《あつ》く信仰して国教とする態度をとっていた。そのなかで、朝廷は神社についても東大寺と一体となった伊勢神宮以外は冷遇する態度をとっていた。これが聖武天皇の娘の称徳天皇が死去した後に即位した光仁天皇の時代に大きく変化し、『老子』に典拠をもつ天長節が導入され、さらに道教と実際上の関係が深い日本の神社のあり方についても重視する方向に舵《かじ》が切られたのである。

しかし、日本では誕生日を祝うという慣習自体が根付かず、以降、天長節の名も記録にみられない。それが復活したのは、いうまでもなく明治天皇の時のことであった。明治天皇の天長節は明治天皇の誕生日、一一月三日であったが、それが、一九二七年に「明治節」となり、さらに第二次大戦後、一九四八年に公布された祝日法によって、現在の「文化の日」になった。この時、天長節それ自体は同時に天皇誕生日と改称された訳である（四月二九日が昭和天皇誕生日。現在の「昭和の日」）。

なお「天長地久」というのは「天壌無窮《てんじょうむきゅう》」と同じことである。このような脈絡の下、明治における天長節の復活は、『日本書紀』に記された天照大神の「天壌無窮」の神勅《しんちょく》というものが、万世一系の天皇の神聖な位置を表示するものとして扱われる大きな条件となった。この「天壌無窮」という言葉が「打ちてしやまん（敵を討ち滅ぼすまで止めないぞ）」という神話のスローガンと一緒になって、戦争中に叫ばれたことはよく知られている。「天長地久」という言葉も数奇《すうき》な運命を辿ってきたものであるが、本章解説の最後に、老子がこの章に、どのような個人的感慨を籠めていたかについての想像を書き加えておきたい。それは本章、「天長地久」章が楚簡には入っていないことに関わっている。つまり本章は老子が老齢に近くなってからの執筆なのであり、老子は、本章に「長生」どころか、間近に迫る自己の死をみていたのではないか。自分が文字通り、「無私」となって消えていく永遠の時間の流れをみていたのではないかと思うのである。

第Ⅱ部

星空と神話と「士」の実践哲学

頭上に山紋の乗る牛神の首　戦国時代中頃

第一課　宇宙の生成と「道」

湯川秀樹やニールス・ボーアのような現代の物理学者は『老子』に宇宙論を見る。『史記』の老子伝には老子は「史《し》」であったという伝承があるが、この「史」とは、年代記を書くための暦の必要から、天文の観察をも行っていた役人たちのことである。彼らによる天文の観察が老子をふくむ道家《どうか》たちの学問の基礎となった（浅野裕一『古代中国の宇宙論』）。

これと対比すると、孔子の『論語』には宇宙論はない。そもそも孔子は神官階級の出身であるにもかかわらず、神話も語らず、宇宙を語ることもない。これは孔子が神話を知らず、星空に祈禱しなかったということではない。彼にとってそれらは詩篇を朗唱し、楽を奏でる儀礼と崇拝の対象であり、語るべきことではなかったのだ。

老子は、すでにそのような境域には生きていないが、神秘的なものの実在を信じていた。しかし、老子は、宇宙と神話を学者としての立場から語り、それを詩として文芸化することに躊躇《ちゅうちょ》しない。そこから中国で初めての哲学らしい哲学が生まれた。

27講　混沌が星雲のように周行して天地が生まれる　（二五章）

【現代語訳】

物が混沌とした渦のように天地よりも先に生じていた。周囲はまったくの寂寥《せきりょう》である。独立して他に依存せず、ゆったりと周《まわ》って危なげがない。それは天地を生む巨大な母のようである。私は、この原初の混沌たる物を正しく名づけることはできないので「道《みち》」と呼ぶことにする。強いて名をあたえれば「大（無限）」であろうか。この「大」が笵《きざし》（兆）によって軌道を描きはじめ、遠くまで逝《ゆ》き、遠くから反《かえ》ってくる。つまり「道」は「大（無限）」であり、それが描き出した天も無限大であり、地も無限大であって、それを一望の下にする王も、やはり無限大である。私たちの棲《す》むこの宙域《ちゅういき》は、この四つの無限大からなっており、王はその一極を占めるのである。人はみな王であるから地を法とし、地は天を法とし、天は道を法とする。そして道は自然の運命の法である。

有物混成、先天地生。寂兮寥兮、独立不依(1)、周行而不殆。可以為天地(2)母。吾不知其名、字之曰道。強為之名曰大。大曰笵(3)、逝曰遠、遠曰反。故道大、天大、地大、王亦大。域中有四大、而王居其一焉。人法地、地法天、天法道、道法自然。

(1)底本「改」。意味をとって依とした。(2)底本「天下」。帛書により改む。(3)底本「逝」。帛書により改む。

物有り混成し、天地に先だちて生ず。寂《せき》たり寥《りょう》たり、独立して依《よ》らず、周行して殆《あやう》からず。以て天地の母たるべし。吾《わ》れ其《そ》の名を知らざるも、之《これ》に字《あざな》して道と曰《い》う。強《あなが》ちに名を付さば大と曰うべきか。大はここに筮《きざ》し、逝《ゆ》きてここに遠《とお》く、遠くしてここに反《かえ》る。故に道は大、天も大、地は大、王も亦《ま》た大。域中に四大有りて、王、其の一に居る。人は地に法《のっと》り、地は天に法《のっと》り、天は道に法《のっと》り、道は自然に法《のっと》る。

【解説】本章は、これまで、抽象的な哲学を述べたものとされてきた。たとえば「道が万象に己れをあらわして、やがてまた帰っていく無限循環を、逝→遠→反の運動として論理化した」(『福永注釈』)というのである。しかし、これは前記の現代語訳のように宇宙論として読むべきものであろう。ゆったりと回る星雲から星が生まれるというラプラスの星雲説とそっくりである。『荘子』(知北遊篇一二)に「天地に先立ちて生ずるもの」は何かという問いがあるが、それへの回答は明瞭とは言いがたい。老子は本章で、それに答え、その先を論じようとしたのである。

老子が星空と宇宙に深い関心があったという伝承は、一六五年（延熹八）に後漢の桓《かん》帝が行った老子祭祀の際に作られた「老子銘」にある。そこでは老子の姿が「混沌の気と交わり日月星とともに推移し、天を観察して「讖《しん》」（預言書）を作り北斗星に昇り降りする」と描かれている（楠山春樹『老子伝説の研究』）。これは老子の神格化を伝える早い時期の史料であるが、人々が老子に天空の観察者をみていたことがわかる。

そもそもラプラスの星雲説のもととなったカントの星雲説も天空の観察を哲学化したものであった。老子も、同じ発想でゆったりと回る星雲を「天地の母」といったのである。それを「母」といったのは、この星雲によって天地生成より以前の混沌から天地が生み出され、形があたえられるからであろう（詳しくは34講参照）。それ故に、次の「吾《わ》れ其《そ》の名を知らざるも、之《これ》に字《あざな》して道と曰《い》う」という「其れ」とは天地に先だつ「物」、混沌それ自体のことであろう。星雲状態は「天地の母」ではあるが、それには名前がないから、一応、「道」という「字《あざな》」（通称）で呼んでおくというのである。天地に先立って存在し、形を変えつつも持続していく永遠存在である。

混沌に名前がないというのは老子にとって基本的な発想であったらしい。それでも混沌を「道」という通称ではなく、「強《あなが》ちに名を付さば」（無理して実能を反映する名前をつければ)、それは「大」だというのも面白い。この「大」は絶対的な意味、つまり「無限大」「無量」を意味するというのが正しいだろう(M・カルタンマルク『老子と道教』)。老子は宇宙を無限というのである。そして、この無限大のものが「ここに筮《きざ》す」ことから軌道を描き始める。この「筮《きざし》」の字は帛書《はくしょ》(乙)によったものであるが、筮とは占いで使う筮竹《ぜいちく》の筮であって、この字が使われていることは二二章に「式(式盤)」が登場することとならんで、老子と易の深い関連をしめしているといってよいが、それに続いて「逝《ゆ》きてここに遠く、遠くしてここに反《かえ》る」、つまり筮《きざし》によって周行して「遠」くまで行き「反」ってくるというのである。

これが老子が描く宇宙の運動である。老子は、このように天をみて瞑想したのである。現代の人間はほとんど星空をみて瞑想するということがなくなっているが、それは長い人類の歴史の中では、むしろ例外的なことであって、過去の人々にとって星空は最大の見物《みもの》であり、思想と瞑想の対象であった。『老子』は、このような自然観・宇宙観の書として読まねばならない。

本章で難しいのは、むしろ、この先の呪文のような文章である。これは現代語訳を読んでイメージを感得していただくほかないが、絶対的な無限大である道の下で、天と地は無限大であり、それに向き合う存在としての王も無限大であるというのである。普通、この王は「人間は万物の霊長である」という意味での「万物の王」といわれるが、そうではなく、運動する宇宙と生成された天地に対等に向き合う存在であるという意味での「王」であろう。老子の考え方では、人間は「万物の王」ではなく、その一部に過ぎないはずである。

逆にいえば、宇宙天地に対等に向き合うという意味でならば、人間はみな王であり、王でなければならないというのが老子の考え方である。そして「四大」とは「人・地・天・道」のことであるが、〔福永注釈〕が「ここでは王といっても人を最高の支配者で代表的に表現したもの」としているように「王」はそのうちの「人」を代表する。

なお本章は日本の神道との関係でも重要な章である。つまり、本章の前半部は『類聚《るいじゆう》神祇本源《じんぎほんげん》』の天地開闢《かいびやく》篇の最初の部分にすべて引用されている。本書の著者、伊勢神道の大成者である度会家行《わたらいいえゆき》についてはすでにふれたが(1講)、そういう人であるだけに、家行は当然に本章をわが国の神典、『日本書紀』の天地開闢の神話の「天地混成のとき、始めに神人あり」「古へに天地未だ剖《わか》れず、陰陽分れざりしとき、渾沌《こんとん》たること鶏子《とりのこ》の如くして」という一節と読み合わせている。「天地混成」はそのまま『老子』本章冒頭の「物有り混成し」につながるし、後者の「渾沌たること」の「渾」も「沌」もぐるぐる回転して形のさだまらない様子をいうから、本章の「周行」につながる。これらの表現自体が中国の道教的な文献を模倣したものであることはよく知られているが、家行は『日本書紀』と『老子』を読み比べて、その事情を納得したに違いない。

28講　私は和光同塵の宇宙に天帝よりも前からいた　（四章）

【現代語訳】

天空に広がる「道」は隙間があるから用《はたら》くが、その隙間が満ちることはない。そこに開く深淵こそが万物が生まれ出る場である。この「道」の運動は、天空の彗星のような鋭い光をくじき、密集した星雲を分けほどき、遍満《へんまん》する光を和らげ、塵《ちり》のように細かなものまで及んでいく。天空は満々たる水のように静かだ。この永遠を見ている私が誰の子であるのかは知らない。しかし、私は人がいう天帝よりも前からここにいた。

道沖而用之、或(1)不盈。淵兮似万物之宗。挫其鋭、解其紛、和其光、同其塵。湛兮似或存。吾不知誰之子。象帝之先。

（1）「或」は「常」の意。河上公注。

道は沖《むな》しくして之に用《はたら》くも、或《つね》に盈《み》たず。淵《えん》として万物の宗に似たり。其《そ》の鋭を挫《くじ》き、其の紛《ふん》を解き、其の光を和らげ、其の塵《ちり》に同ず。湛《たん》として或《つね》に存するに似たり。吾《わ》れ、誰の子なるかを知らず、帝の先に象《に》たり。

【解説】 本章も星空の観察と瞑想を語っている。ギリシャの自然哲学では天体の世界は地上とは違う透明な媒質（エーテル）が充満していると考えられていたが、ここでいう「道」も宇宙に遍満する透明なヴェールのようなイメージである。

冒頭の句は「道」の永遠性を、「道」が働くためには隙間が必要だが、その隙間が満ちてしまうことはなく、だから永遠なのだと説明する。夜空を見上げたとき、天の川や星群の中のボイド（暗虚）をみていると、その深淵から星群が生まれ出るように感じるというのであろう。別の言い方では万物を産む「衆妙《しゅうみょう》の門」と同じことである（34講参照）。

続く「其《そ》の鋭を挫《くじ》き、其の紛を解き、其の光を和らげ、其の塵《ちり》に同ず」も星空の様子をいっている。つまり、まず「鋭」は『説文』には「鋭、芒也《ほさき》」とあって、光芒《こうぼう》・星芒《せいぼう》などの熟語が示すように、尖った光を意味する。具体的にはオーロラなどの大気光学現象や、彗星・流星群などの鋭い動きである。『淮南子《えなんじ》』（俶真篇）にも「光耀《こうよう》に通ずる者（中略）、天地を包裹《ほうか》し、万物を陶冶《とうや》して、混冥《こんめい》に大通し、深閎《しんこう》広大にして、外をなすべからず、毫《ふでのほ》を析《ほど》き、芒《ほさき》を剖《さ》きて、内をなすべからず」（虚無は天地を包み、万物を育むものであるが、混沌をつらぬいて深く広大であって、その外側はなく、また毫《ふでのほ》を析《ほど》き、芒《ほさき》を剖《さ》くようにしても、その内側はない）とある。この「毫《ふでのほ》を析《ほど》き、芒《ほさき》を剖《さ》き」というのがまさに「其の鋭を挫《くじ》き」にあたる。

次の「其の紛を解き」の「紛」とは銀河のような星の密集や星座・星雲を意味するのだろう。また「其の光を和らげ、其の塵《ちり》に同ず」とは、夜空に広がる微光と星くずのイメージである。『淮南子』に「陰陽の気を和し、日月の光を理《おさ》め、開塞の時を節し、星辰の行を列ねる」（要略篇、天文篇）、「陰陽錯合し、相い与に宇宙の間に優遊競暢《ゆうゆうきようちよう》し、徳《いきおい》を被り、和を含み、繽紛蘢蓯《ひんぷんろうそう》し」（俶真篇）などという表現がある。後半の「徳《いきおい》を被り、和を含み、繽紛蘢蓯し」とは「エネルギーを含みハーモニーを抱きつつ、わらわらと群がり集まる」という意味である。ここにでる「光」「和」「紛」などは『老子』本章に共通する。

これらの描写は、二五章「混沌が星雲のように周行して天地が生まれる」とほぼ同じことをいっているのであって、いわばラプラスの星雲説である。湯川秀樹やニールス・ボーアが『老子』の宇宙イメージを大事にしたのは自然なことである。

これまで、前記の「其の鋭を挫《くじ》き、其の紛を解き、其の光を和らげ、其の塵《ちり》に同ず」という章句は、「知恵のするどさを弱め、知恵によって起こる煩わしさを解きほぐし、知恵の光を和らげ、世の人々に同化する」(『蜂屋注釈』) などともっぱら心理的なことと理解されてきた。しかし、それではあまりに意味の通りが悪く曖昧となる。そのため、この節はページ順の誤りであるか、後から記入されたものではないかという意見が一般であった。しかし馬王堆《まおうたい》出土の帛書《はくしょ》老子でも、このフレーズはそのままであることがわかり、議論は暗礁に乗り上げていた状態である。もちろん、我々は夜空を見るときにはそれを天文として見ると同時に自分の内面をみる。この章句にもそういう要素があり、この「和光同塵」という言葉は次講五六章ではもっぱら精神的あるいは宗教的な意味で使われている。しかし、本章では、現代語訳に記したように、それは宇宙についての哲学詩の表現なのである。

さて、最末句の「吾《わ》れ、誰の子なるかを知らず、帝の先に象《に》たり」にでる「天帝」とは、殷の時代から春秋時代にかけて、中国の北部で大きな地位を占めていた「天帝・昊天上帝《こうてんじょうてい》」などという人格神のことである。老子は、この天の神観念に対してまったく否定的であり(浅野裕一『古代中国の宇宙論』)、この言葉は、この章にしか現れない。それ故に、正面から道を語っている本章に「帝」がでてくるのは否定的な意味で出てきているとしか考えられない。ところが、これまでの注釈は例外なく、この句を「道」について語ったものであるなどとして「わたしにはそれ(「道」——筆者注)が誰から生まれた子供か分からない。どうやら世界の万物を生み出した天帝よりも、さらに古い先祖であるらしい」(『池田注釈』）とし、「天帝」という観念を老子が認めているかのように解釈する。
しかし、「吾《わ》れ、誰の子なるかを知らず、帝の先に象《に》たり」というのは、「道」と「天帝」の比較をしているのではなく、私が星空の永遠と対峙しているなかでの感情を表現したものと考えて、前記の現代語訳のように理解する方が語法上も素直であろう。端的に言えば、これは「私たちは、遠くからきて遠くへ行くのだ」という無限の感覚である。この句は、禅宗で、「仏にあえば仏を殺し、釈迦にあえば釈迦を殺す」として、自己を「至高なる存在」と対峙させたのと同じことだろう。

29講　私の内面にある和光同塵の世界――長きにわたる誤解　（五六章）

【現代語訳】

知はすべて言葉にできるわけではなく、言葉は知を表現する上で限界がある。人はまず目・耳などの感覚をふさぎ、その門を閉じて瞑想しなければならない。目をつぶれば外界の光は和らぎ、塵《ちり》も細かく輝き、鋭光はくじかれ、紛《むすぼ》れたものは解けていく。これを玄同、つまり奥深い合一という。もちろん、真理の玄妙な力を得たからといって、それで人付き合いがよくなるわけでも、よそよそしくなる訳でもない。それは利害とまったく関係がない。また自分が貴《とうと》くなったと感じたり、他者を賤《いや》しめるなどということとも無縁である。貴いかどうかなどというのは、自分ではなく世界が決めることだ。

知者不言、言者不知。塞其孔、閉其門、和其光、同其塵、挫其鋭、解其紛。是謂玄同。故不可得而親、不可得而疎。不可得而利、不可得而害。不可得而貴、不可得而賤。故為天下貴。

知は言にするあたわず、言は知にするあたわず。其《そ》の孔《あな》を塞《ふさ》ぎ、其の門を閉ざし、其の光を和らげ、其の塵《ちり》に同じ、其の鋭どきを挫《くじ》き、其の紛《ふん》を解く。是を玄同と謂《い》う。故に、得て親しむべからず、得て疎《うとん》ずべからず。得て利すべからず、得て害すべからず。得て貴ぶべからず、得て賤《いや》しむべからず。故に、天下の貴となす。

【解説】普通、冒頭の「知者不言、言者不知」は「知る者は言わず、言う者は知らず」と訓読されるが、これはいわゆる「不言の教」を説いたもので、すでに説明したように(8講)、真理はすべて言葉にできるわけではなく、つねに相対的であり、また言語は「知」を表すには本質的な限界があるという一種の認識論を説いたものである。文法上は問題を残すが、それを明瞭にするために「知は言にするあたわず、言は知にするあたわず」と読んだ。本章で、『老子』は、この真理の認識と言語表現の間の隘路《あいろ》を「其《そ》の孔《あな》を塞《ふさ》ぎ、其の門を閉ざす」ことによって透過《とうか》せよという。つまり目をつぶり、感覚器官を閉じて自分の内面に入り込んで瞑想せよというのである。

「其の光を和《やわ》らげ、其の塵《ちり》に同《どう》じ、其の鋭どきを挫《くじ》き、其の紛《ふん》を解く」とは黙想の中での心の風景を語っている。「光を和《やわ》らげる」とは、受け入れてきた明知が自分の内面に灯《とも》ってそこを照らし出す微妙な光となる様子である。これは目を閉じれば眼中に広がる光の印象であろうと思う。そして「其の塵《ちり》に同じ」の「塵」とは、過去の生活の中で蓄積された塵労といわれるような経験のことであろう。内面の光は、その一つ一つを柔らかく照らし出す。そして、続いて「其の鋭どきを挫《くじ》き、其の紛《ふん》を解く」というのは、人間の内面に記憶として残っている辛い経験、コンプレックスがときほぐされる様子であろう。

問題は、前講でみたように『老子』四章では、これとほぼ同じ言葉が天空の星空の描写として登場していたことである。その文脈では、このフレーズが宇宙論にかかわるものであることは明瞭であった。しかし、この五六章では同じ言葉が瞑想の中での心の風景を語っている。これは矛盾のようであるが、そうではない。人間が目をつぶると入り込む小暗《おぐら》い視野のなかに、天空と同じような星や星雲のような輝点や光芒《こうぼう》が広がることは誰でも知っていよう。老子は宇宙(マクロコスモス)と人間の瞑想世界(ミクロコスモス)をむしろ意識して同じ言葉で語っているのである。「是を玄同と謂《い》う」とあるのは、そのようなマクロコスモスとミクロコスモスの一致した心の状態の説明である。

そう考えると、興味深いのは、内面を語る本章は、馬王堆《まおうたい》の帛書《はくしょ》によれば①「和其光、同其塵」、②「挫其鋭、解其紛」の順序になっているのに、前講で取り上げた宇宙を語る四章では、諸本に例外なく②→①の順になっていることである。これは、内面の瞑想を語る場合と、宇宙の客観的な展開を語る場合とで、言葉は同じでもその順序を変えたことを示すのではないか。微妙な問題だが、私は、この順序変更には意味があると思う。

なお、この関係で、「和光同塵」(「和其光、同其塵」)という一句について、さらに説明しておかねばならないのは、『論語』(子路)の「君子は和して同ぜず、小人は同じて和せず」という句との関係である。私には、老子はこの『論語』「世俗には和すが同じない」という句に対して、「光に和して塵に同ずるのだ」と切り返したように読める。老子は対人的な関係を「君子か、小人か」という形で裁断する儒学の論理をとらない。老子のイメージは、あくまでも内面性にもとづく静かで平等な関係であるように思う。「和光同塵」とは、対人的にはそういう開かれた心の有りようを示すのであろう。

しかし、普通、この「和光同塵」は「おのれの英知の光を和げて、光を塵《けが》すものに同和する」（福永）、「知恵の光を和らげ、世の中の人々に同化する」（〔蜂屋注釈〕）などと解釈されてきた。そこでは「光を和らげる」ことは、知を汚し知を隠すことであり、「塵」とは汚れであり、塵の世であって、「塵に同ずる」とは世の中に妥協することだとされるのである。こうして、『論語』の「君子は和して同ぜず」と比較すると、老子は世俗に妥協するということになり、また結局のところ、知の光、いわゆるロゴスの光を軽視している、「狡《ず》い」という判断が導き出されていく。

ここまで検討したことからして、右のような解釈は誤りというほかない。しかし、実は、このような解釈はきわめて古くからのものである。つまり、「和光同塵」という言葉は、日本の神道や仏教できわめて有名な言葉であるが、それはまさに知を隠し、世俗に妥協するという意味で使われてきた。たとえば、『国史大辞典』の「和光同塵」の項目は、次のように述べている。『老子』第四章で、道は、鋭いものを挫き、紛争を解決し、強い光を和らげ、身を塵と同じに置くと説く「挫其鋭、解其紛、和其光、同其塵」の文に拠ったことば。中国の仏教書で用いられ、日本にもたらされたが、己の智徳《ちとく》才気の光を和らげ、隠し、世俗に随うという意味を、日本では特に、仏菩薩が、智恵の光を隠し、人々を救うために塵に交じり、日本の神祇《じんぎ》として現われるという意味に解した」（大隅和雄執筆）。こういう仏神の関係を「本地垂迹《ほんじすいじやく》」といったこともよく知られていよう。本地は、本体・本源という意味で、垂迹は本地が仮の姿をとって迹《あと》を垂れるという意味である。たとえば太陽神は本地では大日如来《だいにちにょらい》であったが日本にきて天照大神《あまてらすおおみかみ》となり、薬師如来《やくしにょらい》が国常立命《くにのとこたちのみこと》、大自在天が北野天神（菅原道真）となったなどということになる。「仏―光」「神―塵」という関係である。ここには仏教による神道の統御と相互の支え合いの関係があった。

もし私が本講で述べた解釈が正しいとすれば、これは、日本の宗教における最大の「長きにわたる誤解」を解いたということになる。私は、老子を読み直すということは、このように日本の宗教と思想の歴史的伝統のすべてを捉え直すことにつながるものと考えている。それは昔の知識人・宗教者との対話なのである。

30講　知とは五感を超えるものを見る力である

（一四章）

【現代語訳】

目をこらしても見えないほど微《かす》かで、耳をすましても聞こえないほど希《とお》く、揺《な》でさすっても感じないほど夷《たい》らなもの。そういう名も付けられないような、人間の直接の感覚では明らかにできないものが、この世界にはたしかにあって、混沌として一体になって世界を貫いている。その一体となったあり方は、上が遠いとか、下が近いとかいうものではなく、時空に遍在している。その様子は、縄が透明な網のように広がって、名付けることができないままで、もとの物の気配のないところまで戻っていくようだ。その運動は状《かたち》の無い状《かたち》、あるいは物の気配の無い象《イメージ》である。これを惚恍《こつこう》（＝恍惚）という。追いかけても後《しりえ》をみることはできないし、前から出迎えても首《あたま》を見ることはできない。しかし、現在の「道」をつかんで、現在の現実（有）を統括し、それが形成された歴史の始源を知ること、それを「道」の端緒（糸口）というのだ。

視之而不見、名之曰微。聴之而不聞、名之曰希。捪之而不得、名之曰夷。三者不可致詰、故混而為一。一者、其上不悠(1)、其下不忽。縄縄乎不可名也。復帰於無物。是謂無状之状、無物之象。是謂惚恍。随而不見其後、迎而不見其首。執今之道、以御今之有、以知古始。是謂道紀。

*本章のテキストは底本でなくとくに帛書を採用した。（1）帛書の原字は「攸」。

之《これ》を視れども見えず、名づけて微《び》と曰《い》う。之を聴けども聞こえず、名づけて希《き》と曰う。之を捪《なづ》れども得ず、名づけて夷《い》と曰う。三者は、致詰《ちきつ》すべからず、故に混じて一と為す。一なるものは、其《そ》の上は悠《とお》からず、其の下は忽《ちか》からず、縄縄《じょうじょう》として名づくべからずして、無物に復帰す。是《こ》れを無状の状、無物の象《しょう》と謂《い》う。是れを惚恍と謂う。随《したが》いて其の後《しりえ》を見ず、迎えて其の首《あたま》を見ず。今の道を執《と》りて、以て今の有を御《ぎょ》し、以て古《いにしえ》の始めを知らん。是れを道紀と謂う。

【解説】「道」はこの世界の運動の秩序・法則を意味するが、本章は、その道の不可視・不可聴・不可触という性格について詳しく説明している。老子の思想は、それが「無知の知」という言葉で表現されることもあって、しばしば一種の反知性主義と誤解される。しかし、本章は、老子の思想がそのようなものではないことを力強く述べるのである。

興味深いのは、本章が「道」というもののイメージを宇宙論的な規模で積極的に描いていることで、まず「一なるものは、其《そ》の上は悠《とお》からず、其の下は惚《ちか》からず、縄縄《じょうじょう》として名づくべからず」というのは、「天網」（32講参照）と同じだろう。またそれを「惚恍」といいかえているのも印象深い。清末の思想家で康有為《こうゆうい》や梁啓超《りょうけいちょう》とともに活躍し、早く処刑された譚嗣同《たんしどう》は本章によって「目に見えず、耳に聞こえず、口に味わえず、鼻に嗅《か》げず、名のつけようもない。これを以太《エーテル》と名づける」と述べているが（譚嗣同『仁学』）、「惚恍」（ほのかに光る無形なもの）とはまさにギリシャ哲学の言う宇宙に遍満《へんまん》する媒質、エーテルと同じものであろう。

なお、本章の「無状の状、無物の象」、つまり「状《かたち》の無い状《かたち》、あるいは物の気配の無い象《イメージ》」という言葉は『荘子』（知北遊篇）と共通するものである。『老子』と『荘子』に共通する発想を比較することは重要であるが、私は、『老子』は短い言葉で端的に豊かなイメージを描き出す点で優れているように思う（なお、「無物の象《しょう》」という場合の「象」とは動物としての「象《ぞう》」ではなくて、「象＝形（形）」とか「象徴」という意味の「象」である。「抽象」という言葉があるが、これは「物から象《かたち》（形）だけを抽《ぬきと》って考える」ことをいい、捨象とは「物から象《かたち》（形）を捨てさる」ことをいう。『老子』を読んでおけば、この言葉の意味がよくわかる）。

もちろん、中国の科学は、ヨーロッパにくらべて遅れをとった。老子の時代は大規模な戦国騒乱のさなかであり、かつすぐに秦帝国の始皇帝による学術の弾圧がやってきて、それが漢帝国における儒教の国教化に続いた、これが科学の発達にとって不利な条件となった。またヨーロッパの科学が古くはエジプト・ペルシャ、さらにインド・アラビアの諸学との交流の中で発展したような条件を中国はもたなかった。ここはそれを科学史の側から説明する場ではないが、この中で宇宙論や科学思想が神秘主義に傾いていくのは必然であった。老子が道教の祖と祭り上げられるなかで、その教説が神秘化され、それは必然的に『老子』の注釈にも及んだ。『老子』は宗教的な経典となって神秘的な解釈の対象となってしまったのである。たとえば、「河上公注」には、本章について「三は夷希微を謂う也。

致詰すべからず。それ色なく形なく、口に言あたわず、書に伝うあたわず。当《まさ》にこれを受くるに静をもってし、これを求むるに神をもってすべし」とある。つまり、ここでは「道」は「静」と「神」によって直感するべきものとなっている。また、さらに下って、唐代の儒者、賈大隠《こたいいん》の『老子述義《じゅつぎ》』をみると、そこには本章の解釈として「希夷《きい》視聴の外、氤氳《いんうん》気象の中にあり、虚にして霊あり、一にして体なし」とある。五感の外に氤氳《いんうん》（盛んな気）があるというところまでは『老子』のいうことの範囲内であるが、そこには「霊」が宿るというのである。こうして、本来は星空の観察から始まった宇宙論という性格をもっていた『老子』の議論は、結局、そこから離れて解釈されていったのである。

　これは東アジアの思想史、科学史全体のなかで考えていくほかない問題であるが、老子の神秘化は東アジア全域に広がった。たとえば日本でも、右の「河上公注」など、老子の教説を神秘化した注釈類が日本の伊勢神宮の神道、いわゆる鎌倉時代の伊勢神道の神道書に引用されて、日本神道を理論づける上でさまざまな形で利用された（高橋美由紀『伊勢神道の成立と展開』）。

「河上公注」のいう「静と神」の実態は伊勢の日神・月神の御正体の「真経津鏡《まふつのかがみ》」（八咫《やたの》鏡《かがみ》の別称）そのものであるということになっており（『宝基本紀』）、また右の『老子述義』のいう氤氳《いんうん》気象の中の「霊」は、日本の『古事記』『日本書紀』のいう天地開闢《かいびゃく》の時に現れた「国常立神《くにのとこたちのかみ》」であり、虚空神であるということになっている（『御鎮座本紀』、なお『老子述義』は逸文が伊勢神道関係の書籍に引用されて伝わっているだけで、原本は現在では失われている）。これはおそらく平安時代の伊勢の神官が考えたことであると思われるが、日本では『老子』の中にあった宇宙論はまったく異なるものとして受けとめられ、伊勢神道の教義の中に位置づけられたのである。

31講　道は左右に揺れて変化し、万物はそれにつれて生まれる（三四章）

【現代語訳】

「道」は左右に大きく揺れて動いてゆく。万物はそれにそって生ずるが、「道」は干渉しない。うまく進んでも、「道」は無名のままであり、万物を育くんでも、その主とはならない。永遠に欲は無いから「道」は無限に小さいのだが、万物が戻ってきても、その主とならないのは逆に「道」が無限に大きいからだ。有道の士が大なるものとなりうるのも、自分を大としないからである。それで大きくなっていく。

道汎(1)兮、其可左右。万物恃之而生而不治(2)。功成不名有、衣養万物而不為主。恒無欲、可

名於小。万物帰焉而不為主、可名於大。(3) 是以聖人之能成大也、以其不為大也。故能成大。(4)

(1) 底本「大道氾」。帛書は「渢」。「汎」または「氾」の仮借字とみてよい。(2) 底本「辞」。二章の例と統一し改む。(3) 底本「為」。帛書により改む。(4) この行、すべて帛書による。

道は汎《はん》として其《そ》れ左右すべし。万物は之《これ》を恃《たの》みて生ずるも治せず。功成りて名を有せず。万物を衣養《いよう》して主と為らず。恒《つね》に無欲なれば、小と名づくべし。万物、焉《これ》に帰して主と為らず。名づけて、大と名づくべし。是をもって聖人の能《よ》く大を成すや、其れ大と為さざるを以て也。故に能く其の大を成す。

【解説】 本章も「道」の宇宙的な姿を語ったものである。冒頭の「道は汎として其れ左右すべし」の「汎《はん》」は、〔福永注釈〕に従って、『荘子』(列御寇篇一)に「汎として繫がざる舟の若く、虚にして遨遊《ごうゆう》する者なり」とあるような虚《きよ》に遊ぶ動きを表現するものとみたい。

この「道が大きく揺れ動く」という表現は、「混沌が寂寥《せきりよう》の中で独立して周行する」という二五章の宇宙が星雲状態から形成されるという記述に通ずる。他の注釈書は本書で底本とした王弼《おうひつ》本に「氾濫」の「氾」とあるのをとって、「水が溢れるように広がっていく」

と解釈しているが、『老子』の宇宙論には「水」のイメージはなく、この点は同時期の竹簡本「太一生水」とは異なっている。

ようするに本章の前半では、道は、大きく揺れながら万物を生み出しながら、万物を制約せず、造化の仕事を成就していくが、その主とはならず、道は「無名」のままであることが語られる。次いで「恒《つね》に無欲なれば、小と名づくべし」というのは、一章に「恒なるものに欲無くんば、観《み》るに以てそれ眇《かそけき》なり」とあるのと同じことで、道はきわめて微妙なものであって、「小」といわれる。しかし、万物が道に帰入してきても「道」の世界には何の影響もないのは、それほど「道」が大きいことを意味しており、その点では「道」は「大」といわれる。これらは、「道」を「無限大」と名付けることができるという思想（27講参照）に対応すると考えればよく意味が通ずる。

最終句では、このような「道」の動きと、「道」を自覚した有道の士の動きは共通しているという洞察が語られる。有道の士が大なるものとなるのは自分を大としないためであり、自分が「大」ではなく「小」であることの認識によって初めて「大」となれるのだというのである。

32講　天の網は大きくて目が粗いが、人間の決断をみている　（七三章）

【現代語訳】

普通の考え方とは違って、敢《あ》えて動く勇気が死をまねくことは多い。同じことだが敢えて動かない勇気が活をもたらすこともあるのだ。しかし、動くか動かないか、この両《ふた》つにはどちらの場合も利があったり害があったりする。天が悪とするのが何かは誰にもわからない。天道《てんどう》は、争わないで善なる本性にそって進むものを助け、不言のまま善にそって素直なのに応《こた》え、求めないもののところに来て、坦然《たんぜん》として善なるもののために計らう。天道の網は広大で目が粗いが、そこから漏れるものはない。

勇於敢則殺、勇於不敢則活。此両者、或利或害。天之所悪、孰知其故。天之道、不争而善勝、不言而善応、不召而自來、坦然而善謀。天網恢恢、疎而不漏。(1)

(1) 底本「失」。日本では『後漢書』のテキストにより「漏」を慣用する。

敢《あ》えてするに勇なるものは則ち殺か。敢えてせざるに勇なるものは則《すなわ》ち活か。此《こ》の両《ふた》つは、或いは利あり、或いは害なるも、天の悪とする所は、孰《たれ》かその故を知らん。天の道は、争わずして善なるを勝たせ、言わずして善なるに応じ、召《まね》かざるに自《おのずか》ら来り、坦然《たんぜん》として善なるに謀《はか》らう。天網恢恢《てんもうかいかい》、疎にして漏らさず。

【解説】 冒頭の「殺」と「活」は（〔長谷川注釈〕）のいうように名詞として読み下すのが良い。「殺」「活」は、危機において決断した人間が、どうなったかという結果を表現すると読むのである。これに対して、「殺す」「活かす」などと動詞として読むと、その主語が問題となって読みが混乱する。

〔武内注釈〕〔福永注釈〕などは、「殺す」「活かす」の主語を裁判官とする。その現代語訳は「罪人を裁くのに勇気をもって死刑の判断も恐れないか、躊躇して勇気がないまま活かしてしまうか、どちらが天道の支持するところかは人間にはわからない。人間は利害を考えて判断するが、天道というものは争わずして勝ち、無言のままに因果を応報し、自然にうまく計らう」などとなる。しかし、こういう思想は法家にこそふさわしい。老子は法家には儒家に対するよりも批判的であって、老子が裁判者の立場に立って問題を述べるという想定自体がおかしい。それをおいても、この読みでは、裁判官、「殺」「活」の状態となる人間、さらには「天」の三者が短い文章のなかにでてきて意味は不分明となる。

本章は、「敢《あ》えてする」か「敢えてしない」かに人生で迷ったときのことを論じていると考えるのが無理がない。「両《ふた》つ」というのは「するか、しないか」の判断だろう。法家的な解釈に反対するのは〔小川注釈〕〔池田注釈〕〔小池注釈〕なども同じである。しかし、それらは『老子』が人間の決断を励ましていると考えず、天道こそ絶対だ、人間の「勇」には所詮意味は無いとする。これらの解釈はそういう立場から、中段を「天道は争わずして善く勝ち、言わずして善く応じ」と読み下して、「勝つ」「応ず」の主語を直接に「天道」と理解していた。しかし天道が「善《よ》く勝ち、善く応ずる」という発想はおかしい。また「不争」「不言」は人間の態度であろう。「善」＝本性という読みを貫いて、「天道は争わずして善なるを勝たせ、言わずして善なるに応じ」と読み下した。そう読めば、本章はむしろ人生において、その人間の「善」にそって素直に判断することの意味を説き、楽天的な立場にたって我々を励まそうとしていることになる。私はこちらの方が『老子』らしいと思う。

なお、こう考えれば文末の「天網恢恢《てんもうかいかい》、疎にして漏らさず」という有名な一節も温かな雰囲気になっていく。法家的な解釈では、この「天網」の「網」の字を「綱紀《こうき》」（掟）と解釈する。天網とは「天が悪人を捕えるために張りめぐらした網」（〔福永注釈〕）のことだというのである。「天網」とは天の法であり、天の法はすべてを見ていて嘘を許さず、罪を許さないということになる。こうして老子が法家と違うのは、せいぜい威圧的な刑法の運用に賛成せず、犯罪を罰するのは天意にそうようにすべきであると主張することに限定される。しかし、そもそも、天には悪人を見逃さない網があるのだというのは、実際上は法家より厳しい法規主義ではないだろうか。

天網とは、前々講の一四章が「状《かたち》の無い状《かたち》」という縄が透明な網のように広がったもの、「微・希・夷」の目にみえない「道」の広がりのイメージだろう。もちろん、この形のない天網は厳しいものではある。しかし、その「無」が人間の決断を見ている、そして励ましているというのが、我々弱い人間に対する、老子の励ましなのではないだろうか。

33講　老子はギリシャのソフィスト、ゼノンにあたるか？　（四五章）

【現代語訳】

大成しているものも欠けるところがあるからこそ、その働きが尽きることはない。満月も空しいところがあるからこそ、その働きは窮《きわ》まることがない。長大な直線はどこか曲がっており、本当に巧みなものは拙《つた》ないところを残しており、雄弁は訥々《とつとつ》としているように聞こえる。動作を躁《さわが》しくすれば寒さは防げるが、静かにしていれば動かなくても熱さに勝つことができる。清く静かなことこそが世界の真ん中にあるのだ。

大成若欠、其用不弊。大盈若沖、其用不窮。大直若屈、大巧若拙、大弁若訥。躁勝寒、静勝熱。清静為天下正。

大成《たいせい》も欠くるが若《ごと》くして、その用《はたらき》は弊《つ》きず。大盈《たいえい》も冲《むな》しきが若くして、その用《はたらき》は窮《きわ》まらず。大直《たいちょく》も屈するが若く、大巧《たいこう》も拙《つた》なきが若く、大弁《たいべん》も訥《とつ》なるが若し。躁《そう》は寒に勝ち、静《せい》は熱に勝つ。清静《せいせい》は天下の正《せい》たり。

【解説】 以前は、日本でも、この章はきわめて有名なものであった。たとえば徳川時代の画家、伊藤若冲《じゃくちゅう》の号は二句目の「大盈《たいえい》は冲しきが若く」から取ったもので、「大盈、つまり本当の充実は隙だらけのようにみえる」という意味であった。また二〇世紀を代表する禅学者鈴木大拙《だいせつ》の「大拙」という号は、やはり右の「大巧は拙なきが若く」という一節からとったものである。大正時代頃までの人々は、この種の漢語をよく知っていて、それを一種の人生訓として使っており、そのうちでは『老子』がもっとも人気が高かったのである。

これは大事なことであり、取り戻したいものだが、しかし、だからといって、その頃からの解釈が正しいとは限らない。ここで問題としたいのは若沖の号の由来となった「大盈《たいえい》も沖《むな》しきが若くして、その用《はたらき》は窮《きわ》まらず」という一節の厳密な意味である。

これは満ち足りているものにも微細にみれば空しいところがあるが、実は、その隙があるからこそその働きは窮まることがないということである。しかし、『老子』の哲学詩がいつもそうであるように、そこにはさらに具体的なイメージがあった。つまり、「大盈《たいえい》」というのは、『礼記《らいき》』（礼運篇）に「ここに三五（十五日、筆者注）をもって盈《み》つ」とあり、その注釈に「盈、月光円満をいう」とあるように、満月のことである。それによって解釈しなおすと、これは、満月にも必ずむなしい影があり、完全に真ん丸になる時というのは視認《しにん》できない。満月に影のない状態というものは抽象的にしか考えられず、瞬間瞬間を静止させれば、つねに影があり、だからこそ月に盈《み》ち虧《か》けがあるのだということなのである。

同じように「大直《たいちょく》も屈するが若く」というのは、直線はどこか曲がっているということである。『老子』に先行する『墨子』（法儀篇）には「百工、方《ほう》を為《つく》るに矩《く》をもってし、円を為《つく》るに規《ぶんまわし》をもってし、直《ちょく》には縄《じょう》をもってし、正《せい》には懸《けん》をもってし、平《へい》には水《すい》をもってす」とあるが、この「直」が直線のことで、「縄」とは板に直線をひくために使う墨縄《すみなわ》のことである（「百工」は大工、「方」は四角形、「矩」は曲尺《かねじゃく》、「規」はコンパス、「懸」は錘重《さげふり》、

「水」は水準器)。これに対して『老子』は本当の直線は地上にはない、墨縄のような道具でひいてもどこか曲がっているというのである。

また「大巧《たいこう》も拙《つた》なきが若く」というのも工匠の技能の巧拙のことをいっているのであろう。『墨子』には続いて「巧工、不巧工となく、みなその五者をもって法となす。巧みなる者は能くこれに中《あた》り、巧みならざる者は中《あた》ること能わずといえども、放《なら》い依りてもって事に従えば、なお已《や》むに逾《まさ》れり」とある。巧妙な工匠もそうでない工匠も「矩・縄・規・懸・水」などの五つの道具を使い、それによって技能を上げていくことができるという訳である。これをふまえると「大巧《たいこう》も拙《つた》なきが若く」というのは、達人の工匠も拙ないところはあり、だからこそ逆にいえば技能は無限に上達していくという意味なのである。

これまで、本章はこういう読み方ではなく、若冲や大拙の号も、いわば一種の精神論、単純な逆説として読まれていた。しかし、これらはもっと合理的な内容をもっていたのであり、突きつめれば有名なギリシャのソフィスト、ゼノンがいうアキレスと亀の話と同じ話なのである。運動を静止の連続に置き換えるとアキレスは亀に追いつけないという例の話である。

これを考える上で重要なのは、『荘子』(天下篇)に伝えられる、荘子の友人にして論敵であった恵施《けいし》の「歴物十事」といわれる無限論である。そこには「鏃矢《やじりや》が飛ぶとき、一瞬一瞬は進んでいるともいえず、止まっているともいえない」「無限の大きさをもつものには、その外側となるものがない、これを大一《たいいつ》と名づける」「厚みのないものは、いくら積み重ねても厚みはできない。だが、その厚みのないものは千里の大きさをもつといえる」「太陽は中天にあると同時に、東西のいずれかに傾いている」などとある。これらが『老子』本章と共通するものであることは明らかであろう。

最近出土した『数書』『算書』の竹簡によって戦国末期から秦の時代における中国の数学の発展の様子が明らかになったことにも注意しておきたい。紀元後の後漢の時代の『九章算術《きゆうしようさんじゆつ》』という数学書に円の面積計算、四角錐の体積計算、三平方の定理、多元一次方程式の解法などが記されていることはよく知られていたが、それが戦国末期にまでさかのぼるのである。

ドイツの実存主義哲学者ヤスパースは、ユーラシア大陸の各地でほぼ同時に「哲学」が発生したとして、この時代を「(横) 軸の時代」と呼んだが、その具体的な内容を明示した訳ではない。もし、老子とゼノンが同じことを論じているのだとすると、これは哲学史上の大問題になる。物の運動というものは何なのか、そこに含まれるエネルギーとは何なのかという問題が、ほぼ東西で同時に意識されたということになるだろう。

ともかく老子の本章については、前記のように解釈すれば意味の通りは明らかによくなる。とくに後半の「動作を躁《さわが》しくすれば寒さは防げるが、静かにしていれば動かなくても熱さに勝つことができる」という部分は、老子が「躁＝運動」と「静＝静止」の関係において本源的なのは静止であるといっていることになるだろう。これは月の満ち欠けにおいて瞬間瞬間を静止させれば、実際には影があり、それこそが運動の本質だという「大盈《たいえい》も冲《むな》しきが若く」という章句に正確に対応している。

そして、本章の結論となっている「清静《せいせい》は天下の正たり」、つまり「清く静かなことこそが世界の真ん中にある」という一節も、まさに世界において本質的なものは、運動ではなく「静＝静止」であることを確認するという意味であったことがわかるだろう。こういう文脈のなかでいわれる以上、「清静」とはいっても、重点は「清」ではなく「静」にあり、「清」というのは、「純粋な」という意味で「静」の形容であることも分かる。

ただ残念ながら、このような合理的な自然哲学ともいうべき側面は後の歴史のなかで忘れられ、本章ももっぱら精神論、人生論として読まれるようになっていった。たとえば前講でふれたように、『老子』の注釈書、「河上公注」は、「道」のことを「色なく声なく形なく、口に言あたわず」というものであるというだけでなく、「当にこれを受くるに静をもってし、これを求むるに神をもってすべし」とのべている。「道」は五感にふれず、言うことも書くこともできないもので、「静」と「神」によって神秘的に直感するべきものであるというのである。結局、秦漢帝国の形成の時期に中国における自然科学的な思考は、神仙《しんせん》思想、陰陽思想、易《えき》などの中に吸収されていってしまったということなのであろうか。

第二課　女神と鬼神の神話、その行方

『論語』（述而）に「子、怪力乱神《かいりきらんしん》を語らず」（先生は怪異な力や鬼神について語らなかった）とある。これをもって孔子は合理主義者であったといわれることも多い。しかし、孔子はそもそも神職者であって、王権の「天」の祭祀においては神秘と神話の中にいた。浅野裕一がこの言葉は孔子が民間の鬼神祭祀を邪教視していたことを意味するとしたのに賛成したい（浅野『老子と上天』）。

老子は中国の南部、楚国の出身だが、楚国は神話に豊かな国であった。王を諫《いさ》めて汨《べき》羅《ら》に身を投げて死んだことで有名な屈原《くつげん》の『楚辞《そじ》』は、中国神話をまとまった形でよく伝えているが、屈原の生存年代は、本書で想定した老子の生存年代よりも少し前にあたる。老子は屈原に同情的な立場をとっていたに違いない。老子の立場が、鬼神の尊重を社会秩序の基本に据えようとした墨子（前四五〇頃～三九〇頃）に近いことも、楚国の伝統に根があったのだろう。私は、こういう老子の思想こそが、神話的な鬼神が道教の民俗的な神々に変身していく原点にあったと考える。ただ、問題は老子の神話的な神の中心に女神がいたことで、これは、孔子とも、墨子とも大きく異なっている。

34講　星々を産む宇宙の女神の衆妙の門（一章）

【現代語訳】

普通に行く道と、ここでいう「恒《こう》なる道」はまったく違うものだ。普通に名づけることができる名と、ここでいう「恒なる名」もまったく違う。宇宙における万物の始めの段階では、混沌としたものには名はない。そこに登場した万物を産む母が、物に形をあたえ「恒なる名」をあたえるのである。同じように、「恒なる道」には最初は「欲」がなく、その様子は微《かす》かに渺々《びょうびょう》としているが、それが「欲」を含めば物ごとが皦《あきらか》にみえるようになる。この「恒なる道」と「恒なる名」は同じ場をもち、字は違うが同じ意味である。この二つの黒く奥深い神秘がつながるのが万物が産まれる衆妙《しゅうみょう》の門である。

道可道也、非恒道也。名可名也、非恒名也。無名、万物之始也。有名、万物之母也。故恒無欲也、以観其眇。恒有欲也、以観其所曒。両者同出、異名同謂。玄之又玄、衆妙之門。

＊本章のテキストはとくに帛書によった。

道の道《ゆ》くべきは、恒《こう》なる道に非《あら》ざるなり。名の名づくべきは、恒なる名に非ざるなり。名無きは万物の始めなり。名有るは万物の母なり。故に恒なるものに欲無くんば、観《み》るに以て其《そ》れ眇《かそけき》なり。恒なるものに欲有るにいたれば、観るに以て其のところ噭《あきらか》なり。両者は同じく出でて、名を異《こと》にするも謂うところ同じ。玄《げん》のまた玄、衆妙《しゅうみょう》の門なり。

【解説】 本章は原編成の『老子』の一章であって極めて有名なものである。しかし、本章の従来の解釈はきわめて曖昧で、しかもほとんど同じものはないといっていいほど相互に違っている。それでも、人々は本章からきわめて強い印象をあたえられてきた。

たとえば『ゲド戦記』などを書いた小説家、アーシュラ・K・ル゠グィンは小さいころから『老子』の謎のような文言に惹かれていたというが、本章冒頭の一節を、彼女のファンタジー『幻影の都市』の中で、主人公が人格崩壊の危機を生き抜くための呪文として使っている。英語でいうと、“The way that can be gone isn't the real way. The name you can say isn't the real name.”となり、たしかにきわめて神秘的な印象をあたえる。しかし、これが一種の宇宙論であることは、すでに第一課で詳しくふれた二五章・四章の内容に明らかである。何よりも、そう考えれば本章の意味は一挙に明晰になる。

さて冒頭の一節、「道の道《ゆ》くべきは、恒《こう》なる道に非《あら》ざるなり」は、普通に行くような道（「道の道《ゆ》くべき」）は「恒《こう》なる道」ではないということである。「道の道《ゆ》くべきは」はこれまで「道の道《い》うべきは」（「道」を「言う」という動詞で読む）、あるいは「道の道とすべきは」（「道」を名詞と読む）と読まれているが、もっとも素直なのは「道」を「行く」という動詞で読むことで、意味はル＝グィンの英訳の通り「行くことができる」になる。普通に行くことができる道と、「恒なる道」とは違うというのである。普通の道とはまずは実際の道であろうが、さらに儒教のいう「仁義」の規範としての「道」を含むであろう。それに対して「恒なる道」は、老子のいう「道」、つまり自然と社会の中に客観的に存在する不可視・不可聴・不可触な運動とその公理、秩序のことである。

また「名の名づくべきは、恒なる名に非ざるなり」というのも同じ語法で、普通に名づけられる「名」は「恒なる名」ではないというのである。普通の「名」とは、儒教のいう「名分」、つまり社会的な身分秩序や体面を含むのであろう。これに対して老子の哲学的な語法では、「名」という言葉自体は、名をつけること、そして万物が名をつけることができるような形の差異をもっていることをいう。そして、それと区別された「恒なる名」というのは、万物が生まれた途端にきまっているような恒常的な差異をいっているらしい。

つまり、老子は、続いて「名無きは万物の始めなり。名有るは万物の母なり」という。

この「万物の始め」とは宇宙の始源の混沌のイメージである。「名」とは万物の差異のことだから、「名無き」というのは、万物に名を付与するべき差異や形がない状態であろう。宇宙と万物の始めは形のない混沌であるというのである。その逆に「名有るは万物の母なり」というのは万物に異なる形があたえられ、「名」をつけることが可能になった状態である。「名有るは万物の母」とは宇宙生成の最初に混沌から名と形を作り出す力をもった存在をいう。母という以上、老子は宇宙の原始に母性を想定しているのであろう。ここから、宇宙の空間そのもの、星などの天文学的存在、さらには生命など、恒常的な差異をもった万物が生まれる訳である。

これは、現在の天文学のいうビッグ・バンの理論に似ている。つまり、それによれば、宇宙は非定常な混沌として永久に続いているが、特定の環境条件の下で最初の衝撃、ビッグ・バンが起き、その直後に、世界は特定の形態をもち始めるという。『老子』本章のいう「万物の始め」における「名無き」から「名有る」への一瞬の転形が、それに似ている。「万物の母」とは、この臨界点の特定の環境をいうということになろうか。より近代哲学風の言葉を使えば、形のない無規定なものが特定の環境条件の中で、運動を開始し、自己を産出して、その諸側面が区別されるようになり、「形」(形態)と本質をもつ事物になっていくということである。

次の部分を、私は「故に恒《こう》なるものに欲無くんば、観《み》るに以て其《そ》れ眇《かそけき》なり。恒なるものに欲有るにいたれば、観るに以て其のところ皦《あきらか》なり」と読んだ。これまでの読みはすべて「恒」を「つねに（常に）」と読んで、「人は常に変わりなく無欲で純粋であれば、その微妙な唯一の始源を認識できるのだが、いつも変わりなく欲望のとりこになっているのでは、差別と対立にみちたその末端の現象がわかるだけだ」（［金谷注釈］）などとして、これを人生訓として読んでしまう。これは『老子』というと「無為・無欲」とする思い込みの一例である。

しかし「恒」一字で「恒《こう》なるもの、恒遠《こうえん》なるもの」と解釈するのが分かりやすい。それは決して根拠のないことではなく、『老子』とほぼ同じ時期に知られていた『恒先』『道原』など、最近発見された竹簡書に一般的な語法である。特に『恒光』が「恒《こう》の先は無なるも、質・静・虚あり」（恒なる原初の段階は無であったが、微《かす》かに質と静と虚だけが存在していた）と始まっているのは、原初の宇宙を寂寥《せきりよう》とする『老子』の宇宙論とほとんど同じといってよい。

そして、そう読めば、この「恒」についての句は、「名無き」から「名有る」への転形と同じ場面を、「恒なる道」の側から説明したものということになる。現代語訳に記したように、この句は、自然と社会の中に存在する「恒なる道」は、それ自体として「欲」の動きがない段階では、目に見えない眇々《びょうびょう》たるものに止まっているが、「欲」の動きが入ってくれば明らかな形をもつと読めるのである。「万物の母」を前にした「欲」である。
そう考える理由は、右の『恒先』に続いて次のようにあることである。

濁気《だくき》は地を生じ、清気は天を生ず。気の伸《の》ぶるや神なるかな。云云《うんうん》相生じて、天地に伸盈《しんえい》し、同出なるも性を異にし、因《よ》りて其の欲する所に生ず。察察《さつさつ》たる天地は、紛紛《ふんぷん》として其の欲する所を復《くりかえ》す。明明たる天行、惟《こ》の復《くりかえし》のみ以て廃せられず

現代語訳：（最初は混然として一だった気もやがて分化し始め）濁気は沈降して地を形成し、清気は天地を形成した。気が拡延していく様は何と神妙ではないか。様々な物が互いに相手を生み出しながら、天地の間に満ち溢れた。万物は同一の気を発生源にはしているが、それぞれに性を異にしている。そこで各々の性（本性――筆者注記）がその欲求に応じて発生してきた。慌ただしい天地の間では、万物が入り乱れて、自分の同類を生み出そうとする生成死滅の営みが繰り返される。ただ天の運行のみが、日月星辰が周期運動を繰り返しながら、決して天体が死滅したりはしないのである。
＊この現代語訳は浅野裕一『古代中国の宇宙論』によった。

『恒先』は宇宙の原初に存在するものを「恒」とし、それが万物に分化していく上で「欲」が決定的な位置を占めるというのである。この点も、『老子』本章と共通する。そして「性」を異にするものの間で「欲」が生まれるという文脈からすると、『老子』の「欲」には、「万物の母」に対応する男性的な「欲」の意味が籠《こ》められていたと想定できる。

こうして本章の結論の「両者は同じく出でて、名を異にするも謂うところ同じ。玄《げん》のまた玄、衆妙《しゅうみょう》の門なり」という一節の意味も明瞭になる。まず前半の「両者は同じく出でて、名を異にするも謂うところ同じ」とは、「「道」と「名」は同じ場をもち、字は違うが同じ意味である」ということである。これも近代哲学の用語に直せば、ものごとの法則あるいは道理が存在するということは(「道」)、ものごとが発展し本質—形態の関係が変わっていくのと同じことだということになる。

そして末尾の「衆妙の門」、つまり「衆《おお》くの妙《たえ》なる喜びの門」とは「ほのかな赤みを生《せい》の胎動として覗かせる黒く巨大なエトヴァス(何者か)」(『福永注釈』)であり、よりはっきりいえば女性器のことである。「玄之有玄」という「玄」は「黒く神秘的な」という意味であって、次講六章のいう谷間の奥にあるという地母神の「玄牝之《げんぴんの》門《もん》」(神秘な雌牛の性器)の「玄さ」と同じものである。ここではそれが天空にあるというのであるが、それは一〇章では「天門」と呼ばれ、「天門開闔《かいこう》して、能く雌《し》たらんか」（天空の女神の生殖の門を開け閉めして万物が生まれるときのように、世界が雌の優美な柔弱さをあらわす）という願望が述べられている。ようするに、「名有るは万物の母なり」といわれる「万物を産み形作る偉大な母」の生殖器＝「衆妙の門」が宇宙にあるというのである。

図11　天門のイメージ

これはただの幻想ではない。中国古代の諸史料には天空に現実に「天門」が存在しているという観察を語ったものは多い。たとえばそれは角宿（おとめ座）の二星の間にあると考えられたようで、『宋書』（薛安都伝）には「夢に頭を仰いで天を視るに、まさに天門の開くを見る」とある。実際に天門が開くという観念があったのである（なお、おとめ座α星、角星はスピカ。ギリシャ語で「穂先」の意）。また老子の「河上公注」は、右の一〇章の「天門」を北極の星座、紫微宮《しびきゅう》を意味するものとする。

なお、最後に注意しておきたいことは、本章は古くから日本でも有名であったことである。図12には

図12　藤原京から発掘された木簡

藤原京で発掘された『老子』本章の冒頭を記した木簡を掲げた。また鎌倉時代の「天地霊覚書」という神道書は、この一章をそのまま引用し、道教の思想を自在に援用して神道の原理を論じている。この書は『類聚神祇本《るいじゅうじんぎほん》源《げん》』に引用されたものであるが、同書は伊勢神道の教説を集大成したものとして有名なものであることはすでにふれた。そもそも伊勢神道には『老子』の影響がきわめて強かった。『老子』を読むということは、日本の歴史と神道を身近に感じていく上でも必須の作業なのである。

35講　谷の神の女陰は天地の根源である　（六章）

【現代語訳】

谷にいる不死の女神は巨大な玄《くろ》い雌牛の姿をしている。その陰門は谷の奥に開いて天地を生み出す。嫋《たお》やかで精妙な、その用《はたら》きはいつまでも尽きることがない。

谷神不死、是謂玄牝。玄牝之門、是謂天地之根。綿々若存、用之不勤

谷神《こくしん》は死せず、是《こ》れを玄牝《げんぴん》と謂《い》う。玄牝の門、是れを天地の根と謂う。綿々《めんめん》と存するが若《ごと》く、用《はたら》きて勤《つ》きず。

【解説】『詩経』(国風)の詩によると、谷風は女と男を出会わせる風であり、また谷自体が女と男の出会う場という意味をもっていたことは、先に述べた(15講)。そもそも谷は天から精気が下り、雲雨が下ってきて、大地に流れ出す原点であり、この世界の水はすべて谷からやってくると考えられていた。そして老子は水をこの世でもっとも柔弱でありながら、もっとも強い徳《いきおい》をもつものであり、その意味では女性的なものに重なると考えていたこともすでに述べた通りである。本章のいう「谷神」は、そのような谷に宿る神霊である。それ故に、谷の神が女神であるのは当然であろう。

興味深いのは『列子』(天瑞篇)には本章と同じ文章が「黄帝書に曰く」と引用されていることである。黄帝とは中国の神話的な王たち、「五帝」のトップにいた王であるから、このことは、谷神の物語が実際に神話として扱われていたことを示すのかもしれない。中国の原始神話は長い歴史の影にかくれて、その詳細を知ることはできなくなってしまったが、老子の時代には、まだ生き生きとした物語として残っていたに相違ない。

図13　土の神への犠牲として埋められた牛

彼女は玄牝《げんぴん》の姿をしていた。「玄牝」の「牝《めす》」は「畜母なり」（『説文』二上）とあるが、実際には雌牛のことである。「玄牝」の「玄」は、しばしば「神秘な」と訳されるが、まずは「玄い＝黒」の意味である。中国では牛が水神であった。梓《あずさ》の樹が化けて牛となって川に逃げ込んだという『後漢書』（光武帝紀注）の記事など（林巳奈夫『中国古代の神がみ』）、中国の神異伝説には神樹の精は伐採の手がおよぶと変身して、水中に逃げ込むという物語が多い（松村武雄『中国神話伝説集』）。『捜神記《そうしんき》』では、その牛は黒い牝牛《めすうし》であったといい、『元中記』では青い牛であったという。

これは、古く殷の時代から水中に犠牲の牛を沈めて水神を祭ったことに関係するのであろう。『礼記』（檀弓篇下）にでる犠牲の牛が「玄牡《げんぼ》」（玄《くろ》い雄牛）とされることからすると（『論語』尭曰も同じ）、水に投ぜられた犠牲の牛は多くは雄であったと思われる。〔福永注釈〕は「女性が永遠の母であるのに対して男性は悲しき犠牲《いけにえ》ということになる」としている。なお占いに使用する卜骨《ぼくこつ》も牛の骨が多い。殷の王子の妻たちは多婦と呼ばれる集団をつくっていたが、彼女らの重要な仕事は犠牲用の牛の肩胛《けんこう》骨を卜占《ぼくせん》用に整えることであっ

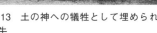

た（伊藤道治『古代中国』）。

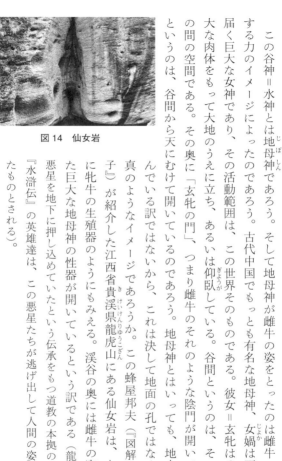

この谷神＝水神とは地母神《じぼしん》であろう。そして地母神が雌牛の姿をとったのは雌牛の繁殖する力のイメージによったのであろう。古代中国でもっとも有名な地母神、女媧《じょか》は天にも届く巨大な女神であり、その活動範囲は、この世界そのものである。彼女＝玄牝はその巨大な肉体をもって大地のうえに立ち、あるいは仰臥《ぎょうが》している。谷間というのは、その両足の間の空間である。その奥に「玄牝の門」、つまり雌牛のそれのような陰門が開いているというのは、谷間から天にむけて開いているのであろう。地母神とはいっても、地中に棲んでいる訳ではないから、これは決して地面の孔ではなく、写真のようなイメージであろうか。この蜂屋邦夫（『図解雑学老子』）が紹介した江西省貴《き》渓県《けいけん》龍虎山《りゅうこざん》にある仙女岩は、たしかに牝牛の生殖器のようにもみえる。渓谷の奥には雌牛の姿をした巨大な地母神の性器が開いているという訳である（龍虎山は悪星を地下に押し込めていたという伝承をもつ道教の本拠の一つで、『水滸伝』の英雄達は、この悪星たちが逃げ出して人間の姿をとったものとされる）。

図14　仙女岩

「天地の根」の「根」は男根・女根の根であって、「天地」のもっとも大事な根源、前講で述べた「万物の母」の「衆妙の門」と同じものであり、嫋《たお》やかで精妙なもので、その偉大な用《はたら》きは綿々と続いていって尽きることがないという訳である。私には、老子が、ここで神のことのみを語っているとは思えない。老子は女性が胎内に子どもを宿し育《はぐく》む、セックスの力の神秘を賛嘆しているのではないだろうか。それを生命の不死と持続の象徴だというのである。

さて、中国にくらべて日本には『古事記』などの豊富な神話史料があるが、日本の国生《くにう》みの女神、イザナミも、その生殖器から国土を産んだという巨大な地母神である。ただし、イザナミは火山列島日本の実際を反映した火山の女神であって、この点では中国の谷神＝「玄牝」とは異なっている。実際、イザナミは国土を産んだ後に神々を出産するが、最後に火の神カグツチを産んだときに性器に火傷して死去したといい、その生殖器は火山火口と観念されていた（松村武雄『日本神話の研究』）。

しかし、興味深いのは、イザナミがやはり水の女神でもあったことで、彼女と同体とされる「速佐須良比咩《はやさすらひめ》」は海底の地下にある「无間《むげん》の大火」の国にすみ、地上から水に乗って流入してきた様々な「穢《けが》れ」をそこで焼き尽くすといわれている（『中臣祓訓解』）。そして、この水の流れは上流の谷間の瀬に棲む「瀬織津比咩《せおりつひめ》」、海流の出会う渦に棲む「速開《はやあき》都比咩《つひめ》」という順で海底の「速佐須良比咩《はやさすらひめ》」＝イザナミのところまで届くという（「大祓祝詞」『延喜式』)。女神イザナミは谷間の女神―渦潮《うずしお》の女神ときわめて近い性格をもった神なのであって、やはり中国の谷神＝「玄牝《げんぴん》」と似た水神の性格をもっていたということができる。

桃太郎が谷川を流れてくる桃から生まれたという日本の民話は、このような谷の女神の神話と深い関係をもっている。つまり谷の奥に赤ん坊が下ってくるという「小《ち》さ子《ご》」伝説は文献史料では九世紀の『日本霊異記《りょういき》』までしかさかのぼらないが、柳田国男がいうように、そこには日本の神観念のもっとも古層に属するものが現れている(柳田『桃太郎の誕生』)。日本でも谷には生命をもたらす女神が住んでいたのである。石田英一郎は、このような神観念の淵源は東アジアの文化にあるというが、それがこの『老子』の谷神の記述に現れているのである(石田『桃太郎の母』)。

なお、水神が牛の姿をとるということは日本でもあったらしい。『日本書紀』(皇極一年七月)には日照りのために牛馬を殺して社の神を祭り、河伯《かはく》に祈るとあって、水神の河伯(川神)に牛馬がささげられたことがわかる。いわゆる「殺牛祭神」(牛を殺して神を祭る)の史料は八世紀から多く、祭られる神は基本的には水神であった。残念ながら、この牛の性別は不明であるが、ともかくこれも中国・朝鮮と共通する道教的な風俗であったとされている(佐伯有清『牛と古代人の生活』)。

36講　世に「道」があれば鬼神も人を傷つけない　（六〇章）

【現代語訳】

大国の政治は、小魚《こざかな》を損なわずに煮るのと同じで少しでも人を傷つけないようにする。世の中に正しい「道」を通すことができれば、鬼は神の荒々しい力を失う。鬼が神でなくなったということではないが、神は人を傷つける力をなくすのだ。神が人を傷つける力をなくすのみではない。有道の士も決して人を傷つけない。こうして鬼神の動く冥界でも、有道の士の動くこの世でも人が傷つくことがなくなれば、その徳《いきおい》は二重になって人々を益するだろう。

治大国若烹小鮮。以道莅天下、其鬼不神。非其鬼不神、其神不傷人。非其神不傷人、聖人亦不傷人。夫両不相傷、故徳交帰焉。

大国を治むるは、小鮮《しょうせん》を烹《に》るが若《ごと》し。道を以て天下に莅《のぞ》まば、其《そ》の鬼、神ならず。其の鬼、神ならざるに非《あら》ざれども、其の神、人を傷《そこな》わざるなり。其の神、人を傷《そこな》わざるのみには非ず、聖人も亦《また》人を傷わざるなり。夫《そ》れ両《ふた》つながら相傷わず、故にその徳《いきおい》交々《こもごも》に帰す。

【解説】「大国を治むるは、小鮮《しょうせん》を烹《に》るが若《ごと》し」とは、小魚を煮るときはつついたり、かき回したりしないのと同じように、大国の政治は傷つけることがないように慎重に行えということである。そして老子は、その際の重点が「鬼神」の扱いであるという。

「鬼」とは、『墨子』（明鬼篇）に「天の鬼あり、また山水の鬼神なる者あり、また人の死して鬼となる者あり」とあるように、先祖の霊、祖霊《それい》から、地域の山河の自然神《しぜんしん》、そして天の神までの全てをいうが、ここでいう「鬼」は第二番目の「山水の鬼神」、地域の自然神のことである。それは大国の下に合併された地域と小国が神話時代から尊んできた神々の系譜を引いているが、大国は、それらの神々を抑圧してきた。

その最大の手段が、大国が張り巡らせる道路である。そもそも「道」という字は殷の時代の甲骨文までさかのぼれば、「首」と「辶」という字からできている。この「首」というのは戦争捕虜や生贄《いけにえ》の首のことで、国家の使者は旅路に登場して妨害する異族の邪悪な霊（鬼神）を脅かすために、それを呪符《じゅふ》としてたずさえた（白川静『字統』）。神話時代でも、周になると、「周道、砥石《といし》の如く、その直《なお》きこと矢の如し」

図15 「道」の金文

といわれるように砥石のように磨かれた直線の車路を整備した。路傍の人々は「粲粲《さんさん》たる衣服」を着て車を走らせる「西人（周の人）」の下で、「ひたすらに労《ろう》するも来《むく》われず」という生活を送ったというが（『詩経』小雅、大東）、大国の直線道路と車が、マジカルな「首」の携行に代わって、地域の鬼神を脅かすようになったのである。

文明化のなかで、世界のどこでも直線道路がいよいよ発達したが、たとえば秦の始皇帝《しこうてい》も今の西安《せいあん》の近くにあった首都の咸陽《かんよう》から、その真北、今の内蒙古の包頭《パオトウ》あたりの国境まで、ほぼ真っ直ぐに七五〇キロメートルほどの「直道」を作るなど直線道路を張り巡らしている。こういう中で、原始的な神話の神々の姿が変わっていくのは一つの必然であった。だから、「道を以て天下に莅《のぞ》まば、其《そ》の鬼、神ならず」というのは、即物的にいえば大国の内部を縦横に結ぶ現実の道が社会の文明化を押し進め、原始的なタブーを解消していくという意味がある。老子は、それを正確に認識していた。老子は神話時代の終了を観察した思想家なのである。

しかし、老子は大国文明の立場にたっていたのではない。老子は「其の鬼、神ならざるに非《あら》ず」（鬼神も大事な神である）ということを認めた上で、聖人（有道の士）は「其の神、人を傷《そこな》わず」という状態をもたらすことができるという。「道をもって天下に莅《のぞ》まば、其の鬼、神ならず」というのは、「道」が「天網」のように世の中に広がっていくことによって、「鬼神」の「祟り神」としての側面を抑えられ、地域と民衆にとって活かしうる神となるという意味も籠《こ》められている。

　このように、老子は大国の政治では、小魚を煮るときの要領で万が一にも鬼神や人を傷つけてはならないといったのである。『左伝』（昭公一年）に「神と人を棄つれば、神怒り民叛《たみそむ》く。しからば何ぞもって久しからん」などとあるように、こういう考え方は決して老子だけのものではない（浅野裕一『老子と上天』）。ところが、本章の趣旨は早くから誤解されたようで、『韓非子《かんぴし》』（解老篇）は、これを「大国を治めて数《しば》しば法を変ぜば則ち民は之に苦しむ」と解釈した。老子のいうのは、一度決めた法を変じないということだというのである。韓非子の解釈はいかにも法家らしいが、問題は、その「あまりいじくらない」という側面が「無為」と意味づけされて、これまでの解釈に引き継がれていることである。たとえば独自な見識の多い〔長谷川注釈〕も、これこそ「無為政治」「無干渉主義」であるなどとしている。また〔木村注釈〕は「国を治めるとき、あまりこせこせと人民をつつきまわさない」、〔福永注釈〕も「小魚を煮る場合には腸をぬかず鱗を取らず、箸であちこちつつき回さないようにするが、大国を治める場合にも、それと同じように煩瑣《はんさ》な人為を用いない」などと通釈している。これでは韓非子の法家的解釈をほとんどそのまま認めているだけだろう。決まり文句のように「道」を「無為の道」といい換えるだけでは、地域の鬼神と人々を傷つけないようにせよという本章の趣旨は通じないのである。

この点は老子と孔子の相違を考える上で、きわめて重要である。民間の鬼神祭祀を否定する孔子の言葉は、「子、怪力乱神を語らず」（述而）という一節以外にも多い。「民の義に務め、鬼神を敬して遠ざくれば知というべし」（雍也）は、民衆は義務を果たしていればいい、その上さらに淫祠邪教《いんしじゃきょう》に距離をおいていれば賢いのだが、彼らは愚かなので、そうではないということであろう。また「其の鬼に非ずして之を祭るは諂《へつら》うなり」（為政）というのは、民衆が家の祖先神を祭るのはいいが、正統でない山川の鬼神を祭るのは心が卑屈なせいだというのも激しい。なお、これに続くのが「義を見て為《せ》ざるは勇なきなり」という句であるが、これは普通に言われるような、正義は勇気をもって実行するということでなく、実は「鬼を祭るようなことが正しくないのを知りながら、それを排斥せず、民衆に流されて鬼神を祭ったりするのは勇気がないのだ」という意味であるという（貝塚茂樹『孔子』参照）。

孔子の出自身分を示す「需」の原義は雨乞いをする巫祝《ふしゅく》という意味であるから、王権の祭天の祭祀を重視するのは当然のことであった。また「需」の職は神祭のみでなく葬祭を営んでいたから、民衆が家の鬼神（祖先神）を祭るのを助けるのも、その職責であった。しかし、この二つを外れて山野河海のなかにいる鬼神を祭ることは、孔子にとっては淫祠《いんし》邪教《じやきよう》として否定するべき対象であった。

これに対して、老子の時代は、すでに戦国時代も後期であって、戦乱のなかで王権は衰微し、家から離れた大量の死者が生まれている時代である。その時代の諸国の諸地域で信仰されていた「山水の鬼神」、各地域が神話時代から尊んできた神々を、その外部から、ある神は認め、ある神は淫祠邪教とするなどということはできない。伝統を尊重し、神々を尊重することは老子の無為の思想と保守主義にとってきわめて自然なことであったに相違ない。

さて、「道」に「鬼」が登場し、地域の自然神が人に祟るという問題は、日本の奈良時代にもあった。その頃の怨霊《おんりよう》は道に登場するので道饗祭《みちあえのまつり》などをして道路際で侵入をふせぐという史料が多く、実際に道路際からいろいろな祭具が出土している。また『古事記』に描かれたヤマトタケルの東国遍歴神話はヤマト王権による道路の東国への拡張の動きを反映したものであるとされているが、その中でヤマトタケルは、地域の豪族と神々の抵抗をうけ、伊吹山《いぶきやま》の霊によって致命傷を負ったとされていることもよく知られている。

日本史で重要なのは、地域の神々が災害を起こす「祟《たた》り神」であると指弾されて仏教に帰依した事例が多いことである。たとえば、若狭国の若狭比古《わかさひこ》神社の祭神は「疫癘《えきれい》しばしば発《はっ》し、病死のもの衆《おお》し。水旱《すいかん》は時を失い、年穀《ねんこく》は登《みの》らず」という疫病と旱魃《かんばつ》が重なるという大災害に直面し、その責任を感じる中で、「我、神の身を稟《う》け、その苦悩ははなはだ深し」と告白した。そしてその神自身が「仏法に帰依《きえ》して、もって神道を免れんと思う。この願い果すことなくんば災害を致さん」、つまり、より普遍的な宗教である仏教に帰依したい、そうでなければ自分自身がまた災害をもたらす結果になってしまうぞと人々に告げたというのである（『類聚国史』巻一八〇）。これを神々の「神身離脱《しんしんりだつ》」というが、この中で仏教化した神社、いわゆる神宮寺《じんぐうじ》が形成されていったのである。これこそが、先にふれた日本の神道と仏教が習合して、「本地垂迹」「和光同塵」という関係になっていく原点になった（29講参照）。

これは、中国で老子が目指したことを日本では仏教がやったということである。順次に説明すると、まず老子の思想は中国の神話的な神観念につよく影響して、その中から道教が生まれた。この道教は朝鮮を通じて日本の原始神話（そして後に神道となるもの）に強力な影響を及ぼした。問題は、仏教であるが、実は、仏教も中国に伝来した始めには、老子の哲学と似たものと受けとめられて流布し、中国に根付いていった。その中で老子は函谷《かんこく》関《かん》の関所役人、尹喜《いんき》に「老子五千文」を書き残して、西へ去って行ったが、実は釈迦は、この老子が天竺《てんじく》でとった姿なのであるという伝説さえ作り出された。

実際に『老子』の思想は仏教と響き合うところがあるのである。この仏教が百済を通じて、日本にやってきたのは、だいたい六世紀のことであるが、この時代、日本ではちょうど神話時代の最末期であり、仏教は中国の道教の影響の中で形をとった日本の神話の神々に再び大きく影響し、その神話の神々と習合し、「神身離脱」させ、全国で神宮寺の建立を進めたのである。

このように何度も繰り返す波のようにやってきた中国の「老子→道教→仏教」が日本の宗教と文化に影響してきた過程を追跡することは、東アジアと日本の歴史を根底から考え直すためにはどうしても必要なことである。本章は、そのための原点を確認する作業でもある。

37講　天下は壺の形をした神器である。慎重に扱わねばならない　（二九章）

【現代語訳】

天下を取ろうなどとすれば、我々は、それが不可能なことを思い知らされるだけだ。世の中は神秘な器《うつわ》である。この器は人の手におえるようなものではない。無理に扱えば壊れてしまうし、手に取ったと思った途端にそれを失う。物には気があり、先に行ったり後になったり、熱くなったり冷えたり、強かったり脆《もろ》かったり、部厚《ぶあつ》くなったり落っこちて毀《こわ》れたりとさまざまである。有道の士は、その扱いを乱暴にせず、驕《おご》りを避け、大仰《おおぎょう》にしないように努める。

将欲取天下而為之、吾見其不得已。天下神器、不可為也。為者敗之、執者失之。故物或行或随、或熱(1)或吹、或強或羸、或培或堕(2)。是以聖人去甚、去奢、去泰。

（1）底本「歔」。帛書乙により訂。（2）底本「隳」。帛書乙により訂。

将《まさ》に天下を取らんと欲して之《これ》を為さば、吾《わ》れ、其《そ》の得ざるを見る已《のみ》。天下は神器《じんき》なり、為《な》すべからざるなり。為す者は之を敗《やぶ》り、執《と》る者は之を失う。故に物は、あるいは行き、あるいは随《したが》い、あるいは熱し、あるいは吹き、あるいは強く、あるいは羸《よわ》く、あるいは培《つちか》い、あるいは落とす。是を以て聖人は、甚《じん》を去り、奢《しゃ》を去り、泰《たい》を去る。

【解説】「天下取り」を目指して争う戦国時代の群雄に対して、『老子』は、それは不可能だ、「天下は神秘な器《うつわ》であって、人が作為すべきものではない。無理に扱えば壊れてしまうし、手に取ったと思った途端にそれを失う」という痛烈な批判を発する。社会は壊れやすい「器」であって、できる限り漸進的にゆっくりと変わっていくべきものであるというのである。これは保守主義の基調となる考え方であろうが、いつの時代にも通用する名言であろう（なお「為す者はこれを敗《やぶ》り、執《と》る者はこれを失う」という格言については、すでに2講で説明した）。

ここで老子が「神器」というのは、具体的には世界は「壺」の中にあるという神話的なイメージにもとづいている。そもそも、「帛書《はくしょ》老子」が発見された馬王堆漢墓《まおうたいかんぼ》の遺体を納めた木棺の蓋には霊魂の飛翔を助けるための飛衣《ひい》（「非衣」）が懸けられており、そこには現世が巨大な「壺」のなかに位置している様子が描かれている。図16の上部は中央にいる

図16　馬王堆一号漢墓出土「非衣」（飛衣）

蛇身の女神が統括する天上世界を表すが、中段は地上の世界、下段は地下の世界を表している。その地上世界と地下世界が「壺」の型の中にあるのであるが、よく見るとそれはとぐろを巻いた龍の姿であることがわかる。そして、この壺が天上に口を開くところには蓋が描かれ、その上には天への門があることがわかるだろう。もう一つの図17も同じようなもので、壺の上にすわるのは西王母《せいおうぼ》という天を支配する女神であって、これも同じ観念を示している。

『老子』の思想を引き継ぐ道教は、この神仙思想と深い関係にあった。問題は、それが日本にも広範な影響をもたらしたことである。図18は、奈良の箸墓《はしはか》古墳の赤色立体地図の写真であるが、これをみても明らかなように、普通、前方後円墳といわれる日本の古墳は壺《つぼ》型墳《がたふん》というべきものであることが明らかとなっている（保立「火山信仰と前方後円墳」『環境に挑む歴史学』）。それは右にみた世界を壺型の神器のなかにあるものと考える中国の神仙思想の強い影響をうけたものであり、死者の「魂」は馬王堆帛画と同様に壺の口から飛び出して昇天していくのである。小南《こみなみ》一郎は、西王母は倭国神話のアマテラスと同様に石室の中に定期的に籠もるが、その石室が壺型である場合があるとしている。ここには東アジアに共通する壺の神話があるといってよい（小南『西王母と七夕伝承』）。

後段の「故に物は、あるいは行き、あるいは随い」の「物」は、これまでとくに根拠なく「人」と解釈され、「(天下取りを思い込んだ)人々は、先頭に立ちたがるもの、ついていって機を窺《うかが》うもの、熱くなって興奮するもの、それを冷やかすもの、強情なもの、実は弱虫なもの、そして泥を塗るように馬鹿丁寧なもの、ぶち壊すものなど、様々だ」などと訳されてきた。しかし、これは無理が多い。最近の〔小池注釈〕が「「物」とは、それ自らの意志或いは意欲をもって運動する存在物である」としているのがよい。この部分は、「神器」という「物」の性質を論じたものであると考え、前記のように現代語訳したい。

図 17　西王母　山東沂南北寨漢墓画像石（部分）

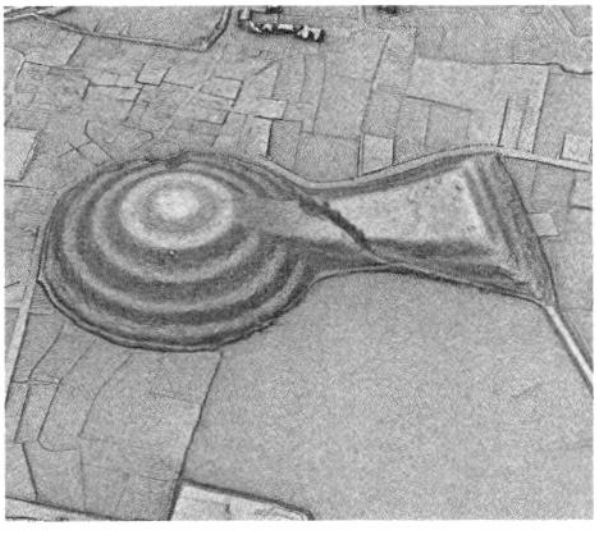

図 18　箸墓古墳の赤色立体地図（部分）

コラム6 「物」の定義

『老子』の「物」という観念は神話に由来する言葉である。中国神話の実像は不明なところが多いが、現在では、その原点が殷の時代にあったことが、甲骨文・金文や鼎《かなえ》などに鋳《い》込まれた怪異な動物の象形《しょうけい》の分析から明らかになっている。注目すべきは、それらの動物の象形は「物」といわれて、各都市国家の氏族のもつ氏族標識（トーテム）であったことである（小南一郎『古代中国 天命と青銅器』）。それらは牛や鳥や龍などの姿をもっていたが、「物」は「牛」偏で、本来は特別な「牛」を意味した。つまりトーテムのもっとも普遍的な形は牛だったらしい。

『左伝』（宣公三年）の有名な「鼎の軽重を問う」という条によれば、夏《か》王朝の宝物の鼎には地方部族の始祖神とされる動物形の「物」のマークが鋳込まれており、これによって夏王朝はありとあらゆる地方神の姿を白日の下にさらし、あらかじめ配下の人々に周知させることによって、人々が魑魅魍魎《ちみもうりょう》に不用意に出くわさないようにつとめたという。「鼎」とはいわばこれらの「物」を管理する儀器《ぎき》であり、神話的な王権は、これによって地域間の交通・コミュニケーションの管理をしていたという訳である。なお、これらの「鼎」などが、しばしば地域の境界の山野に埋蔵されたというのは、日本の銅鐸がやはり山野の境界に埋納されたことの原型であろう。

このようなニュアンスが老子の「物」という言葉には強く残っている。これまでの通釈は、この点を無視し、たとえば〔福永注釈〕も、本章の「物」を「人」と解釈する一方で、その他の諸章に登場する「物」を「物体・実在・財物」から、さらには「現象世界、世俗の世界」などと無秩序に訳している。『説文』に「物、万物也」とあるように、「物」一字で万物を意味することは事実であるが、しかしこういう融通無碍《ゆうずうむげ》の訳し方が正しいとは思われない。むしろ『老子』の中の「物」という言葉は、〔小池注釈〕を参考にして、神霊が憑《つ》き、気配をもった「物」という神話的なニュアンスで一貫して訳した方がよい。

ここにあるのは「万物」に精霊と「気」が宿るという汎神論《はんしんろん》である。私は、この唯物

図19　青銅器紋様と「物」

論とも観念論ともいえないような老子の思想は、東アジアに広まった汎神論の元祖だと思う。よく知られているように、三木清の哲学は、この東アジアの汎神論を否定するところから出発した。それは日本の現代哲学でも貫かれている。しかし、私たちは汎神論をいちがいに否定すべきではないのではないだろうか。

この「物」という言葉は日本の神話や文化のなかに、ほとんどそのまま入り込んでいる。たとえば、奈良三輪山《みわやま》にこもる「大物主《おおものぬし》」という神の「物」が同じ意味の「物」であって、この「神の気」は疫病をはやらすと同時に大地の豊饒をもたらすものであった。『古事記』によれば、ミマキイリヒコ王が、この「神の気」を鎮めるのに成功したために、「神」を崇《あが》める王、崇神天皇と呼ばれたという。ここで「物」と「気」が一体であることも注意しておきたい。

また古くからの軍事氏族、「物部氏《もののべ》」の「物」は悪霊を意味した。物部氏の役割は王の身辺に悪霊を近づけないように護衛し、また悪霊をもった罪人を処刑して処罰するなどの点にあったのである。九世紀には市庭の処刑役人として「物部」がいたことが確認できるが、これも物部氏を受けたものであることはいうまでもなく、また武士を「モノノフ」というのも、端的にいえば彼らが人を処刑する力をもつ「士」であるということである。『曾我物語《そがものがたり》』で伊藤祐親《すけちか》が、自分の娘と頼朝の間にできた男児を処刑させたのも、やはり「物封《もののふ》」と呼ばれた男達であった。私は、『物語の中世』という本で民話「ものぐさ太郎」を分析し、「物」とは「悪魔」であり、「くさ」とは「熱病・皮膚病(瘡)」であることを論じたが、このような「物」のニュアンスがはるか昔の中国までさかのぼることは、今回、初めて知った。

かつて白川静は「中国の神話の成立やその性格に関して、なお明らかにされていないところがはなはだ多い」「より全般的な視野が用意されるならば、わが国の神話を、あたかも民族がおかした原罪であるかのように、その虚構性を主張してやまない人々も、神話が体系性をもつことの意味について、より寛容な態度をとりうるのではないかと思う」(白川『中国の神話』)と述べたが、このような問題を考えることは、現在、きわめて大事になっていると思う。

38講　胸に陽を抱き、背に陰を負い、声をあわせて生きる　(四〇、四二章)

【現代語訳】

戻ってくるのが「道」の動き方であり、柔弱なのが「道」の用《はたら》き方である。天下の万物は「有」が形をとって生まれるが、その「有」は「無」から生ずる。道から原初の「一」なる「有」が生じ、一は二になり、二が三になって万物が形をとる。万物は、日陰（「陰」）を背中に負い、日向《ひなた》（「陽」）を胸に抱いて立ち、重荷を負い暖かさを胸に抱いて、活発に動く気配によって声を和《あわ》せている。だから、人も孤《みなしご》であり、寡《やもめ》であり、僕《しもべ》であることを憎むのだ。王侯が自分のことをそう称するのは、疎《うと》まれている自覚があるのだろう。そもそも、物の気《き》は、損じて益になることもあれば、逆に益が損となることもあるものだ。これについて人はいろいろと教訓するが、私も一言しておこう。「強すぎるものは、よい死に方をしない」と。私はこれを教えの始めとしたい。

反者道之動、弱者道之用。天下万物生於有、有生於無。(1) 道生一、一生二、二生三、三生万物。万物負陰而抱陽、沖気以為和。人之所悪、唯孤・寡・不穀。而王公以為称。故物或損之而益、或益之而損。人之所教、我亦教之。強梁者不得其死。吾将以為教父。(2)

（1）この行は従来は『老子』四〇章として独立して扱われてきた。しかし、帛書（甲・乙）において次行以下の従来四二章とされてきた章句と直接に繋げられていることから、【池田注釈b】（一五〇頁）は本来は両章で一章となっていたと判断した。それに従い、併せて掲げた。（2）「父」の意「甫《はじめ》」に同じ。

反は道の動、弱は道の用《はたらき》なり。天下万物は有より生じ、有は無より生ず。道は一を生じ、一は二を生じ、二は三を生じ、三は万物を生ず。物は陰を負いて陽を抱き、沖気《ちゅうき》もって和を為す。人の悪《にく》む所は、唯だ孤《みなしご》・寡《やもめ》・不穀《しもべ》なり。而《しか》して王公は以て称と為す。故に物は或いは之《これ》を損じて益し、或いは之を益して損ず。人の教うる所は、我も亦《また》之を教えん。強《きょう》梁《りょう》なる者は其《そ》の死を得ず。吾《わ》れ将《まさ》に以て教えの父《はじめ》と為さんとす。

【解説】『老子』というと東洋思想の典型であり、もっぱら「無の思想」が説かれていると考えがちである。しかし、否定表現に使われる「無」は多いが、本章冒頭の「有は無より生ず」のように、一字のみで登場する「無」は珍しい。右の原文への注解（1）で文献学的理由にふれたように、ここでは従来別個のものとされていた四〇章と四二章を一体のものとして扱い、それによって全体の読みを刷新する。

まず冒頭四〇章の部分を、これまでのように、ただの概念論と考えるのは誤りである。この章句は27講でふれた老子の宇宙生成論の延長として考えるべきものである。つまり、二五章には、宇宙は天地より先に「物有り混成した」寂寥《せきりょう》たる無として存在しているが、そこから「道」にそって混沌とした星雲が周行運動を開始し、「遠くしてまた反《かえ》る」中で万物が生まれるとある。本章の「反は道の動」という「反」は、この「反《かえ》る」であろう。また「弱は道の用《はたらき》」という言葉も、この運動のエネルギーが中和して安定し、それが柔弱になるときに「天下の母」として「用《はたら》き」、天地万物を生み出すと考えれば意味は通る。「天下万物は有より生じ、有は無より生ず」というのは、この過程の全体を表現したものとみてよい。現代哲学風にいえば、万物は「有」と「無」の対立と統一から生ずる。「道」というのはそれをもたらす自然の運動をつらぬく法則であるということになるだろう。また天には「衆妙《しゆうみよう》の門」という宇宙の女神の巨大な陰之門があるというのが先にみた『老子』の宇宙観であったが（34講）、本章句の「天下万物は有より生じ、有は無より生ず」というのは、いわば無の暗黒星雲の中から星々が生まれる様子を示している。

以上が、従来、四〇章として独立して扱われてきた章句であるが、こう解釈すると、次の「道は一を生じ、一は二を生じ、二は三を生じ、三は万物を生ず」との接続もきわめてよい。こういう形で、道から初めの「一」なる「有」が生じ、それが急速に形をとって万物が生じていくということになるのだろう。なおこの部分については古く「河上公注」が「一は明と陰を生むなり」「明陰、和を生じて、和、清濁を生むなり」「分かれて天・地・人となるなり」と説明している。日本でも伊勢神道の教説を集大成した『類聚神祇本源《るいじゆうじんぎほんげん》』が、「河上公注」をうけて「二は三を生じ」の部分に「陰陽、和（気脱）清濁を生じ、三気分れテ天・地・人となる」と注釈している。

この「河上公注」の解説にいう「二」が「陰陽」であるというのはよくできた解釈で、

それによって、次の「物は陰を負いて陽を抱き、沖気《ちゅうき》もって和を為す」への続きがよくなる。「物が陰を負いて陽を抱き」というのは、物に日がさせば、その裏側に陰ができ、表側は日向になっているということである。単純なことだが、子どもの頃、日時計というものを教わって、太陽は影というものを作り、それが動くのだと教わったことを思い出させる。物に日のあたるところをじっとみていたという記憶は、誰にでもあるのではないだろうか。

また右の章句の後半の「沖気もって和を為す」の「沖気」も、その風景の中にあるといってよい。つまり、「沖気」の「沖」とは「揺すり動かす」という意味だから陽炎《かげろう》のようなものを考えればよい。「物」に光りがさし、「陽」が前にでき、後に「陰」ができて、そこに陽炎のような生《せい》「気《き》」が立ち上っているという単純な場面である。ここにあるのは、「物」が「気」をもっているという「万物生気論（アニミズム）」の考え方だろう。ここに本書で「物」という語を「物の気、物の気配、物の魂」と訳した理由がある。

ここには前講で述べた神話的な「物」の思想が、より合理的な言葉のなかに登場しているのである。また重要なのは、「物は陰を負いて陽を抱き、沖気もって和を為す」という場合の「物」は、まずは万物であるが、さらには生命をもつ人間のことでもあることである。胸に陽を抱き、背にて陰を負って立つ人間、暖かい希望を胸にもち、重荷を背に負っている人間の姿である。そう考えると、続く「沖気もって和を為す」には人間が活動する気が込められている。そして「沖気もって和を為す」という場合の「和」は人間相互の関係であろう。つまり、ここにあるのは、人間が生気を放って声を和《あわ》せ、共同している姿なのである。

そして、人間は和合し、共同する存在だからこそ、「人の悪《にく》む所は、唯だ孤《みなしご》・寡《やもめ》・不穀《しもべ》なり」と続くことになる。そしてそれに続けて「王侯が自分のことをそう称するのは、その自覚があるのだろう」とあるのは、王とはそもそも人に疎まれる哀れで不幸な存在であるというのである。本章の最後に「強すぎるものは、よい死に方をしない」とあるのは、一般的な人生訓であるとともに、世俗の権力の頂点にいる王に対する警告である。老子の王権論については第Ⅲ部第一課「王権を補佐する」以下を参照されたいが、王権論も結局は人間論に連なってくるから、本章はその意味でも大事な出発点となる。

なお、本章は中国の思想史の上で大きな位置を占めたといってよい。つまり、右にふれた「陰陽」の概念は『老子』にはここにしか登場しない。また第一行目の「天下万物は有より生じ、有は無より生ず」は『老子』において「無の思想」を述べたほぼ唯一の箇所である。陰陽道の思想や、禅につながっていく「無」の思想が、ここにセットで登場しているのである。

もちろん、そのすべてを『老子』に帰すことはできない。『老子』はむしろ神話の世界が、それらのより宗教的な言葉に切り替わっていく原点に位置したものであろう。しかし、本章は、『老子』が、それらの源流に位置したことをもっともよく示しているように思う。

39講　一なる矛盾を胸に抱いて進め　（二二章）

【現代語訳】

曲っている木は切られない。屈《かが》まれば前に伸びる力がたまる。窪《くぼ》みには水が盈《み》ちてくるし、古くなれば新しくなるものだ。少なければ増えていくし、多いのは迷いのもととなる。有道の士は、この矛盾を、そのまま「一」として胸に抱いて、世の中の牧師となる。自分の見解だけで見ないから明《あか》るく、自分の判断だけを是としないから彰《あきら》かである。また自分の戦術だけで闘わないから功を達成し、自分を過信しないから長《た》けている。こうして争わないと悟れば、世界は争いではない姿をみせる。古い諺《ことわざ》には「曲なれば則ち全し」とある。これは嘘ではない。私たちは曲《まが》っているからこそ、真当《まっとう》なエネルギーを得て世界に戻るのだ。

曲則全、枉則直、窪則盈、敝則新、少則得、多則惑。是以聖人抱一、為天下牧(1)。不自見故明、不自是故彰、不自伐故有功、不自矜故長。夫唯不争、故天下莫能与之争。古之所謂曲則全者、豈虚言哉。誠全而帰之。

（1）底本「式」。帛書により改む。

曲なれば則《すなわ》ち全《まった》く、枉《かが》まれば則ち直し。窪《くぼ》めば則ち盈《み》たし、敝《やぶ》るれば則ち新たなり。少なければ則ち得、多ければ則ち惑う。是を以て聖人は一を抱《いだ》きて、天下の牧《ぼく》と為る。自《じ》見《けん》せざる故に明《めい》、自是《じぜ》せざる故に彰《しょう》。自伐《じばつ》せざる故に功有り。自矜《じきん》せざる故に長し。夫《そ》れ唯《た》だ争わず、故に天下能《よ》く之《これ》と争う莫《な》し。古《いにしえ》の謂《い》うところ、曲なれば則ち全しとは、豈《あ》に虚言《きょげん》ならんや。誠に全くして之に帰す。

【解説】 本章は万物が変化する様相を「曲・全」「枉・直」「窪・盈」「古・新」「少・得」「多・惑」などのさまざまな相反する動きを例にして語る。「聖人は一を抱《いだ》きて」というのは、こういう相反する矛盾をまとめて「一」として受けとめるということである。

ここには、ものごとの変化・発展を矛盾を中心にとらえる総合的な見方（いわゆる弁証法）があるが、老子は、「自見・自是・自伐《じばつ》・自矜《じきん》」を拒否し、矛盾をそのまま受けとめることによって明るく、彰《あきら》かに生きていくことができるという。その要点は自意識を表面にだすことなく「不争・不言の徳」を守って「道」を進めということである（5講参照）。

最後の句からは中国には「曲なれば則ち全し」という諺《ことわざ》があったことがわかる。これは、矛盾を経験し曲折があった方が、結局、まっとうな生を送ることができるということであって、日本でいえば「負けるが勝ち」だろう。この言葉は、ある著名な歴史家が人をはげます最後の言葉であったというが、自分の誤りの及ぼした影響に打ちのめされ、しかしともかく立ち直り全力で歩いてきた人でないと、それをいっても説得力はないかもしれない。しかし、「負けるが勝ち」というのは、愛情であり、愛惜である。ここにあるのは、ともかく人間は全力で生きているのだという観察であり、その人の抱えている矛盾の全てを認めようという考え方である。「一を抱《いだ》く」とはそういうことだと思う。

第三課 「士」の矜持と道と徳の哲学

天に逆らふときは則ち道無《な》し。地に逆らふときは則ち徳無し。本居《ほんきょ》を外に逃げ走て根の国に没落す。情を天地に斉《ひと》しくして、想《おもい》を風雲に乗《の》するは道に従ふの本たり。神を守るの要たり（『類聚神祇本源』神道玄義篇）

この「道」を「天」に、「徳」を「地」に当てはめる日本の伊勢神道の書の一節は老子の思想を下敷きにしたものである。現代日本で「道徳」教育などというのは、儒教のいう倫理《りんり》規範《きはん》としての「道徳」であるが、ここにみるように、本来、「道」と「徳」はもっとニュアンスの豊かな言葉なのである。

「士」とは、中国の春秋戦国時代に王や卿《けい》・大夫《たいふ》といわれた上級貴族の下にいた、中下級の氏族の長《おさ》、地主や官吏の身分をいう。彼らは徐々に地位を上昇させて文武の職能をもって統治の責任をとる身分として確立した。これが東アジアの「士」の時代の開始であって、日本の武士もその一つである。そして東アジアを通じて、士は、天地・宇宙に対峙し、神を守って、この地上において民を代表するべきものであった。東アジアにおいてもっとも正統な国家思想が儒教であったことは疑えないが、しかし『老子』の思想こそ、実は、一貫して「士」の心情の根本を体現するものでありつづけたのである。

コラム7 「徳」の定義

儒学でいう「道徳」の中心は「道」である。そこでは「道」が「為すべきこと」であって、「徳」はそれを担う品性《ひんせい》という二次的な意味となり、「道徳」という言葉は「為すべきこと」＝規範そのものに近い意味になる。それは「仁」であり、「礼」という外面的な規律に表現される。これに対して、老子のいう「道徳」では、「道」は、そのような規範ではなく、この世界の運動を規定する目に見えない法則・本質であり、「徳」はその本質の用《はたら》きであり、勢いである。ただ、「徳」は「道」の「用《はたら》き」「勢い」であるといっても、老子は本質レヴェルの「道」と、この世界が具体的に現れる用《はたら》き、現象を絶対的に区分して、本質だけが重要だという考え方をとらない。「徳」と「道」は表裏一体となっている。『老子』の哲学では「道」と「徳」が同等の価値をもつのである。儒学と『老子』の学説では「道徳」という言葉は同じでも中身はこれだけ違う。

近代哲学の用語を使えば「道」は「本質＝システム」として存在するが、「用《はたら》き＝形態（現象形態）」と離れて動くものではないということになるだろう。「道」は道理や法則であるが、「徳」は時間のかかる実践であり、生育であり、安定的でしかも柔軟な動きそのものである。老子が当時の常識にそって、それを半ば女性的な徳としてイメージしていることは、これまで様々な形で述べてきたところである。

なお「徳」は実際に「はたらき」「いきおい」と読む。これは現代日本では普通は知られていない意外な読み方であるから、以下まず「はたらき」という読みから説明すると、この読みは、諸橋轍次『大漢和辞典』にも「はたらき（能力、作用）」として載っている。そもそも、普通、「徳」の意味は「心に養い身に得たるもの」とされるが、それをもっと端的にいえば「良いはたらき」ということになる。「善」という言葉が「人や物の力、その本性《もちまえ》の用《はたら》き、効能が自由であること、長所・美点」という意味であることは何度もふれたが、ようするに「徳」というのは「長所」という意味において、「善」とほぼ共通する意味をもつのである。また「善」は英語でいえばVirtueであることもすでに述べたが、実は「徳」も英語でいえばVirtueになることに注意されたい。

ただ、「善」と「徳」のニュアンスに少し違うところがあるのを示すのが、「徳」の「いきおい」という二番目の読み方である。「徳」はただの「善の用《はたら》き」ではなくて、常同的《じようどう》な「いきおい」をもった「善の用《はたら》き」なのである。「いきおい」という読みは諸橋轍次『大漢和辞典』には載っていないが、白川静『字統』では「徳」は甲骨文・金文の字形では「彳」と「省」をあわせた字で、「省」は「眉」の類字であり、「眉」は、目の上に呪飾りを加えた形で、呪力を持った巫女の目をいうと説明されている。それに下に心臓の形の「心」がおかれて「徳」とは他者への影響力をもつような卓越した心を意味することになったのである。つまり「いきおい」であるが、このような「徳」の意味は単に字形からの推測ではない。つまり、周の時代の鼎《かなえ》に記された金文では「徳」とは王権との関係でその家系がもっている生命力を意味するということが明らかになっている（小南一郎『古代中国　天命と青銅器』）。「徳」にはたしかに「いきおい」という意味があるのである。

　それは倭語の世界でも明瞭で、丸山眞男は、五世紀の倭王・雄略《ゆうりゃく》が『日本書紀』（雄略四年二月条）で「有徳《うとく》の天皇」といわれているのは「勢いある天皇」という意味であるとしている（丸山「歴史意識の「古層」」）。雄略は、人々を謀殺し女性に暴行したことで悪評が高く、『日本書紀』は、その二年前には雄略を「太だ悪《あ》しくまします天皇」としており、この「有徳」が仁義・品格というような意味でないのはいうまでもない。この読みは、『老子』にあらわれるような古い時代の中国の語義を反映していたということになる。これは決して孤立したものではなく、ほかにも例は多いが、とくに大事なのは、いわゆる仏教伝来の時、丈六《じょうろく》の仏像の力に「勝善《すぐれ》たる徳《みいきほひ》」を期待したという『日本書紀』の一節だろう（欽明六年九月条、成沢光『政治のことば』参照）。つまり、「徳」というのは「勝善《すぐれ》たる」「いきおい」である。まさに前述のよう

図20「徳」の金文

に、「徳」に「善」という意味があり、その中でも「勝る」ものが「徳」なのだということになるだろう。

以上、「徳」には「善」という意味があり、さらに「優れた善」という意味があるのであるが、これは英語からだとうまく説明できる。つまり「善」は英語でいえばVirtueであり、「徳」も英語でいえばVirtueになるのであるが、さらに、アーサー・ウェイリーによるもっとも古典的な『老子』の英訳では、「徳」はPowerと訳されている。「徳」はPowerつまり「いきおい」であるというのである。ようするに、「徳」とは、いわば「いきおい＝Power」をもった「善＝Virtue」なのである。

これはギリシャ語でも同じである。つまりギリシャ語の「徳」はアレテーであるが、アリストテレスの『ニコマコス倫理学』によれば、アレテーは「最上善」、「卓越した善」という位置にあってアガトン（善）を統括する位置にあった。「善＝Virtue＝アガトン」、「徳＝Virtue＋Power＝アレテー」。「徳《いきおい》」は「卓越した善」「いきおいをもった善」なのである。

コラム8　老子の「徳」と孔子の「礼」

左の図21は老子のいう「道」と「徳」の関係を「身」との関係で図示したものである。

人間には、この世界の法則であり、原理である「道」を少しずつでも認識することができる。この図の示すのは、「道」が人間の「身」に入ってくるのは、人間の「徳」(はたらき・いきおい)を通じてであるということである。「道」は「徳」を媒介にして「身」に入っていく。そして人間の「徳」の動きが安定的で柔軟なものである場合は、「身」には無意識のまま、「無為」に動く心がそなわっていなければならない。この心の「無為」、無意識の領域を鍛え、目的意識と統一することによって、人生と仕事は安定して

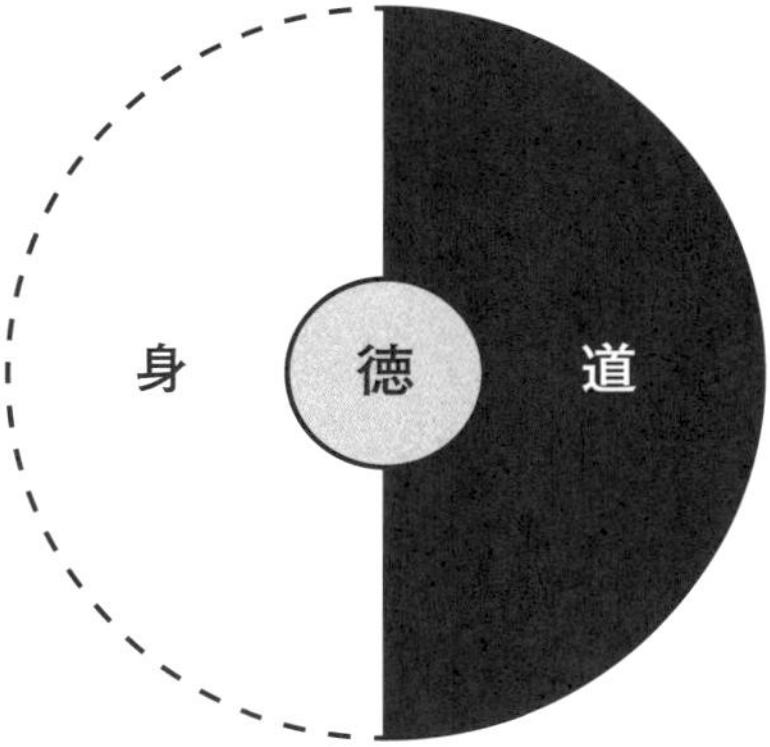

老子のいう「道」と「徳」の関係を「身」との関係で図解したもの

図 21 「徳」の定義

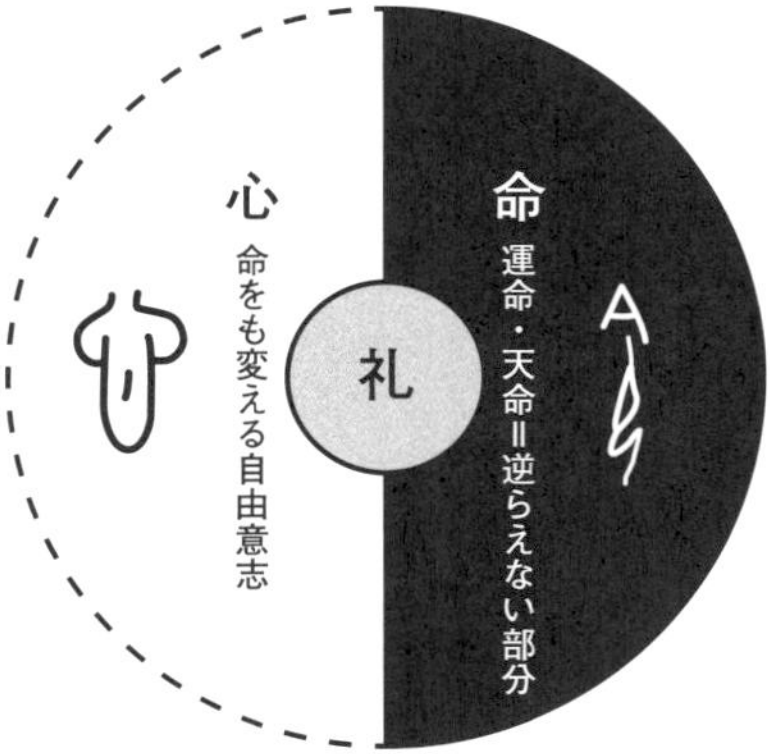

図 22 『論語』のなかの二つの世界

動いていくのである。

人は世界の神秘の「道」を認識することができるが、しかし人間にはその「道」の認識を受けとめる柔軟さ、「徳」を維持することが必要である。この「徳」によってこそ、「道」の認識は「身」に伝えられるのであって、そこには「認識」が「徳」の媒介の下で無意識の世界に溶け込んでいき、「身」の中に受け入れられ、そこで確証されて「認識」の世界に戻っていくというプロセスがともなう。

なお、この図21は、安田登『身体感覚で『論語』を読みなおす。』が孔子のいう「命」と「禮(礼)」の世界を示すために提示した図22を参考に作ったものである。安田は「天命」が「心」の中に入っていくためには「礼」が必要だという。二つを比較すると、図21の「徳」の位置に、図22の「礼」があることがわかるだろう。安田は「礼」とはようするに一種の仮面をかぶり、模倣し我慢して、その中で自意識を殺すことであるということ。老子の思想というと、「礼」とは真逆のものであるという見方が普通であるが、このように図を描いてみると、それは心の在り方としては似ているように思う。もちろん、孔子の時代は別として、老子の時代にはすでに「礼」は国家儀礼として複雑に発展してしまい、いわゆる「繁文縟礼《はんぶんじょくれい》」となってしまっている。そうなってしまっては、孔子の「礼」と老子の「徳」には共通性はないが、しかし、そういう時代でも、個々人をとれば、「礼」が徐々に「徳」として内面化していき、仮面がめりはりのはっきりした表情に転化していくということはあったのではないだろうか。これは本書の序「老子と『老子』について」で述べた孔子と老子の関係とその行き違いという問題に関わってくる。

40講　希《とお》くの声をしるべにして道を行く

（二三章）

【現代語訳】

世界には、どこか遠くからの声がずっと響き続けている。朝のつむじ風は昼まで続くことはなく、暴風雨も日をこえて続くことはないのに、誰がしているることなのだろうか。天地でさえこれほど久しく続くことはないのではないか。況《いわ》んや人ができることではない。その告げることに従って道にある者は、道と一体になることができる。あるいはこの声の徳《いきおい》をうけ容れれば徳《いきおい》を同じにすることができる。ただ、もしこの声が聞こえなくなると、人は喪失と絶望の運命をたどることになる。その徳《いきおい》にふれていれば道はまだ徳《はたら》くが、そうでなければその人は道を完全に失ってしまうのだ。

希言自然。飄風不終朝、暴雨不終日。孰為此。天地尚不能久、而況於人乎。故従事而道者、同於道、徳者同於徳。失者同於失。同於徳者、道亦徳之、同於失者、道亦失之。

＊本章は短いこともあって、昔から説明的な付加によってテキストが乱れてきた。そのため、この章についてはは本来の形に近い帛書のテキストを掲げた。

希言《きげん》は自ずから然《しか》る。飄風《ひょうふう》は朝《あさ》を終えず、暴雨《ぼうう》は日を終えず。孰《だれ》か此《こ》れをなすや。天地すら尚《なお》久しきこと能《あた》わず、而《しか》して況《いわ》んや人に於《お》いてをや。故《ゆえ》に事に従いて道なる者は、道に同《どう》じ、徳なる者は、徳に同《いきおい》じ、失《しつ》なる者は、失に同ず。徳に同ずる者には、道もまた徳《はたら》き、失に同ずる者は、道もまた之《これ》を失う。

【解説】冒頭の「希言《きげん》は自ずから然る」というのは、ふと気がつくと、希《とお》くから声が響き続けているということである。それは自然現象ではない。つむじ風や暴風雨はこんなに長く続かない。それは永遠に続く声であって、天地の時間をさえ超える、人とは全く無縁のものである。「聴けども聞こえず、名づけて希《き》と曰う」（一四章）といわれる「道」が微《かす》かに発する声である。

後半の「事に従いて道なる者」という場合の「事に従う」とは目的意識的に生きるということであるが、彼は同時に道の声の告げる直感に従っている。そのような直感に従って道を進むものは、自分を道に一体化する（「道に同《どう》じ」）というのである。このように「道」にあるものこそ、本書で「有道の士＝聖人」と呼んできた存在であることはいうまでもない。老子は、この内心の声が聞こえる限り、それに従って道を行こうと呼びかける。そして時々、この声が聞こえない時があっても、その道の徳（はたらき・いきおい）の中にいて、その徳に従って進めという。そうすれば、また「道」の声が聞こえるようになるというのであろう。問題は、この声がまったく聞こえなくなったときであり、その場合、人は喪失の運命を辿り、道を失って迷路に迷う。

本章は前半と後半で調子が大きく変わっていることもあって、難解をもって聞こえ、これまでの注釈の間でも違いが多い。しかし、どこかから「希言」が聞こえてくる、それを聞きながら道を歩んでいると想像しながら読んでいくと、前記のように、意外に平明な訳文が可能になると思う。

なお、これまでの注釈の中で、本章の思想内容の理解として重要なのは［楠山注釈］である。楠山は本章が「道を聞く状態↓徳に促されている状態↓喪失の状態」という三つの状況を述べているのは、三八章に「道を失い而《て》、後に徳あり、徳を失い而《て》、後に仁あり、仁を失い而《て》、後に義あり、義を失い而《て》、後に礼あり」とあるのに照応しているという。そして、そこに「徳を失い而《て》＝徳失」の結果としての「仁↓義↓礼」が列挙されていることは、本章の「道→徳→失」の「徳→失」と同じことである。それ故に「失」とは具体的には「失徳」によってもたらされた「仁」「義」「礼」にあたるとする。この楠山の整理によって、『老子』は、詩の形をとっていながら（あるいは逆にそのために）漢字の語義を意識的に規定しており、きわめて体系的な議論を展開していることがよく分かる。

ただ、一点付け加えておけば、「失に同ずる者は、道もまた之《これ》を失う」という場合、「失」を「仁・義・礼」などの形式に止《とど》まるという意味に限定するのは、どうだろうか。本章を詩として読む場合、「失」にはもっと普通の「喪失」あるいはそれにともなうニヒリズムを読み取りたい。「失」という言葉には、これまで聞こえていた「道」の声が聞こえなくなった衝撃、人生の苦しみの中でのさまざまな「失」と、そこから迷い込むさまざまな迷路のイメージがあるように思う。老子が喪失と絶望について語ることはそう多くはないが、ここでは、この「失」のもつニュアンスを重視して読んでみた。

コラム9　「聖人」の定義

本章には「聖人」という言葉はでないが、「事に従いて道なる者」とは「道に有る士」ということである。そして『老子』がこの「有道の士」という用語を「聖人」の意味で使用していることはすでに説明した（5講）。そこでは『老子』が普通は「聖人」という言葉を使う場面で「有道者」という用語を使用している。

ここで『論語』以来の「聖人」の語彙の変遷を説明しておくと、『論語』では「聖人」とは中国の神話的な聖帝であった堯《ぎょう》・舜《しゅん》にならぶことであり、「聖人」となることは実際上は不可能であると考えられていた。孔子はむしろ実践的な目標としては「君子」、つまり誠実な士《し》大夫《たいふ》を掲げていたといってよい。これを変更したのは墨子と孟子で、墨子は兼愛《けんあい》（博愛）の士が「聖人」として活動することを主張し（『墨子』兼愛篇）、孟子も「聖人も我と類を同じくす」（『孟子』告子篇）として聖人を超越的な存在でないと考えた。『老子』のいう聖人は、それらを受けたものであるが、本章が「聖」という漢字の原義にあっていることが面白い。そもそも、聖の字形は「耳」と「壬」からなっており、「壬」は人がつま立ちをする形で、両方をあわせて人が立って耳に集中しているという意味である（白川静『字統』）。本章のいうように、「聖人」とは「声を聞く人」、何かの時につねに不思議なささやきを聞く力をもった人のことなのである。なお、こう考えると、帛書《はくしょ》が「聖人」を「聖人」ではなく、「声人」という漢字で統一的に表現していることも示唆的である。

図23 「聖」金文

この「道の声」、「希言《きげん》」、希《とお》くから響く声とは夜が更けていくときに独居していると聞こえるように感じる、微《かす》かなシーンという音を考えればよいのであろうか。そこにより神秘的な予知・判断能力を読み込むことは世界の哲学、諸宗教に共通している。たとえば、ソクラテスは「私には、神からの知らせというようなものがよく起こる。子どものころから始まったもので、一種の声となってあらわれる」という(『ソクラテスの弁明』)。また、日本の厩戸豊聡耳皇子《うまやどのとよとみみのみこ》(いわゆる聖徳太子)は「聖の智あり」「一に十人の訴を聞き、失なくして能く弁じたまう。兼ねて未然を知ろしめ給う」といわれるが、「聖の智」とは「耳」の能力であり、未来を知る聡《さと》さを意味する。厩戸王が豊聡耳皇子といわれたことの理由がそこにあったことはいうまでもない。

この声が微かな声とされることが多いのも注目すべきことで、ユダヤの預言者は神の声を聞くひとであったが、預言者に対して神は微声で語るという(大塚久雄「若き日に汝の造り主を覚えよ」『意味喪失の時代に生きる』)。またアフリカの神も日本の神も、その声を聞く力のある人には囁《ささや》くように語るという(網野善彦「高声と微音」『網野善彦著作集』一四巻)。まさに「希言」である。

なお、『老子』の聖人の定義の特徴は、それを「道」との関係で「有道の士」として定義する点にある。興味深いのは、宋代の理学が聖人を「理を極めた人格者」と定義したことで、この「理」は万物に内在し、それを成り立たせている姿のない存在であるといわれるから、「道」と同じ概念である。こういう経過は、儒教が、一〇〇〇年以上のときを経て、徐々に老荘思想を受けとめていったことを意味しているようにみえる。

41講　士の「徳」は「道」を実践すること　（四一章）

【現代語訳】

上等な士は、「道」を聞けば理解して実践につとめる。中等の士はよくわからず半信半疑で、士で最悪のものは馬鹿にして笑いだす。逆にいえば彼らが笑わないようでは「道」とはいえないのかもしれない。諺《ことわざ》にも、明るい道は暗いように、前進の道は退《ひ》いていくように、夷《たい》らな道は入り組んでいるように見えるとある。そして「道」を実践する「徳」も、最善の徳は谷のように空虚に見え、真っ白な徳は薄汚れて見え、寛容な徳は考えが足らないようにみえ、確固とした徳は俄仕立《にわかじた》てにみえ、質真《しっしん》な徳は変わり身が早いだけにみえる。巨大な四角形は角がないかのようで、大きい器はまとまりにくく、大きすぎる音は耳に聞こえず、巨大な象《かたち》は形がないようだ。「道」は隠れていて名がないが、その善なる本性《もちまえ》の徳《はたらき》は万物の命に勢いを施《ほどこ》し、それを達成させる。

上士聞道、勤而行之。中士聞道、若存若亡。下士聞道、大笑之。不笑、不足以為道。故建言有之。明道若昧、進道若退、夷道若纇《らい》。上徳若谷、大白若辱、広徳若不足、建徳若偸、質真若渝。大方無隅、大器晩成。大音希声、大象無形。道隠無名、夫唯道善貸且成。

上士《じょうし》は道を聞かば、勤《つと》めて之《これ》を行う。中士《ちゅうし》は道を聞かば、存《あ》るが若《ごと》く亡《な》きが若し。下士《かし》は道を聞かば、大いに之を笑う。笑わざれば以て道と為すに足らざるか。故に建言《けんげん》に之有り。明道《めいどう》は昧《くら》きが若く、進道《しんどう》は退《しりぞ》くが若く、夷道《いどう》は纇《もつ》れたるが若し。上徳は谷の若く、大白《たいはく》は辱《けが》れたるが若く、広徳は足らざるが若し。建徳は偸《かりそめ》なるが若く、質真《しっしん》は渝《かわ》るが若し。大方《たいほう》は隅《かど》無く、大器は成ること晩《おそ》く。大音は希声《きせい》、大象《たいしょう》は無形なり。道は隠れて名無し。夫《そ》れ唯《た》だ道の善は貸《ほどこ》し且《か》つ成すことにあり。

【解説】 孔子は「朝に道を聞かば夕べに死すとも可なり」といった(『論語』里仁)。これは「士である以上は、道が分かったら死んでもいいという潔《きよ》さをもて」という倫理要求である。しかし、老子は「道」を聞いたならば、何よりも、士は勤《つと》めてそれを実践しなければならないという。「道」の正否は実践によって具体的に確かめられるべきものであるというのである。孔子の後、老子にいたる二五〇年に近い中国の歴史の曲折は、「道」のための死というものを複雑なものとした。老子が「徳」を強調することも、それに関係している。「徳」とは、「道」の実践の用《はたら》き、エネルギーなのであって、老子は、これなしには「道」は我々の前に現れないと考えているのである。

後半の解釈で問題になるのは「大器は成ること晩《おそ》く」の部分で、「晩」は帛書《はくしょ》では「免」とあり、〔蜂屋注釈〕はこれは「無」の意味であって、本来は「大器は完成しない」ということだとした。ただここでは〔小池注釈〕によって「免」は「晩」の簡略字であると考えた。むしろ、この句で問題なのは、これが『論語』(為政)の「君子は器ならず」、つまり君子はそもそも何らかの利用される器ではないという見解に対する批判を含んでいた可能性である。孔子にとっては誇り高き君子の身分は「器」であってはならないという訳であるが、これに対して老子にとっては、人間が「器」であることは、どのような場合にも当然であった。その上で、「大器」の用《はたら》きは容易ではなく、また予測できないといっているのではないだろうか。

続く「大音は希声《きせい》、大象《たいしょう》は無形」とは、『老子』が「道」は耳に聞こえず(「希《まれ》」)、目に見えず(「微《かすか》」)、捪《な》でさすっても感じない(「夷《たいらか》」)などというのと同じことである(30講参照。なお、この「大きすぎて見えない図柄=大象」という言葉が、『易経』にいう六十四卦《ろくじゅうしけ》の占いの結果としての処世法を「大象」ということの根拠になっているのかも知れない。1講参照)。

本章の最終句は「道は隠れて名無し」と始まり、議論は「道」に戻っている。続く部分は、普通、「道は善く貸《ほどこ》し且《か》つ成す」などと読み下されるが、ここは「道の善は貸《ほどこ》し且《か》つ成すことにあり」と読んだ。そもそも「善」とは物と人の本性を十全に生かすことをいい、その「善」が卓越して人格の無意識の習慣になることが「徳《いきおい》(=はたらき)」であるから、「道の善」とは「道の徳《はたらき》」に通ずることである。こう考えると、本章は、実質上、「道」と「徳」がセットになるという道徳の概念を設定した章であるのかも知れないと思う。そう考えれば、「道」のみちびきの下での懸命な実践と集中が、万物に徳《いきおい》を貸し、その目的を「成す」(達成)のだという結論の意味が明瞭になるだろう。

なお、本章の「上士・中士・下士」という言葉は、『礼記』(王制篇)などで周の時代の諸侯の身分と考えられていたもので、『孟子』(万章篇)には諸侯国は「君・公・大夫・上士・中士・下士」の「六等」の身分からなるとある。『老子』は、むしろそれを身分ではなく人格の等級として描いたのであるが、面白いのは、日本の足利時代の能役者、世阿弥《ぜあみ》がその著書『中楽談儀《さるがく》』でも『拾玉得花《しゅうぎょくとつか》』でも、能役者の等級をいうのにこの言葉を使っていることで、とくに『拾玉得花』では『老子』の本章が注記に引用されている。これは世阿弥が『老子』を愛読していたことを示すと考えるほかない(コラム11参照)。『老子』

の日本文化への影響は深い。

42講　実践の指針、無為・無事・無味の「徳《いきおい》」（六三章）

【現代語訳】

いつも無為な状態をめざし、無事を目標として、変わった味のないようにしたい。他者に対しては、小さいものには大きいものをあたえ、少ないものには多いものをあたえ、つまらない怨《うら》みがましさにはやわらかい徳《いきおい》をあたえてあげたい。仕事はやさしく見えることの中に困難を見届け、些細《ささい》なことの中に問題を発見するようにできればいい。世の中の困難は細部に原因があり、大問題は些細なことに宿っている。だから有道の士は問題を大げさに論ずるのを避け、しかし、よく大きな問題を解決することができるのだ。安請《う》け合《あ》いすれば言葉の信《まこと》と誠実さは少なくなり、基礎的な問題を安易に考えていると困難に圧倒される。有道の士は社会の困難を深く分析し、困難を無為・無事に乗り切ることをめざす。

為無為、事無事、味無味。大小多少、報怨以徳、図難於其易、為大於其細。天下難事必作於易、天下大事必作於細。是以聖人終不為大、故能成其大。夫軽諾必寡信、多易必多難。是以聖人猶難之、故終無難矣。

無《む》為《い》を為し、無事を事として、無味を味わう。小を大とし少を多とし、怨《うら》みに報ゆるに徳《いきおい》を以てす。難きを其《そ》の易《やす》きに図り、大なるを其の細《ちい》さきに為す。天下の難事は必ず易《やす》きより作《おこ》り、天下の大事は、必ず細《ちい》さきより作《おこ》る。是を以て聖人は終《つい》に大を為さず、故に能《よ》くその大を為す。夫《そ》れ軽がるしく諾せば必ず信寡《すく》なく、易しとすること多からば必ず難きこと多し。是を以て聖人は、猶《な》お之《これ》を難しとす。故に終に難きこと無し。

【解説】 老子のいう無為とは、しばしば「何もしないこと」「無理をしないこと」「行動を控えること」と理解される。しかし、それが誤りであることは本章冒頭の「無為を為《な》す」という言葉がよく示すように思う。無為は一つの「為す」べき行為であり、目標なのである。それは水面を行く水鳥が静止しているようにみえながら、実は足を動かしているようなものである。

なおこの冒頭句の最後の「無味を味わう」という言葉も注目する価値がある。つまり、「道の言に出《い》だすは、淡乎《たんこ》たり。其《そ》れ無味」ともいわれるように（三五章）、「無味」とは「道」の有り様であった。「無為・無事・無味」の生き方とは、道の「無味・不可視・不可聴・無尽蔵」な世界の中で動きはたらいているという自覚なのだと思う。

続く「小を大とし少を多とし、怨《うら》みに報ゆるに徳《はたら》きを以てす」という句の前半は、「大は小よりし、多は少よりす」と読んだり、「大にせよ小にせよ」と解釈するなど色々な解釈があるが、ここでは〔福永注釈〕の趣旨にそって「他者から小さいものを受けた場合も大きいものを返し、怨みには徳をもって報う」と解釈した。これは博愛主義というべきものであろう。なお、この句の後半は『論語』(憲問)の「直きを以て怨みに報う」(真っ直ぐな正しさで報う)という言への批判を含むのかもしれない。「怨みに報ゆるに徳《はたらき》を以てす」というのは問題を「正しいか、どうか」から切り離し、現代語訳に記したように「つまらない怨みがましさにはやわらかい徳《いきおい》をあたえてあげたい」とする他者への励ましを意味するのだと思う。

この老子の立場は、「天下」を見据えたものである。「天下の難事は必ず易きより作《おこ》り、天下の大事は、必ず細《ちい》さきより作《おこ》る」というのは、まずは事業の最初の段階で困難をよく分析し、大問題も細かな問題に砕いて一つ一つ処理せよという実際的な指摘である。しかし、それが「天下の難事」となるのは、「易く細かな」ことが様々な「小さな」怨みを呼び起こすからである。社会のもつ困難は、一人一人の人間の気持ちと切り離すことはできない。老子は社会というものは個々の人間という小さな場から見通さなければならないことを説いているのである。なお、ここで天下というのは、いわゆる「天下国家」ということではなく、「世の中（＝社会）」のことである（1講参照）。『老子』は国家の前に社会を論じているのであって、老子のいう「徳」の修行は、それと一体のものである。

43講 「仁・義・礼」などと声高にいうのは愚の骨頂だ （三八章）

【現代語訳】

「道」から発した最上の「徳《いきおい》」（上徳）は徳《はたらき》がないようにみえて大きな徳《いきおい》があり、そうでない「下徳」は徳《はたらき》を失っていないようだが実は徳《いきおい》がなくなっている。「上徳」は無為に構えていて最後まで無為のままでうまくいくが、「下徳」は逆であって、自分で作為して、わざとらしい。ところが「仁《じん》」というものは「上仁」であっても、「なさけ深い（＝仁）」といっても実際には何も為《し》ていない。また「義《ぎ》」というものは「上義」であっても「ただしい（＝義）」のは言葉だけで、やることはやったんだと居直る。さらに「礼」と称するものになると、「うやうやしく」儀礼を行って、人をうながすのだが、相手が打算通りに応じないと腕まくりをして詰めよっていく。こうして「道」を失った世界に「徳」が残り、「徳」を失った世界に「仁」が生まれ、「仁」が消えると「義」がつっぱり、「義」もなくなると「礼」がしゃしゃり出てくるのだ。この最後の「礼」によってまっとうな「信」がなくなり、乱離《らんり》が始まっていく。また前もってものごとを知るというのは「道」の洞察の極点だが、しかし実際には占いに頼るような愚かさの始まりでもある。だから大丈夫《だいじょうぶ》は、部厚《ぶあつ》く構えて軽薄に動かず、実際を大事にして見かけの華々しさは無視しなければならない。その取捨選択に筋を通さなければならない。

上徳、不徳是以有徳。下徳、不失徳是以無徳。上徳、無為而無以為。下徳、為之而有以為。上仁、為之而無以為。上義、為之而有以為。上礼、為之而莫之応、則攘臂而扔之。故失道而後徳、失徳而後仁、失仁而後義、失義而後礼。夫礼者、忠信之薄而乱之首。前識者、道之華而愚之始。是以大丈夫、処其厚不居其薄、処其実不居其華。故去彼取此。

上徳は、徳ならずして是《ここ》を以て徳あり。下徳は、徳を失わずして是を以て徳なし。上徳は、無為にし而《て》、以て為すこと無し。下徳は、之《これ》を為し而《て》、以て為すありとす。上仁は、之を為し而《て》、以て為すことなし。上義は之を為し而《て》、以て為すありとす。上礼は之を為し而《て》、之に応ずる莫《な》くんば、則《すなわ》ち臂《ひじ》を攘《かか》げ而《て》、之に扔《むか》う。故に道を失い而《て》、後に徳あり、徳を失い而《て》、後に仁あり、仁を失い而《て》、後に義あり、義を失い而《て》、後に礼あり。夫《そ》れ礼なる者は、忠信の薄きにし而《て》、乱の首《はじめ》なり。前識なる者は、道の華《はな》にし而《て》、愚の始めなり。是を以て大丈夫《だいじょうぶ》は、その厚きに処《お》りて、その薄きに居らず、其の実《じつ》に処りて其の華に居らず。故に彼を去《す》てて此《これ》を取る。

【解説】馬《ま》王堆《おうたい》から出土した絹に書かれた『老子』は八一章を二つに分け、三八章から八一章を先にして「徳篇」とし、一章から三七章を後に配置して「道篇」と名づけている（底本と逆）。つまり帛書《はくしょ》では本章は『老子』全巻、徳篇のトップに位置するから、本章は「徳」論として重視されていたことがわかる。

ただ、本章は郭店楚簡《かくてんそかん》にはふくまれていない。加筆のある段階で一種の総論のようにして追加されたものなのだろう。そのため本章は韻をふまない散文で、非常に論理的な記述となっている。本章を読んでいると、「仁・義・礼」という儒学の徳目に対する激しい論難には驚かされるが、これが老子が到達した結論であるのだと思う。

順にみていくと、「上徳は、徳ならずして是《ここ》を以て徳あり。下徳は、徳を失わずして是を以て徳なし」とは、上徳は「徳」には見えないようで実際には「徳」があり、「下徳」は徳《はたらき》があるようで徳《いきおい》がないということである。つまり、「下徳」とは形だけしか「徳」がない、徳の形式化である。次の「上徳は、無為にし而《て》、以て為すこと無し。下徳は、之《これ》を為し而《て》、以て為すありとす」とは、「上徳」は無為を通すが、「下徳」は逆に自己の作為とわざとらしさを残すということである。

こうして「徳」の形骸化が極まると「仁《じん》」というものにレヴェルが下がるが、「上仁は、之を為し而《て》、以て為すことなし」、つまり「仁《おめぐみ》」といっても実際には何も為《し》ていない。何もしないから次は言葉だけになってしまい、それが「義《ぎ》」というものであって、「ただしい（＝義）」のは言葉だけだということになる。老子はけっして「仁《おめぐみ》」や「ただしさ（＝義）」自体に価値をおかないということではないが、「道」の道理とそれにもとづく個々の具体的な「徳」から離れて形骸化した「仁・義」の強調は百害あって一利なしというのである。これは「仁義」を強調した孟子の議論への論難である。

老子は、さらにその批判を「礼」の問題に進める。これは〔池田注釈〕が指摘するように荀子に対する批判であった。その批判は強烈なもので、「上礼は之を為し而《て》、之に応ずる莫《な》くんば、則《すなわ》ち臂《ひじ》を攘《かか》げ而《て》、之に扔《むか》う」という。この句の「上礼は之を為し而《て》」というのは儀礼をするという意味であるが、全体の意味は現代語訳に記した通りである。「儀礼をやって、相手が期待通りに応じないと脅かす」というのだからヤクザだというのである。老子も「うやうやしさ」という意味での「礼」を否定するのではないが、儀礼によって相手を動かし、制度を維持しようとする打算を嫌悪するのである。

荀子がこのような「礼」を集大成したことは、戦国時代の諸国家における官僚制の強化に貢献した。『荀子』には「臣下が節義《せつぎ》を尽くすのは俸禄《ほうろく》のためであり、贈物をするのは財産を殖《ふ》やすためであり、恭《うやうや》しくへり下ることは自己の安泰を保障するためである」（礼論篇）などとある。こういう「礼」論の上に、荀子が「礼儀を制定して区別をし、貧富貴賤の等級をつけ、上位が下位を支配するに便宜なようにする」（王制篇）というのは、老子の理解の外であったろう。

次の「夫《そ》れ礼なる者は、忠信の薄きにし而《て》、乱の首《はじめ》なり。前識なる者は、道の華《はな》にし而《て》、愚の始めなり」というフレーズは、このような「礼」批判を要約したものである。まず、前半の「礼なる者は、忠信の薄きにし而《て》、乱の首《はじめ》なり」というのは、「礼」は「忠信の薄さ」の結果であって、社会の乱雑の始まりに過ぎないということである。「忠信」というのは、「忠」も「信」も「まこと」という意味であって、「忠」は後の忠義などという意味ではなく、「信」という同じ意味の言葉を強める修飾語である。つまり、ここには、老子の社会哲学の基本に「信」があったことが明らかである。

次の「前識なる者は、道の華《はな》にし而《て》、愚の始めなり」という「前識」とは、『礼記』中庸篇（一三章）が「もっとも完全に誠を備えた聖人の立場では前兆の観察や占いによって物ごとの推移を〝前知〟することができる」などという「前知」（予言）と同じことである。老子が式盤を使っていた可能性についてはすでにふれたが（15講）、それは瞑想と思索のために使う道具の一つで、個々の占いを信じろという訳ではなかったのだと思う。老子は、予言や占いに頼ることには批判的であり、それに拘《こだわ》りすぎることは「愚の始め」と考えていたのである。

以上、これまでもいわれてきたように、本章は、儒学の「仁・義・礼」という考え方に対して、もっと根源的な「道・徳」の立場から議論を組み立て直すという老子の立場をよく示した章であり、儒学に対する総括的な批判として帛書《はくしょ》「徳篇」の冒頭におかれるのにふさわしい内容をもっている。

もちろん、老子は「仁・義・礼」という、孔子以来の徳目それ自体の意味を否定しているのではないだろう。本章にあらわれた単なる論難を超える、怒りにも似た感情は、儒学に対する批判というよりも、むしろすべての徳目を形骸化してしまう社会の風潮に対する慨嘆《がいたん》から発しているといった方がよい。戦国時代の士大夫《したいふ》は徐々に伝統的な地位からはなれて、君主権力の強化と共に官僚制の内部に組織されていった。老子は、その中で目立つようになった官僚的な行動原理を「仁・義・礼」などという美名によって隠すことは偽善にほかならないというのである。老子は倫理を押しつけて説教し、実際には官僚仕事をやるだけという偽善を心底嫌悪していた。

こう考えると本章の最終句で「大丈夫《だいじょうぶ》」（ますらお、見事な男）のあるべき姿を述べているのは、士に対する一種の呼びかけのようにも聞こえてくる。『老子』の中で、ここにおいてのみ、「大丈夫」という言葉が使われていることは、その意味でも印象的である。

44講　玄徳は女の徳との合一を理想とする　（五一章）

【現代語訳】

「道」が生じさせ、「徳《いきおい》」がそれを畜《ふや》し、物の気《き》が形を作り、器となってそれを育てる。だから万物は「道」を尊び、「徳」を貴《とうと》ぶのだ。「道」と「徳」が尊いのは、その地位は任命されたものではなく、恒に永遠に存在する自然だからである。ようするに「道」は最初に生じさせるが、「徳」こそがそれを畜《ふや》し、大きく育てて、安定させ成熟させ、養護し覆《かば》うのである。しかも「徳」は、生みだしても私有せず、為《し》てやっても恩にきせず、成長させても支配しようとしない。だからこれを神秘な玄徳と謂うのである。

道生之、徳畜之、物形之、器(1)成之。是以万物(2)尊道而貴徳。道之尊、徳之貴、夫莫之爵恒自然。故道生之、徳畜之、長之育之、成之熟之(3)、養之覆之。生而不有、為而不恃、長而不宰、是謂玄德。

（1）底本「勢」。帛書により改む。（2）底本、ここに「莫不」あり。帛書により削除。（3）「爵」は底本「命」。（4）底本「亭之毒之」。河上公本により改む。

道、之《これ》を生じ、徳、之を畜《ふや》し、物、之を形づくり、器、之を成す。是を以て万物は道を尊び徳を貴ぶ。道の尊きと徳の貴きは、夫《そ》れ、之を爵《しゃく》するもの莫《な》くして、恒に自然なればなり。故に、道、之を生じ、徳、之を畜《ふや》し、之を長じ、之を育て、之を成し、之を熟し、之を養い、之を覆《かば》う。生じて有せず、為すも恃《たの》まず、長ずるも宰たらず。是を玄徳と謂う。

【解説】中段に「道の尊さと徳の尊さは、両方とも永遠のものだ」とあることは、「道」「徳」が一体ではあっても、人間にとってはおのおの独立した価値をもっていることをよく示している。その上で、本章は、さらに「道徳」の理想は「玄徳」にあるという。『三国志』の蜀《しょく》王・劉備玄徳《りゅうびげんとく》の玄徳が、ここに発することはいうまでもないが、注意すべきなのは、「道徳」の理想とはいっても、この玄徳は直接には「徳」の理想であることである。「玄徳」という言葉は本章のほか六五章、一〇章の二カ所に登場するが、それを合わせてよんでいくと、玄徳は男性的なものと女性的なものの一致と協同として定義されている。というよりも、老子にとっては、そもそも「道」がどちらかといえば男性的なもの、「徳」がどちらかといえば女性的なものとして価値づけられているといった方がよいかもしれない。

以下、冒頭から説明すると、「道、之《これ》を生じ、徳、之を畜《ふや》し、物、之を形づくり、器、之を成す」とは、この世界の形成の筋道を「道」「徳」「物」「器」などという言葉によって語ったもので、「道」が「無」の混沌に最初のきっかけをあたえ運動が始まる。そして、「徳」がこの運動を養い、勢いを保持させ、さらにそこに宿った「物」の気配・生命が、混沌に形をあたえ、そしてそれが「器」によって人間にとっての有用的な環境と成っていくということである。ただ、この「徳」→「物」→「器」の過程で決定的なのは、やはり「徳《いきおい》」であって、後半の「物」→「器」の過程は持続する「徳」の力によるのである。

このことは、本章後半で、同じことが「故に、道、之《これ》を生じ、徳、之を畜《ふや》し、之を長じ、之を育て、之を成し、之を熟し、之を養い、之を覆《かば》う」と「道」と「徳」のみで繰り返されていることに明らかである。ここでは最初に「道、之を生じ」とあるが、その後、「畜《ふや》し」「長じ」「育て」「成《な》し」「熟《じゅく》し」「養い」「覆《かば》う」のすべてが「徳」のやることなのである。一〇章では「(道) これを生じ、(徳) これを畜《ふや》し」と「徳」によってすべてが説明されていることにも注意したい（なお畜〔＝蓄〕の訓は〘任継愈注釈〙を敷衍した）。

それにもかかわらず「徳」は「生じて有せず、為すも恃まず、長ずるも宰たらず」とつねに控えめであって、これが玄徳（神秘な徳）であるという訳である。士が「玄徳」を道徳の理想とするというのは、士自身がじっくりと「畜《ふや》し」「長じ」「育て」「成《な》し」「熟《じゅく》し」「養い」「覆《かば》う」という精神をもち、別の言葉でいえば、「知足」し、自分に克《か》つ「強さ」をつらぬく「志」気を忘れないという人生的な強さを（三三章）、生き方にも貫くことであろう。老子が「道」に男性的なニュアンス、「徳」に女性的なニュアンスをみていることは何度かふれた通りであるが、老子は男は女性的な「徳」をもたねばならないということを強調する。これは老子のもっていた一種のフェミニズムが、「道」が男性、「徳」は女性という単純で固定的な役割分担の図式を描かせなかったと考えることもできる。「徳《いきおい》」は、生みだしても私有せず、為《し》てやっても恩にきせず、成長させても支配しようとしない」というのは、男にとっても「玄徳、神秘な徳」だというのである。

これはさらに検証が必要なことではあるが、老子においては、「道」と「徳」は、根本的には根源的な実在としての「道」と、その作用・機能としての「徳」という哲学的な範疇として捉えられており、その一致して働く姿の実例として男性—女性の協調がいわれ、それが「玄徳」の理想とされているということがいえるであろう。これは老子の議論の周到さと深さを示しているように思う。

45講　契約の信は求めるが、書類を突きつけて人を責めることはしない（七九章）

【現代語訳】

深く大きな怨恨を和《なだ》めるのは無理だ。それは、必ず別の怨恨《えんこん》を引き起こす。無理するのは、本性《もちまえ》（善）にあわない。それだから有道の士は契約にもとづく根拠のある主張は続ける。ただ割符の半分を突きつけて人を責めるようなことはしない。諺《ことわざ》に徳のあるものは契約を尊重するが、徳のないものは人から無理矢理に剝ぎ取ろうとするといわれる通りである。お天道《てんとう》さまは公平無私なものであるが、しかし、恒遠な時間の成り行きというものは、結局、善人のがわに与《くみ》するものだ。

和大怨、必有余怨。安可以為善。是以聖人執左契、而不責於人。(1)故有徳司契、無徳司徹。天道無親、恒与善人。

（1）底本「故」なし。帛書により補う。

大怨《だいえん》を和すは、必ず余怨《よえん》有り。安《いず》くんぞ以て善と為《な》すべけんや。是を以て聖人は左契《さけい》を執《と》りて而《しか》も人を責めず。故に、徳有るものは、契を司《つかさど》り、徳なきものは、徹《てつ》を司る。天道《てんどう》は親《しん》無し、恒《こう》にして善人に与《くみ》す。

【解説】『老子』のベースには「慈《なさけぶかさ》」と博愛の思想があるが（コラム4参照）、それは見方が甘いということではない。老子には「怨《うら》みに報《むく》ゆるに徳《いきおい》を以てす」という言葉があるが（42講参照）、現実にはそれが通用しない「大怨《だいえん》」というものがある。老子は、そういう「大怨」をなだめることは、必ず別の怨みの感情、「余怨《よえん》」を引き起こすから、事柄の本性に似合わない、つまり「善」とはいえないという。

〔蜂屋注釈〕によれば、ここでいう「大怨」とは単に個人の怨みではなく、社会の人々の怨み、社会的な矛盾にもとづく怨みである。これを考える上で参考になるのは、『老子』の影響の下に生まれた初期道教の教典『太平経』が、罪が個人の罪では終わらず、次世代まで引きつがれることを「承負《しょうふ》」といっていることである（神塚淑子『『太平経』の世界』『講座道教〔1〕』）。「承負」とは後の世代の人が前の世代の罪を「承《う》け」ることであり、前の世代の人が後の世代に罪を「負わせる」ことである。そこには、まずは「親の因果が子に報い」といわれるような親子の間での「承負」があるが、さらに社会全体のレヴェルでの「承負」がある。それは前の世代の人々の犯した罪の全体が次の世代に重層していくことで、そこから『太平経』は時代がくだるにつれて、「承負」の質も量も悪化し、大きくなっていくという末世・末法の観念を導いた。

罪によって傷つけられた人の「怨み」は徐々に大きな「大怨」となっていくというのである。『太平経』では「其の承負せる天地開闢《かいびゃく》以来の流災委毒《りゅうさいいどく》の謫《たく》」「天地開闢以来の帝王人民の承負」という表現にみられるように、この承負は宇宙の始源以来という壮大なスケールで問題にされた。それを経典とした宗教運動、太平道が漢王朝を崩壊させた黄巾《こうきん》の乱の基盤となったのは、いまこそ、そのすべてを決着しなければならないという歴史意識によったのであろう。彼らが漢王朝の戴く儒教的な昊天上帝《こうてんじょうてい》を「蒼天《そうてん》」とし、その代わりに「黄天」といわれる太平道の戴く天である中黄太一《ちゅうこうたいいつ》の理想社会がやってくると称して、黄色い頭巾（「黄巾」）をかぶって蜂起したことはよく知られている（渡辺義浩「両漢における天の祭祀と六天説」『両漢儒教の新研究』）。

『老子』の文面にみえる限りでは、老子は保守主義者であって、反乱を組織するような人ではなく、末世・末法思想のような暗い歴史意識とも無縁であるようにみえる。しかし、逆にいうと、歴史意識や罪意識に流されないだけ、社会の和解しがたい対立から発生する「大怨」というものを冷静にみていたろう。社会には和解しがたい利害の対立にもとづく「大怨」というものがあり、それをなだめることは「善」ではないという断言は、老子の洞察の深さを示している。

興味深いのは、その代わりに老子がもってくるのが、「故に、徳有るものは、契《けい》を司《つかさど》り、徳なきものは、徹《てつ》を司る」とあるように、社会的な契約の思想であったことである。ここで「契」というのは、商品売買や借財などの契約に使用する割り符のことで、証文を木に刻み、二つに割って契約当事者が半分ずつもった。そして実際に徳《いきおい》のあるものは契約を信頼し守るが、ただ税金の取り立てのように剝ぎ取るようなことはしないというのである。

なお、『老子』のなかで「故に」という場合は、「そういうことだから」として当時の中国で語られていた諺《ことわざ》や格言を引用した場合が多いというが（湯浅邦弘『竹簡学』）、これはたしかに諺であろう。同じようなことを日本の諺では「コケンに関わる」という。この「コケン」は漢字で書けば「沽券《こけん》」のことで（「沽」は売るの意）、売買証文で約束したことは守らなければいけないという意味である。この諺の根源を東アジア世界に探れば、『老子』本章にたどりつくのかも知れない。私は、老子が契約を重視するのは、その「信」の考え方（10講参照）にもとづいている可能性が高いと思う。

しかし、さらに踏み込んでいえば、これは、諸子百家の一流、「農家《のうか》」の主張と類似するところがある。「農家」とは、中国の農業の神といわれる神農《しんのう》を崇拝した思想家たちのことで、許行《きょこう》という人物が有名であるが、興味深いのは、彼が山東省《さんとんしょう》の滕国《とうこく》の王にまねかれたとき、穀物をおもな物品貨幣とし、絹麻の布帛《ふはく》の長短や糸綿の重量、さらに穀物計量の升《ます》などから草鞋《わらじ》の大小までを法定する政策をとったことである。許行は、それによって市価を公定して詐欺《さぎ》をふせぎ、子供でも買い物ができるような市庭《いちば》の平和を目指したという（『孟子』滕文公章句）。

ここからみると、農家は、単に農本主義者であるのではなく、戦国時代における商品経済の発達を前提とした一種の社会経済政策を構想していた。彼らが穀物の貨幣化や市場価格の公定を社会関係の基礎にすえようとしたことは確実であろう。老子の社会的な契約を重視する主張は、彼らに通ずるところがあるのではないだろうか。注意すべきなのは、儒家の孟子が、許行を招いた滕国の王に対して、このような政策に関わることは、人々の労働の相違を曖昧にし、結局のところ天下を乱し、身分の違いを曖昧にすると述べたことである。しかも、その際、孟子は、許行は楚国の出身だ、そんな南蛮《なんばん》人のいうことを中国の王侯が聞いてはならないと強弁している。老子が楚国に近いというのは確実であるから、許行と老子の間には一定の関係をみたくなる。

最終句に「天道は親《しん》無し」と出る「天道」という言葉も、儒家とは大きく相違する老子の理解を示している。儒教的な「天」の観念においては、天には人間から隔絶した絶対者である「天帝」がいて、人間の個々の行為の善悪に対して、雷電・災害・疫病その他、天《てん》譴《けん》といわれる強力な罰を下す。これに対して、老子のいう「天」はそのように隔絶した絶対的な宿命ではない。天道という言葉は、『老子』において、本章のほか九、七三、七七、八一章などで使われているが、それらは、本章の「天道は親《しん》無し」、つまり天道は人間の利害を超え、公平無私でえこひいきしないという意味を基本としている。

問題は、そういいながら、「恒にして善人に与《くみ》す」と続くことだが、これは直接に「天道」が善人に味方するということではなく、社会の内部に存在する契約や交換、その際の信義則などの事情のなかで、結局、善なるものが実現するのだということである。逆にいえば、ここでは「天」は人間世界の必然的な道理の観察者あるいは保障者としてのみ現れるのである。

澤田多喜男は、この「天道」を人間の生活の中に知恵として活用されることも可能な何かであるとしている（澤田『「老子」考索』）。日本の諺で、このような天の観念をもっともよく示すのは、「お天道様はお見通し」という諺であろう。お天道様は人間世界には干渉せず、等しく光を恵むが、しかしすべてを見ているという訳である。

46講　戸を出でずして世界を知ることが夢　（四七章）

【現代語訳】

家の戸を出なくても世の中の動きを知ることはできる。窓から外を窺《うかが》わなくても天の道理を知ることはできる。遠くへ出かければ出かけるほど、覚知《さとり》は少なくなる。こういう訳で、有道の士はそこへ行かずに状況を理解し、見ないで名をつけ判断し、さらには無為にして事業を成し行う。

不出戸、知天下、不窺牖(1)、見天道。其出弥遠、其知弥少。是以聖人不行而知、不見而名(2)、不為而成。

（1）底本「闚」。河上公本により改む。（2）底本「明」。帛書により改む。

戸を出でずして天下を知り、牖《まど》を窺《うかが》わずして天道を見る。其《そ》の出ずること弥《いよ》いよ遠ければ、其の知ること弥《いよ》いよ少なし。是を以て聖人は、行かずして知り、見ずして名づけ、為《な》さずして成す。

【解説】老子は一人で家にいることが好きだったのだろう。観想と瞑想の生活である。しかし、ただそれだけでなく、戦国時代の厳しい時代環境の下で、老子は、社会を静かで落ち着いたものとしていく上で瞑想に決定的な意味を認めたに相違ない。私も、個々人が瞑想と内観をもっとも大事な経験としていくことは、歴史を越えて重要な意味があると思う。

ただ、普通、この章は「真の知恵は、外に求める対象的・経験的な知識ではなく、己れの心に本来足りている超感性的・超経験的な直観の英知であることを説明する」(〔福永注釈〕)ものだなどとされる。この解説だと、老子は「対象的・経験的な知識」と「超感性的・超経験的な直観の英知」を画然と区別していたことになる。しかし、『老子』には宇宙論から幾何学、さらに社会学にまでいたるような相当に広い「対象的・経験的な知識」が含まれている。『老子』の特徴は、それと「超感性的・超経験的な直観の英知」が渾然一体となっているところにこそあるのではないだろうか。老子の観想を超俗的なものと考えてはならない。

老子はたしかに窓から外を窺《うかが》うなどということはしなかったかもしれない。遠くへ旅行することもなかったろう。しかし、老子は戸外に出て、近辺の田園や野山に遊ぶことは好んでいたはずである。『史記』がいう老子が「隠君子」であったというのは、まずは老子が田園主義者であったことを意味する。それは事実を反映していたに相違ないと思う。老子の思想が、晴耕雨読の田園生活を理想とした東アジアの知識人に長く受け継がれていったことは歴史的な事実である。

また老子はたしかに「隠君子」であったとしても、士大夫《したいふ》階級の間に一定数の知人をもっていたはずである。その意味では、最終句の「聖人は、行かずして知り、見ずして名づけ、為《な》さずして成す」というのも、決して孤立した生活を意味してはいないだろう。少なくともその晩年には、老子のネットワークは中国の各地に広がっていたはずである。そのネットワークがどのように営まれたかは今後も永久に分からないであろうが、彼らが集まって学び合ったということは考えにくく、それは学派のようなものではなかったろう。彼ら相互の交流は自由分散なものであったに相違ない。しかし、だからこそ、その伝搬は広く速やかだったのではないだろうか。思想の伝搬、意識の飛翔が物の移動より早いのは昔も今も同じである。

晴耕雨読と瞑想のネットワーク。私は、これは現在でも東アジアの知識人に共通する夢なのではないかと思う。東アジアの知識人は、とくに一六世紀の世界資本主義の形成によるヨーロッパ帝国の地球席巻《せっけん》の中で、さまざまな悲憤慷慨《ひふんこうがい》を余儀なくされてきた。その中でも、この夢は根強く維持されてきたように思う。そして、この古くからの夢の一部は、現在、コンピュータネットワークによってなかば実現されつつある。人間は、世俗的な事柄を処理するための「外部脳」＝電脳ネットワークを、肉体の外側に共有物としてもち始めている。いわば「瞑想」の物質的な条件としての電脳ネットワークである。そこに共同性の物質的な基礎を獲得し、人間社会が新たな連携と連帯を持つようになるということは、より主体的にいえば「瞑想」が明瞭な社会的な位置を占めていくということではないか。

私たちは、コンピュータディスプレイという依然として不自由な「窓」を通じてではあるが、地球の全体を瞬時にみてとることができる人類的なネットワークを獲得している。「行かずして知り、見ずして名づけ、為《な》さずして成す」という老子の述べた知識や実践のスタイルもすでにまったくの夢ではなくなっている。

こういう新しい条件の中で、今後、二一世紀に東アジアの知識世界の中にネットワークが張り巡らされていくことはほとんど必然であろう。私は、その場では『老子』をどう読むかが大事なテーマとなるに違いないと思う。それは紀元前から現代への東アジアの時間の流れを体感する上でもっともよい手段である。

第四課 「士」と民衆、その周辺

普通、老子は荘子よりも先輩で年長であるとされる。しかし、白川静と池田知久の二碩学《せきがく》は、思想の系譜からいっても、むしろ荘子の方が先行することは明らかだとしている。たしかに『老子』の章句の中には『荘子』を下敷きにしているものが多い。『荘子』は神話世界の文学化を遂行し、それを前提として『老子』が中国で初めての哲学として成立したということなのであろう。

老子が孔子や墨子などから何を受けついだかは不明であり、中国思想史上でも最大の問題であろうが、荘子と老子はその高い教養からいって、その本来の社会的地位は孔子や墨子よりも高かったであろう。二人は、地域の氏族長の家系に属し、「士」であると同時に地主でもあって民衆に対する支配者の地位にあったに相違ない。老子は「道」を覚《さと》り「志」をもつのは「士」であって、百姓はあくまでも統治されるべき存在と考えていた。しかし、荘子と比較した場合、老子の方が現実的な関心が強く、また民衆への見方を突き詰めていた。ここに老子の保守主義の特徴があったように思う。

47講　士たる者は故郷《ふるさと》の山河を守る　（一五章）

【現代語訳】

士に備わる善（本性《もちまえ》）は、微妙で力強く、深く識《し》ることはむずかしいと昔からいわれる。たしかに識ることはむずかしいが、強いてその大きな容《すがた》を述べてみよう。それは、冬に川を渉《わた》るようにゆっくりと、慎重に四方に気をくばりながら、冬将軍のように厳《おごそ》かな客として、またそうかと思えば、春の氷が溶けるように和やかにやってくる。そして山の森林の樸《あらき》のように素朴で、しかも広々とした谷間のようであり、そこを降《くだ》る混沌とした濁流のように力強い。士大夫《したいふ》のほかの誰が、故郷の川の濁りが静まって清まり、安らかな山河に緑が満面に生ずるのを見守る善をもとうか。士大夫としてこの道を守ろうとするのは、ただいつも豊かであることを求めているのではなく、山河の自然が一度破れて、また新しく復活することを知っているからだ。

故(1)之善為(2)士者、微妙玄通、深不可識。夫唯不可識。故強為之容。予兮若冬渉川、猶兮若畏四隣、儼兮其若客、渙兮若氷将釈、敦兮其若樸、曠兮其若谷、混兮其若濁。孰能濁以静之徐清、孰能安以動之徐生。保此道者、不欲盈。夫唯不盈、故能敝而(3)新成。

（1）原字は「古之」。帛書乙本も同じ。ただ帛書甲本は欠字。六五章と同様、「故之」であったと推定する。（2）帛書（乙）は「士」ではなく、「道」。楚簡を根拠に底本のままとした。（3）底本「不」。帛書乙により改む。

故に、善の士たるは、微妙玄通《びみょうげんつう》にして深きこと識《し》るべからず。夫《そ》れ唯《た》だ識るべからず、故に強《し》いて之《これ》が容《よう》を為さん。予《よ》として冬に川を渉《わた》るが若《ごと》く、猶《ゆう》として四隣《しりん》を畏《はば》かるが若く、儼《げん》として其《そ》れ客の若く、渙《かん》として氷の将《まさ》に釈《と》けんとするが若く、敦《とん》として其れ樸《あらき》の若く、曠《こう》として其れ谷の若く、混《こん》として其れ濁れるが若し。孰《た》れか能《よ》く濁りて以て之を静め、徐《おもむ》ろに清《す》むや。孰れか能く安らかにして、以て之を動かして徐ろに生ずるや。此《こ》の道を保《まも》る者は、盈《み》つるを欲せず。夫れ唯だ盈たず、故に能く敝《やぶ》れて新たに成る。

【解説】冒頭は底本では「古之」とあり、それによって「古《いにしえ》の士」と読む注釈が多いが、校訂注（1）に記したように「古之」は、本来、「故之」であったろう。「故之」はその後の文章が格言風の成語であることを示すという（湯浅邦弘『竹簡学』）。「善の士たる」という表現は六八章にもあり、それと同じとすると本章がとくに昔の士について述べているとすべき理由はない。ここには老子の「士」としての強い自覚が表現されているのだろう。

その「善」の用《はたら》きは微妙玄通《びみょうげんつう》でいわく言いがたいが「強《し》いて之《これ》が容を為さん」とあるのは、注釈書によって「容」の解釈が揺れているが、ここでは、一六章、二一章などと同様、「容」の原義、「容れること広く大きい」にそって訳した。老子は、そういう「士」の大きさは、その徳《はたらき》が慎重で深謀遠慮をもち、厳かであると同時に和やかで、また素樸《そぼく》で力強いことにあると続け、それを「予《よ》・猶《ゆう》・儼《げん》・渙《かん》・敦《とん》・曠《こう》・混《こん》」などの象徴的な字であらわしている。順に説明すると、「予《よ》」は冬に川を渉《わた》るようなゆっくりさ、「猶《ゆう》」は四方に気をくばる慎重さ、「儼《げん》」は冬将軍のような厳《おごそ》かさ、「渙《かん》」は春の氷が溶ける和やかさ、「敦《とん》」は樸《あらき》のような素樸さ、「曠《こう》」は谷間の広やかさ、「混《こん》」は濁流のような力強さということになろう。

興味深いのは、ここに広大な谷川の景色のイメージがあることである。「冬に川を渡り」「春に氷が溶け」という記述には自然の季節感まで詠《うた》われているように思う。さらに山の森林の樸《あらき》から広々とした谷間、そしてそこを濁流が降り、それが澄んでいくというのは夏から秋の風景であろうか。

続いて「此《こ》の道を保《まも》る」とある道は、哲学的な「道」であると同時に、実際にこの山河をめぐる道と考えてもよいだろう。ここには、この山河を故郷の山河として懐《なつ》かしくかけがえのないものと見ている人がいるのである。この時代の中国で後に「風水」思想として形を整える自然観が生まれたことはよく知られている。それは自然界のパワーが谷奥の主峰と谷奥の龍穴の間を流れ、山の尾根を通って広がり、「気」や「徳《いきおい》」となってさらに谷間に満ちていくというものである。『老子』にも、谷には、その名を「玄牝《げんぴん》」、つまり神秘な牝牛《めすうし》の姿をとる地母神がおり、谷の奥の「玄牝之門」＝「衆妙《しゅうみょう》の門」には水が満ち、巨大な肉体をもった彼女はそこから万物を生み出すという神話が語られていることはすでにふれたところである。

老子は「谷」が女性的な「徳《いきおい》」、女性的な豊饒性をもっていることについて、他の諸章でもふれている（六章、三二章、三九章、六六章など参照）。ただ、本章に見てとれるのは、素朴な故郷の風土への感情であり、いわば「母なる山河」への手放しの愛着を語る老子の姿である。浅野裕一『古代中国の文明観』がいうように、この時代は、はげ山化や野生動物の駆逐など、中国の自然の荒廃が初めて大きな問題となった時代であった。その中で老子は自然主義の立場から文明批判を展開したのである。

なお本章で注意をひくのは、谷間の豊かさが、「混《こん》としてそれ濁れるが若し」と、結局、「濁」に求められていることである。続いて「孰《た》れか能《よ》く濁りて以て之を静め、徐《おもむ》ろに清《す》むや」とあるのは、川の濁りが清んでいく様子に士大夫の役割を重ねているのであるが、ここでは単純に「清」をプラス評価してはならないだろう。そもそも『老子』には本章のほかには「清い」という言葉がほとんど登場しない。むしろ老子は、春先の谷川の「濁り」こそが大地の豊饒性《ほうじょうせい》のもとであるといっているようにみえる。『列子』(天瑞篇)に「それ形あるは無形より生ず。清軽なるは上りて天となり、濁重なるは下りて地となる」とあるように、「清」は天の象徴であり、「濁」は地の象徴である。「清」が男性原理、「濁」が女性原理を表現するということもできる。そして故郷の自然の擁護者たる「士」は、両者のうち「濁＝地＝女」をむしろ大事にするという立場が示されているように思う。

そもそも、老子が「清静《せいせい》」というのは、「清い」ではなく「静か」に重点がある(77講参照)。『老子』が理想とする士大夫の人格は「清」というよりも、「重厚な静けさ」をもち、しかも「濁」を受け入れる広さにあるのである。これは、日本の神道で「浄―穢」の観念が強いこととは大きく異なっている。日本の神道では「清静」(清く静かなこと)ではなく、「清浄」(清く浄いこと)を評価する。それに対して、老子の主張はいわば「清濁、併せ呑む」磊落《らいらく》さに重点があり、それは『老子』の思想についてしばしば日本人がもつイメージにつながっていく。このイメージは正しいと思う。

48講　人々の代表への信任は個人に対するものではない　（一七章）

【現代語訳】

人々は、上にいる士が最良（太上）である場合は、ほとんどその存在を意識しない。その次のランクの代表者となると、親しみ誉める。さらにその次となると畏れ、最後は馬鹿にするということになる。信の力が十分でなければ不信がうまれる。しかし、ぼんやりとして言葉少なくても功がなって事業は終われればいいのだ。そうなると、人びとはみな、こうなったのは実はすべて自分で自然にやってることだというだろう。それこそ理想だ。

太上下知有之。其次親而誉之、其次畏之、其次侮之。信不足、有不信。(1)猶兮(2)、其貴言、功成事遂、百姓皆謂我自然。

（1）底本「焉有不信焉」。楚簡により改む。（2）底本「悠」。帛書により改む。

太上《たいじょう》、下《した》は之《これ》あるを知るのみ。其《そ》の次は親しんで之を誉《ほ》む、其の次は之を畏れ、其の次は之を侮《あなど》る。信足らざらば、不信あり。猶《ゆう》として其れ言を貴《とうと》び、功《こう》成り事《こと》遂《と》ぐれば、百姓《ひゃくせい》は皆我が自然なりと謂《い》う。

【解説】冒頭の「太上、下《した》は之あるを知るのみ」は、普通、「最良(太上)の支配者は、民はその存在を知っているだけである」などと訳す。あるいは最近の〔池田注釈〕は「太上」を「国家の統治者・君主」と特定する読みを提案している。しかし、ここでは地域社会を氏族の族長として支配する「士」について論じているものとみて、訳した。

士の地位は配下の民衆とは階級的・階層的に異なっているが、それと同時に地域の代表者でもあった。そこでは「支配者—民」という上下関係の中に「代表—被代表」という協同的関係が含まれているのである。これは、中段の「信足らざらば、不信あり」という句の理解にも関わってくる。この「信」には「言語の信」という一般的な意味があるが(10講、11講参照)、ただ、同時に(16講で述べたような)氏族の精神として氏族の長に受け継がれる「信」とも理解できる。協同体の中での約束、言葉の「信」である。続く「猶《ゆう》として其れ言を貴《とうと》び」の「猶《ゆう》」とはゆったりとした様子をいい、言葉少ないを修飾する言葉である。「言葉少ない」というのはいわゆる「不言の教」に関係するが、氏族協同体を前提とすれば、協同体の中での無言の了解の関係をも意味するだろう。

そういう中で最良の指導者が「功《こう》成り事《こと》遂《と》ぐれば、百姓《ひゃくせい》は皆我が自然なりと謂《い》う」というのは、ようするに、指導者が無事になすべきことをなしたときには、民衆は、その事業を自分自身が発意したのだと感じるということである。そういう関係のなかでは、族長＝士＝太上《たいじょう》は、下の人びとが「これあるを知るのみ」(そこにただいるだけ)とみることになる。実際は士の措置や指導があったとしても、百姓は自分たちは自分たち自身で協同して、自主的に行動していると感じているのが理想だという訳である。

前講一五章でふれた老子の地域の山河への賛歌からすると、老子は協同体は大地と山河を共有するべきものであると考えていたろう。本章は、老子が、そこにおける「士」＝族長と民衆の支配関係は、その大地の共有をつうじて営まれるべきもので、わざとらしい恩恵と保護の関係であるべきではないと考えていたことを示している。

これが一つの理想像であることは否定できない。ただ、逆にいうと、このような「士」＝族長の理想像は地域社会でのイニシアティブを族長が握って、しかもそれを民衆が意識しないということを意味する。これが老子の民衆観に深く根付いたものであることは看過できない。つまり『老子』には「民衆の心を虚しくさせるが腹を満たしてやり、その志を弱くするが骨を強くしてやる」ことが必要だという言い方がある(58講参照)。聖人＝有道の士＝族長は、民衆の代わりに心と志をもって、彼らが満腹で骨も強いようにする義務があるのだという訳である。このような老子の意見の背後には、民衆に対する一種の善意にもとづく責任感があったのだろう。しかし、「民衆の心を虚しくし志を弱くする」というのは、民衆の意思を代表するということを超えて、民衆の意思を馴化《じゅんか》するという思想であったことは否定できない。

当時の歴史的条件の下では、これはある意味で当然のことであるが、後にみるように、現実には、秦帝国の崩壊、漢帝国の建国の中では、「士」よりも下の諸階層、百姓・民衆というべき階層が決定的な役割をしたのであって、その意味では、老子の考えた聖人＝有道の士と民衆の間の関係というのはやはり問題ぶくみである。

49講　士は民衆に狎れ狎れしく近づくものではない　（七二章）

【現代語訳】

民衆が権威を畏敬しない状態は、大きな脅威の基《もと》だ。それ故に彼らの住む場所に狎《な》れ狎《な》れしく近づくな、万が一にもその生業を厭迫《あっぱく》するな。厭迫しなければ厭《いと》われることもない。有道の士は、自分の立場をよく知って、自分の姿を見せないようにする。自らを大事にするが自らを貴《とうと》ばせないようにする。人から遠ざかり、自分とともにいるのだ。

民不畏威、則大威至。無狎其所居、無厭其所生。夫唯不厭、是以不厭。是以聖人自知不自見、自愛不自貴。故去彼取此。

民、威《い》を畏《おそ》れざれば、則ち大威《たいい》至らん。其《そ》の居《お》る所に狎《な》るること無く、其の生《い》くる所を厭《あつ》する無かれ。夫《そ》れ唯《た》だ厭《あつ》せず、是を以て厭《いとわ》れず。是を以て聖人は、自《みずか》ら知りて自ら見《あらわ》さず、自《みずか》ら愛しんで自ら貴《とうと》ばず。故に彼を去《す》てて此《こ》れを取る。

【解説】冒頭の一句を「刑罰」「天罰」という文脈で考える意見がある。たとえば〔池田注釈〕は民衆が統治者の威厳を恐れなくなると「天罰」がくだるという。〔諸橋注釈〕は民衆が天を恐れずに思い上がると、「天罰」が下るという。民衆が何を恐れないかは違うが、「天罰」が下るという理解は同じである。これに対して、〔福永注釈〕は「人民がお上の威光を恐れなくなると、最大の刑罰がやってくる」、民衆の反抗の延長線上に、「人民を力でねじふせ刑戮でおどす法家的な有為の政治」がやってくると理解する。「大威」とは「最大の刑罰」だというのである。〔楠山注釈〕も「法家的な強権政治」が問題にされているという。

しかし、老子には民衆に「天罰」が下るという考え方はない。また本章を強いて法家の厳罰主義批判の趣旨で理解する必要はないだろう。ここでは〔小池注釈〕が「民衆が畏るべきものを畏れなくなれば、大きな脅威がやってくる」として、本章は世の中における権威そのものを論じているとしたことに従いたい（〔任継愈注釈〕〔小川注釈〕〔蜂屋注釈〕もほぼ同じである）。さらにここでいう権威とは、まずは地域社会における士の権威ではないだろうか。つまり、私は、本章も、士と民衆の地域社会での間柄を論じた章であると考える。民衆との間に適当な距離を置いて威厳を保て。馴れ馴れしくしたり、さらには圧迫するようなことをするな。有道の士たるものは、あまり民衆の前に姿を現さない方がよいという訳である。士と民衆の関係は、ある程度他人行儀でなければならないというのは、前講でふれたような、一方で民衆の支配者であるが、他方で代表者でもなければならないという老子の民衆観の微妙な二面性をよくあらわしている。その意味では、本章は老子の率直な民衆観を語っているのではないかと思う。

もちろん、〔木村注釈〕がいうように、この章の基礎には、民衆が威圧を畏れないほど破れかぶれになると社会秩序が崩壊して恐ろしいことになるという現状認識があるだろう。しかし、そうだとしても、老子は、それを上から天下国家をみる視点ではなく、地域に根ざして考えようとしているのではないだろうか。

なお、中段の「夫《そ》れ唯《た》だ厭《あつ》せず、是を以て厭《いと》われず」は「厭迫しなければ厭《いと》われることもない」という意味だが、〔小川注釈〕は、同じ「厭」の字を別の意味で使っているのは「ことばのしゃれ」だとしている（なお常用漢字の「圧」には「いとう」という意味はないので、ここでは旧字の「厭」を使用した）。

50講　士と百姓の間には激しい風が吹く　（五章）

【現代語訳】

天地の自然には「仁《おめぐみ》」などというものはない。万物を芻狗《わらいぬ》のように吹き飛ばす。有道の士にも「仁」などというものはない。百姓誰もが風のまま吹き飛ばされるのだ。天と地の間は溶鉱炉の鞴《ふいご》のようなものである。中は虚ろで風が尽きることはなく、動けば風はいよいよ激しくなる。「仁」などと多言していると行きづまる。天地の間の巨大な無をよく見守るほかない。

天地不仁、以万物為芻狗。聖人不仁、以百姓為芻狗。天地之間、其猶橐籥乎。虚而不屈、動而愈出。多言数窮。不如守中。

天地は仁《じん》ならず、万物を以て芻狗《すうく》と為《な》す。聖人は仁ならず、百姓を以て芻狗と為す。天と地との間は、其《そ》れ猶《なお》橐籥《たくやく》のごときか。虚にして屈《つ》きず、動きて愈《いよ》いよ出ず。多言なれば数《しば》しば窮す。中を守るに如《し》かず。

【解説】強烈な印象をあたえる章句である。「天地は仁《じん》ならず」とは、天地にお恵《めぐ》み、憐《あわれ》み、親しみというものはないということである。老子は同じことを「天道は親《しん》無し」と述べている（七九章）。強大な天地のエネルギーは人間の都合を歯牙にもかけずに、それを一気に吹き飛ばす。「万物を芻狗《わらいぬ》のように吹き飛ばす」の芻狗《わらいぬ》とは祭の飾りなどに作る犬の形の藁形《わらがた》のことである。これは日本でも七八〇年の法律にまじないに使ったことがみえるから、古くから東アジア中に広まった風俗なのであろう（『類聚三代格』）。

「聖人は仁《じん》ならず、百姓を以て芻狗《すうく》と為す」という「風」は「聖人」自身が起こす風ではなく、天地の間を吹き抜ける風である。それ故に、この章句は、老子自身が百姓を藁の犬のような存在として扱おうということではない。戦国時代から秦漢帝国の創設にいたる、激しい内戦と社会矛盾の展開のなかで、百姓は暴風によって吹き飛ばされる運命と境遇に置かれた。有道の士は天地の動きを透視する中で、この暴風の力を実感しているだけに、恩恵的な「仁《おめぐみ》」は欺瞞《ぎまん》であり、限界があることをよく知っている。本章の問いは、「仁」

などはない、私も吹き飛ばされる百姓を見守っているほかない中で、「士」としてなすべきことは何かという問題である。

　この天地の間を吹く風は、天地の橐籥《たくやく》、つまり鞴《ふいご》のような仕組みから生ずる。鞴《ふいご》と同じように、天地が上下に運動することによって風が吹き出すというのである。「虚にして屈《つ》きず、動きて愈《いよ》いよ出ず」というのは、天地の間の空虚は強風をもたらすが、しかし、それがあるからこそ天地の動きが尽きることはないのだとつながるのであろう。空虚な部分が、「物」の動きを支えるのだというのは後にみる「無用の用」の考え方に通ずる（63講参照）。最終句、「多言なれば数《しば》しば窮す。中を守るに如《し》かず」の文脈は「天地は仁ならず」云々という上段をうけたものであろう。つまり「仁」などということを多言していないで、「無」の動きの行方を見守れというのである。

　なお、本章は、楚簡の段階では三行目の「天と地との間は、其れ猶《なお》橐籥《たくやく》のごときか。虚にして屈《つ》きず、動きて愈《いよ》いよ出ず」のみしかなく、もっぱら天地の風を論ずるだけの章であった。他は、その後に加筆されたものなのである。その加筆の際のキーになったのは、天地を吹き抜ける風のイメージであったろう。天地から押し出される鞴《ふいご》の強風のイメージを藁の狗形《いぬがた》を吹き飛ばす風につなげた。うまくまとめたものであると思う。

　さて、この巨大な橐籥《たくやく》＝鞴《ふいご》のイメージは、『荘子』（大宗師篇）の「天地をもって大鑪《だいろ》となし、造化《ぞうか》をもって大冶《だいや》となす」という記述、つまり天地は巨大な溶鉱炉であって、人間をふくむ万物は、その中で大冶＝巨大な鋳物師の造化の力によって形づくられるという世界創造神話と関係するとされる（〔池田注釈〕）。これは賈誼《かぎ》（前二〇〇～一六八）の「服鳥《ふくちょうの》賦《ふ》」にも「それ天地をもって鑪《ろ》となし、造化の工となり、陰陽《おんみよう》の炭となり、万物銅となる」といい、任昉《じんぼう》（四六〇～五〇八年、梁の武帝の側近）も世界は天が「鎔造《ようぞう》」（鋳物のように作ること）したものだと繰り返している（『文選』三九巻）。殷の立派な青銅の鼎《かなえ》でよく知られているように、中国では早くから青銅器文化が独自な発達をみせた。その関係で金属の鋳造《ちゆうぞう》技術が発展し、とくに春秋時代には鉄の鋳造技術が発達した。この技術を可能にしたのが溶鉱炉と、炉の熱を上げるための送風装置、鞴《ふいご》の開発であったという。この伝統の中で、大鑪《だいろ》と橐籥《たくやく》によって金属を精錬し、器を鋳造するように天地が鎔造されたという

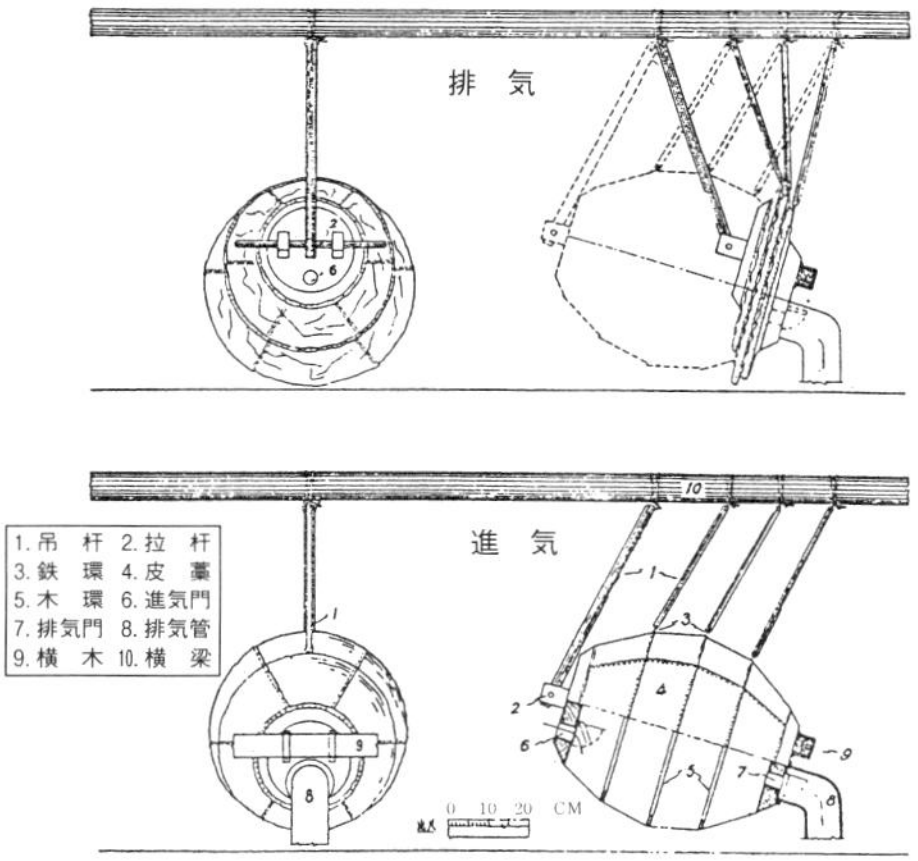

図24　鍛冶屋の鞴の復元図

神話ができあがったのであろう。

この神話は日本にも伝わっていた。つまり、倭国神話の最高神の高皇産霊《たかみむすひ》という神は、「天地を鎔造《ようぞう》する」巨神とされている（『日本書紀』顕宗紀）。第二次世界大戦前の神話史観では、倭国神話の最高神は天照大神だったが、高皇産霊《たかみむすひ》こそ九州高千穂《たかちほ》火山に瓊々杵尊《ににぎのみこと》を天下らせた至上の火山神であった（保立「火山信仰と前方後円墳」『環境に挑む歴史学』）。日本では、この天地を鎔造する神という神話は火山神にぴったりの表現として使われたのである。中国において火山神の神話が存在したかどうかは、『山海経』（大荒西経）に西王母《せいおうぼ》の棲む崑崙山《こんろんさん》のそばに「炎火《えんか》の山」があるという記事があるものの実態は不明である。しかし、アリストテレスの『気象論』が火山噴火と地震との原因は世界を吹き抜ける風にあり、その風は気候の温冷（中国的にいえば「陰陽」）によって作り出されるとするのは同じ発想である。こういう問題は洋の東西を問わないことがわかる。

しかしこういう世界観を伝える史料のうちでも『老子』の本章のイメージは強烈である。原子物理学の湯川秀樹は漢学者の家に生まれて小さい頃から漢籍に親しんでいたが、原子爆弾の出現を見て、『老子』本章の言葉を思い出し、それが人間を吹き飛ばすのではないかと危惧したという。本章は、神話時代から文明の時代への移行の中で人類が何を考えたか、そして、さらには現代科学が発見した、この宇宙と天地がもっている巨大なエネルギー、核エネルギーのことを考える上でも重要な位置を占めている。

51講　民の前に出るときはあくまで控えめに　（六六章）

【現代語訳】

大河と大海が百谷の王であるのは、その本性《もちまえ》（善）が低く下に横たわるからだ。それ故に、谷々の王なのだ。同じように有道の士も、人々の前でリーダーシップをとるときは自分の身を後ろにし、人々の上に立つときは謙下《けんげ》の言葉をもって語る。それだから民の上にあっても、人々は恩義を感じるという訳でなく、人々の前に立っても決して邪魔とは思われない。世の人々が喜んで推挙して厭《いと》わないのは彼が争わないからだ。こうして世の中には彼と争えるものがいなくなる。

江海所以能為百谷王者、以其善下之、故能為百谷王。聖人之在民前也、以身後之。其在民上也、以言下之(1)。其在民上也、民弗(不)厚也、其在民前也、民弗(不)害也。是以天下楽推而不厭、以其不争、故天下莫能与争。

（1）ここまで、第二行、第三行は楚簡によった。

江海《こうかい》の能《よ》く百谷《ひゃっこく》の王たる所以《ゆえん》の者は、其《そ》の善之《これ》に下るを以てなり。故に能く百谷の王たり。聖人の民《たみ》の前に在るや、身を以て後にし、其の民の上に在るや、言を以て之《これ》に下る。其の民の上に在るや、民の厚しとせず。其の民の前に在るや、民の害とせざる也。是を以て天下推《お》すを楽しんで厭《いと》わざるは、其の争わざるを以てなり。故に、天下能く与《とも》に争うもの莫《な》し。

【解説】 大河と海が多くの谷々の王であるのは、その「善」、つまりその本性《もちまえ》が低位につくことにある。これは八章「上善は水の若し」が水は低きにつくことによって万物に利をあたえるというのと同じである。水は「争わない」という結論も同じである。

老子は有道の士の民衆への態度も同じことだという。リーダーシップをとるときは自分の身の都合は後回しにし、人々が集まる場所で上席にいる場合は、謙下《けんげ》の言葉をもって語る。二六章（77講）に人びとと移動するとき、君子はもっとも重たい荷車の手助けをして、最後尾からついて行くとあるのと同じことである。

なお、この「民《たみ》の前に在るや、身を以て後にし、其の民の上に在るや、言を以て之《これ》に下る」という部分は楚簡によったが、底本とした王弼《おうひつ》本などでは「其の民の上たらんと欲せば、必ず言を以て之《これ》に下り、民《たみ》に先んぜんと欲せば、必ず身を以て之に後《おく》る」となっていて「欲す」という字が入っていた。そのためもあって、これまでは「統治者となって人民の上に立ちたいと望むなら、必ず自分のことばを謙虚にして人にへりくだり、指導者となって人民の前に立ちたいと望むなら、必ず自分のふるまいを抑えて人の後からついてゆくことだ」(〔金谷注釈〕)などと訳されている。こういう現代語訳が、『老子』は老獪《ろうかい》であるという理解を支えていたのである。しかし、ここは「欲す」という字なしに解釈した方が自然である。あるいは「欲す」という字を認めても、その意味を強くとらない方がよい。そう訳してみれば、これは「ずるい計算された処世法」などというべき文章ではない。

次の「其の民の上に在るや」以下の文章は、士と百姓の間の関係が、一方では「民の厚し」と恩義を感じさせるような保護関係ではなく、また他方では「民の害」と感じさせるような重荷でもないということである。これは、本課48講でみた「太上《たいじょう》、下《した》は之《これ》あるを知るのみ」の「最良の代表者は、人びとから意識されない」(一七章)というのと同じで、代表―被代表の関係は、恩義でもなく強制でもなく一つの自然であるという訳である。

こうして、最終句では、江海のように姿勢を低く争わずに後衛《こうえい》の地位につく有道の士を世の人々が喜んで推挙し、世の中に彼と争うものがないという理想が語られる。社会が複雑化し、それにともなって価値観が多様化した現代では、「天下能く与《とも》に争うもの莫《な》し」

ということは夢のように聞こえるが、しかし、社会が特定の個人を代表として選ぼうという場合、その人が個人的な事情にもとづいて争うような人間でないこと、その意味で老子のいう「水のように」柔弱な人間であるべきことはいつの世も同じことだろう。この理想が唱えられてから二〇〇〇年以上経っても、それは実現していないとはいえ、政治に個人または特定の集団の利害をもちこむのではなく、すべて自己犠牲が先に立たねばならないという感じ方は、やはり一貫して増大してきたように思う。

52講 「善」と「不善」をめぐる老子と親鸞 （二七章）

【現代語訳】

車を操縦する善は轍《わだち》の跡を残さないこと、言葉の善は自他を瑕《きず》つけないこと、計算の善は算木《さんぎ》を使わないこと、戸締まりの善は貫木《かんぬき》や錠なしに戸を開けられないようにすること、また荷物を結ぶときの善は縄に結目がないのに解けないようにできることである。有道の士の恒《こう》なる「善」は、人を救い、人を棄《す》てることがなく、万物を救って棄てることがない。これを「明知」の世界に入るという。たとえば師弟関係の善は救うためにある。善人が師であるとすれば、不善人が弟子であっても、その関係は切っても切れない。この関係で、弟子が師を貴《とうと》ばず、師が弟子を棄てて愛さないような人間であれば、師弟が「明知」を求めるのはただの迷誤《めいご》だ。この微妙な点を洞察しなければならない。

善行無轍迹。善言無瑕讁。善数不用籌策。善閉無関楗而不可開。善結無縄約而不可解。是以聖人恒善、救人無棄人。(1)恒善、救物無棄物。是謂襲明。故善人者、不善人之師、不善人者、善人之資。不貴其師、不愛其資、雖智大迷。是謂要眇。(2)

(1)底本、ここに「故」あり。帛書になし。(2)底本「要妙」。帛書により改む。

行くことの善は轍迹《てつせき》なく、言うことの善は瑕《か》讁《たく》なく、数うることの善は籌策《ちゅうさく》を用いず、閉ざすことの善は関楗《かんけん》なくして而《しか》も開くべからず、結ぶことの善は縄約《じょうやく》なくして而も解《と》くべからず。是を以て聖人の恒《つね》なる善は、人を救い、人を棄《す》つること無し。恒なる善は、物を救い、物を棄つること無し。是《こ》れを明に襲《はい》ると謂《い》う。故に善人は不善人の師、不善人は善人の資《し》なり。其《そ》の師を貴《とうと》ばす、其の資を愛せざれば、智ありと雖《いえど》も大いに迷わん。是れを要眇《ようみよう》と謂う。

【解説】前半は、様々な「善」について、「行・言・数・閉・結」などの具体的な行為にそくして論ずる。これが「善」とは、人や物の本性《もちまえ》の「用《はたら》き＝徳《はたらき》」を自由に生かすことであるという「善」の定義を伝えていることは、「コラム3」ですでに詳しく説明した。

本章は、そこから有道の士の「善」は、人も万物もともに救って棄てないことにあるとし、それを「明に襲《はい》る」ことだという。これこそが有道の士に必要な知、つまり以前に説明した「明」、「明知」である（コラム1参照）。

「人を救う」のみでなく、「見棄《みす》てない」というのは、次講の六二章に「人の不善なる、何の棄《す》つることか之《これ》有らん」とあることからして、「不善人」も棄てないということである。何度もいうように、ここで「善」というのは倫理規範ではない。それは人や物の本性の用きが自由かつ全面的に発達しているかどうかにある。人間の本性は多様な姿をもっており、しかも相互に関係し合う。人を最初から「善」「不善」のどちらかに割り振ることはできないし、人は相互に深い影響関係の中にある。実質上、ある人が善人の位置にいるというのは、他の人生を歩む人が不善人として不自由であることの反映なのである。「不善人」を前にして人は「善」を志し、しかもその中でまた「不善」に向かい、それを見た他者は「不善」から「善」に向かうという関係、つまり日本のことわざでいう「世の中、万事、相身互《あいみたが》い」というのが人間社会の実情である。こうして、ある因果関係の網の目の中で生きている一人の「善人」を救うならば、その網に捉えられて生きている「不善人」

も救うのが当然ということになる。

老子が「善人は不善人の師、不善人は善人の資《し》なり」というのは、この「善人・不善人」の切っても切れない関係をいったのである。「不善人の師」の「師」は教師のことである。それに対して「善人の資《し》なり」の「資」の原義は「たから」「資材」「資本」であるが、財は人を助けるという点から「助け、弟子」という意味になる。「師」が師でありうるのは「資」(弟子)がいるからであって、それは善・不善と同様に切っても切れない関係である。そして、この句が痛切なのは、「其の師を貴《とうと》ばす、其の資を愛せざれば」、つまり弟子が師を尊ばず、師が弟子を愛さないと続くことであろう。そうなると師弟関係は成立せず、そこにあるのは「親を貴ばない子、子を愛せない親」というのと同じ不幸な関係となる。この関係で、弟子が師を貴ばず、師が弟子を棄てて愛さなければ、「智ありと雖《いえど》も大いに迷わん」という奈落《ならく》に落ちていく。

老子は最後に、「是れを要眇《ようみよう》と謂う」と述べる。ここで「眇」というのは「渺渺《びようびよう》」の「渺」と同じで微かなことであるから、重要で微小なことと訳した。「善」と「不善」の関係、その微妙な消息までをみるのが「要眇《ようみよう》」だというのである。これは五二章が「小を見るを明という」というのと同じことである。

福永光司『老子』は、この老子の思想は、親鸞《しんらん》の「善人なをもて往生をとぐ、いはんや悪人をや（善で目立っている人さえ往生させてくれるのだから、悪人が往生するのは当然だ）」（『歎異抄』）と同じ趣旨だという。もちろん、親鸞が「いはんや悪人をや」というのは老子の思想を越えているところがあるかもしれない。また福永が「親鸞の信仰が深い罪業意識に支えられ、鋭い宗教的な人間凝視をもつのに対して、老子には親鸞のような罪業意識がない」というように、老子には宗教的な意味での罪業意識はない。『老子』の議論は「知」に偏っているかもしれない。しかし、両者の思想が基本的に共通したものであることは否定できない。

森三《もりみ》樹《き》三郎《さぶろう》によれば、親鸞の依拠した浄土三部経《じょうどさんぶきょう》のうちでももっとも重要な『大無量寿《だいむりょうじゅ》経《きょう》』は三世紀ころに中国で翻訳されたもので、そのうち「三毒五悪説」などは老子の思想の全面的な影響をうけて中国で創作されたものである（森『老荘と仏教』）。そこには「道の自然なるを念《ねん》ず」「無為自然にして泥洹《ないおん》（涅槃）の道に次《ちか》し」など『老子』と見まがう文言が多い。そして、それをうけて浄土教を完成させた唐代の道綽《どうしゃく》と善導《ぜんどう》の思想にも老子の影響は色濃く、自力往生を否定し、他力往生を肯定する親鸞の自然法爾《じねんほうに》の思想は、その直系であるという。親鸞の思想の淵源は「無為＝他力」を重視する点で、中国の浄土教の教祖たちを通じて、老子にまで遡るのである。

もちろん、それは間接的な関係に過ぎないという意見はあるだろう。実際、親鸞の浄土三部経の勉強ノート、『教行信証《きょうぎょうしんしょう》』の化身土巻《けしんど》（現世に現れる阿弥陀とその浄土の化身と化土）は、自力の往生をめざす聖道門《しょうどうもん》を批判するとともに、老子の思想が「外道」であることを、唐代の僧侶法琳《ほうりん》の老子批判の書、「弁正論」からの抜き書きなどによって論じている。しかし、逆にいうと、そこで聖道門への批判と同じ重さで老子をめぐる議論が展開されていることは注目される。親鸞は相当によく『老子』を読んでいるのである。

そもそも、この時代は、延暦寺などを場として流行した浄土教が大きく神道に影響した時期であり、その中で『老子』の思想が伊勢神道に影響した。たとえば伊勢神道の五部書の一つ、『宝基本記《ほうきほんぎ》』の託宣文などは、実は『大無量寿経』と『老子』の文章を綴《つづ》り合わせて作られている（高橋美由紀『伊勢神道の成立と展開』）。

浄土教の祖、道綽や善導の書をよく学んだ親鸞にとって『老子』は理解しやすいものであったに相違ない。親鸞はたいへんな学者であり、勉強家であったから、比叡山延暦寺に学んでいた若い時代にすでに『老子』を読んでいたことも確実のように思う。以上をふまえると、私は親鸞の「善人なをもて往生をとぐ、いはんや悪人をや」という逆説自体、親鸞の教養の中に溶け込んでいた『老子』本章の影響があったのではないかと思う。少なくとも『老子』を、親鸞の言葉を入口として理解していくことは、東アジアの仏教思想史の実態からいっても、十分に成立する読み方ではないだろうか。

53講　赦しの思想における老子とイエス・キリスト　（六二章）

【現代語訳】

「道」は万物の奥に存在するものであり、それは善人の宝であるが、実は不善人が支《ささ》え保《も》ってくれている。地位と名誉を手に入れるために、言葉を美しく飾る人も、ともかく美しい言葉にふさわしい行為を人に施すことになる。だからそういう不善も役に立たない訳ではないのだ。そもそも天子の即位や三公の任命のときに、玉璧の宝を先に立てた四頭だての馬車を美々しく前駆させることは最大の虚飾であるが、そのときでも私たちは、そう考えてそれぞれの「道」を進み続ければよいのだ。古くいうように、この「道」が貴《とうと》ばれているのは何故か。それはこの「道」によって求めれば与えられ、罪があっても許されるからだ。だから、この世界で貴重だとされているのだ。

道者万物之奥、善人之宝、不善人之所保。美言可以市尊、美行可以加人。（1）人之不善、何棄之有。故立天子、置三公、雖有拱璧以先駟馬、不如坐進此。古之所以貴此者何。不曰以求得、有罪以免耶。故為天下貴。

（1）『淮南子』によって「美」を補う。

道は万物の奥にあり、善人の宝にして、不善人の保《たも》つ所なり。美言の以って尊を市《か》うべくんば、美行の以て人に加うべし。人の不善なる、何の棄《す》つることか之《こ》れ有らん。故に、天子を立て、三公を置くに、璧《へき》を拱《かか》えて以て駟馬《しば》に先だたしむること有りと雖《いえど》も、此《こ》れを進むに坐《ざ》すに如《し》かず。古《いにしえ》の此れ貴《とうと》ぶ所以《ゆえん》の者は何ぞや。求めて以て得られ、罪有るも以て免《まぬが》ると曰《い》わずや。故に天下の貴ぶものたり。

図25　玉璧

【解説】冒頭「道は万物の奥にあり、善人の宝にして」は、道をつかむことは人のもつ善、つまり人の本性の自由自在さにとって宝物のようなものだという。しかし、老子のいうことはそこに止まらない。それは実は「不善人の保《たも》つ所なり」、不善人がもっていて維持してくれているものなのだという。老子は親鸞と同様に、「善」と「不善」の関係において根本的なのは「不善」であると考えているのである（8講参照）。

だから、前講に述べたように「不善人は善人の資（宝）なり」ということになると、老子はいうのであろう。ここには、人間社会の現実では、本性を自由自在に発揮することができた人間は、本性をうまく自由に発展できなかった人間の不運に支えられて生きてきたのだという洞察がある。

さて、本章では、それを前提として現実社会にどう向き合うかという問題が述べられている。つまりまず老子はもっとも普通に行われる「美言」（虚飾）という不善について「飾り立てた美しい言葉で地位と名誉を手に入れようとする人も、ともかくも言葉を少しは実行する。だからそういう不善も役に立たない訳ではないのだ」という。老子は、その性格からいっても虚飾というものが蛇蝎《だかつ》のように嫌いだったのだろうが、それも意味をもつことがあるのだという洞察は、皮肉であると同時に、心の安息の言葉なのであろう。

その上で老子は、虚飾の最大のものとして、天子の即位や三公（大臣）任命の儀式そのものを挙げる。老子は、見事な玉璧を抱えて先に立てた四頭だての馬車が前駆する天子即位式や三公（大臣）任命式の儀式は無意味である。天子の即位や大臣任命ということ自体が、本質的には虚飾の行為、不善の行為であるといっているのである。これについて福永光司『老子』の五四章注解は、「老子の思想は、君主の存在や国家の行政機構そのものをも否定する無政府主義的な傾向をその根底に内包する」と述べている。私は第Ⅲ部で述べるように、老子は王権を補佐するという立場を崩さなかった以上、それを無政府主義ということはできないと考えるが、老子の王権の虚飾に対する舌鋒《ぜっぽう》が中国思想史においても珍しいほどの厳しさをもっていることは、福永がいう通りである。

前記の現代語訳では、それにそって直截な読みをしてみた。これで、文章の通りは非常によくなる。それに対して、これまでの現代語訳は、(福永のそれをふくめて)「王の即位式などに、見事な玉や四頭だての馬車を並べるのは虚飾なので道にもとづく進言を行う」と解釈する。しかしそれでは「人の不善なる、何の棄《す》つることか之《こ》れ有らん」という前段と文脈が続かず羅列的な訳になってしまう。老子は、そういう虚飾は唾棄《だき》すべきものだが、虚飾も役に立つことはあると考えて無視し、ただ自分の道を進めといっているのである。

強烈な思想であるが、昔日の中国には、こういう老子の思想を徹底的な王権批判と受け止めた人びとが実際に相当数いた。中国の歴史において、老子がそのような動きによって担《かつ》ぎ上げられた例は多い。もっともよく知られているのは、紀元一八四年に起きて後漢の王朝を崩壊に追い込んだ黄巾《こうきん》の大反乱であろう。それは張角《ちょうかく》という道士が起こした太平道と呼ばれた宗教運動にもとづいていたが、この反乱は数十万の信徒をえて各地に教団を組織したのである。張角の太平道の教典であった太平経には、天の命をうけた真人《しんじん》が有徳の君主に地上世界の救済を教えるという筋書きがあるが、それはここで述べてきたような、老子の王権論にもとづいて創出されたものである。また五斗米道《ごとべいどう》も、それに続いて起きた同じような運動で、信者に五斗の米を寄進させたことに由来するが、祭酒《さいしゅ》という村の長老の職名と同じ司祭職が教団の中心で、信者には「老子五千文」を暗唱させたという。

そもそも、中国におけるもっとも有力な民間宗教、道教《どうきょう》は、この張角の太平道から始まった。道教は、『老子』の思想を基本としながらも、五行思想や陰陽道などの雑多な民俗化した宗教と混じり合って宗教としての形をとっていったが、本質的にはほぼ同時代のローマ帝国において平等の思想を説いた原始キリスト教と相似した側面をもっている。これはフランスの著名な道教研究者アンリ・マスペロが、道教を中国が生み出した個人の救済思想と述べて以来の定説といえるものであるが(マスペロ『道教』)、〔福永注釈〕も本章の最後の「求めて以て得られ、罪有るも以て免《まぬが》る」という記述をとって、これは『マタイ福音書』の「求《もと》めよさらば与えられん」「汝ら悔い改めよ、天国は近づきたり」というイエスの教えと本質的に同じ救済と赦《ゆる》しの思想であるとした。

福永は、この赦しの思想こそが、初期道教のなかに存在した「首過《しゅか》」の思想に直結したという。「首過」とは、「過《あやま》ち」を「首《もう》す＝告げる」という意味だが(「自首」の「首」に同じ)、太平道や五斗米道などの初期道教の団体において、苦難や病からの解放を願って、人々が「茅室《ぼうしつ》」「静室」に忌《い》み籠《こ》もって行った罪の懺悔《ざんげ》のことである。福永は、このようにして、老子の思想は「中国における宗教思想の展開のなかで一貫した底流として生命をもちつづけた」という。

さて、もし、本当に老子の思想が親鸞の「善人なをもて往生をとぐ、いはんや悪人をや」の思想に影響していたとすれば、親鸞の「赦《ゆる》しの思想」が日本における強力な「千年王国運動」、一向一揆《いっこういっき》を支えたことも、老子に共通するということになる。道教の教義は、国家と王権に対する批判と現世における救済を目指す政治が急進的に結合するような異端的な内実をもっていた。そして民衆社会では、道教の影響は強く長く続き、明・清時代の白蓮教《びゃくれんきょう》の反乱から、一九世紀の太平天国の大運動にいたる、キリスト教に見まがうような「千年王国運動」にまで伏流していったといわれる（野口鐵郎「道教的千年王国運動の萌芽」『道教と宗教文化』）。これを考えると、私は、老子の思想の親鸞の思想への直接間接の影響という問題は、東アジアの精神史における基軸的な問題の一つだと思うのである。

第Ⅲ部　王と平和と世直しと

福建省泉州清源山にある老子石刻像　宋代

第一課　王権を補佐する

老子の思想は、東アジアの歴史において「徳政」の原理をはじめて本格的に提供したものである。もちろん儒学にも王が「仁政《じんせい》」に勤めなければならないという思想はあったが、その王を判定するのは終局のところ「天」であった。それに対して、老子は王が無為をさとった賢人となり、身命をかけて社会と民衆に奉仕することを要求した。そして、士の社会的義務として、そのような王を擁立し、補佐し、さらに必要に応じて王を批判し、追放することとさえも要求した。

このような老子の思想は、秦漢帝国の形成期の政治に大きな影響をあたえた。たとえば秦の始皇帝即位時の相国《しょうこく》、呂不韋《りょふい》はもと大商人で、始皇帝の父の最大の援助者として立身した人物であるが、彼が財力をかたむけて編集した『呂氏春秋《りょししゅんじゅう》』は老子の思想の影響を帯びている。そもそも始皇帝の母はかって呂不韋の寵姫《ちょうき》であったが、彼はそういう密接な関係も災いして相国を罷免《ひめん》され自殺に追い込まれた。この経過が始皇帝を専制主義的な法家政策の採用に追いやった可能性が高いともいう。

この秦に対する抗議は老子に近い楚から起こった。とくに重要なのは最初に秦に対する反乱に立ち上がって、短期間であったが楚王となった陳勝《ちんしょう》が楚の日雇い農民という身分から出身したことで、彼が蜂起にあたって呼号した「王侯将相《しょうそう》、いずくんぞ種あらんや」（王の血筋は決まっている訳ではない）という言葉は『老子』の影響を受けているると考えるほかない。陳勝の後をうけた漢の建国者、劉邦《りゅうほう》も庶民の出身であり、劉邦の軍事勢力の中心にいたのは劉邦と同郷の人々であって、劉邦の死後に相次いで丞相《じょうしょう》となった蕭何《しょうか》も曹参《そうさん》も、本来は胥吏《しょり》という民衆から徴用された下級官吏であり（蕭何は県の主吏掾、曹参は郷の獄吏）、曹参を始めとして彼らの中には、老子の思想を信奉する人々が多かったのである。

考えてみれば、こういう庶民出身の人々が反乱し、巨大な帝国の国家中枢を占拠するというのは、世界史でも希有な事態である。『老子』は、この反乱と帝国の建国においても主導的な社会思想であったと考えてよい。儒教は、この『老子』の思想と対決する中で初めて国家思想として自己を作りかえることに成功し、漢帝国の国教として国家思想の中枢の位置を占めることができたのである。

54講　我から祖となれ、王となれ　（一六章）

【現代語訳】

心を空虚にして、その極点で静寂を守ってじっとしていると、万物の気が一挙に動き出して本源に復《かえ》って行き、私の心も本源に復《かえ》って行く。物が盛んになると根に戻っていくのである。根源に復帰すればすべては「静」であり、そのなかで「命」が復活する。そして「命」に戻れば、そこは永遠の今、「恒」である。その永遠の道を知ることが「明」である。それを知ることができなければ、自分の凶暴さを鎮めることはできない。私たちが「恒」を知るのは「容」（広大な世界）に目を開いて寛容になるときである。世界が無限に広く「容」であるからこそ公を共にすることができるのであり、公共とは個々人がみな独立の王となることである。人は王となって天を仰ぐが、天には「道」があり、すべては永遠の今だ。その中に身を没するまで何をしても、だいじょうぶだ。

到虚極、守静篤、万物並作、吾以観復。夫物芸芸、各復帰其根。帰根曰静、是謂復命。復命曰恒、知恒曰明。不知恒、妄作凶。知恒容。容乃公、公乃王。王乃天、天乃道、道乃久。没身不殆。

虚を致すこと極まり、静を守ること篤《あつ》くす。万物は並び作《おこ》れども、吾《わ》れ以て復《かえ》るを観る。夫《そ》れ物の芸芸《うんうん》たるも、各《おの》おの其《そ》の根に帰す。根に帰ればここに静にして、是《こ》れを命に復ると謂《い》う。命に復るを恒《こう》といい、恒を知るを明という。恒を知らざれば、妄作《もうさく》して凶なり。恒を知れば容《よう》なり。容なれば乃《すなわ》ち公なり、公なれば乃ち王たり。王なれば乃ち天なり、天なれば乃ち道なり、道なれば乃ち久し。身を没するまで殆《あや》うからず。

【解説】 本章は生命観を語るところから始まって、人間社会に転じ、王から天に及んでいく。その振幅はきわめて大きく容易に追跡しがたいが、ここには老子の王権論の思想的背景が示されている。

まず生命観の部分は、内心を空虚にして静謐を守っていると、その透き通った世界に万物が運動して根源に戻っていく姿が映し出される。そして、それと同時に心が本源に復《かえ》って根が張っていき、そこに「命」そのものが実感されるという。

「命に復るを恒《こう》といい、恒を知るを明という」というのは『老子』における「恒」という言葉についての決定的なフレーズであろう。「和を恒《こう》と曰い、恒を知るを明と曰う」というほぼ同じフレーズもあるが（五五章）、「和を恒と曰い」というよりも「命に復るを恒」の方がレヴェルが深い。「恒」の中身は「命」であり、「恒」とは、いわば生命の「永遠の今」の感受である。内心を空虚にして静かに内省すると、そこに「生命」の世界の永遠性が露わになるというのである。

この「恒」にもとづいて初めて「明」という最上の「知」の形が生まれる。その「明」は多くの場合、世界を明るく照らす輝きではなく、自己の内面世界をかすかに照らす「明」である。「知」の中心は、外的な自然や社会と同時に、通常の五感を超えて自己の内部を内観する力であって、それを育《はぐく》まなければならないというのである。老子は、個々人がおのおの、そのような微かな光を頼りにして歩いて行くほかない苦難の道をよく知っており、それを「恒」なる「道」の「知」をもつことで乗り越えることを呼びかける。そして「恒を知らざれば、妄作《もうさく》して凶なり」とあるように、そもそも「恒」、永遠の今というものを実感できなければ、妄《みだ》りに行動するだけで自分の「凶」を鎮めることはできないという。ここで老子の見ているのは、凶暴なるものを秘めた人間の内面であり、それを知る「明」の力である。

以上、ここまでは「虚を致し、静を守る」という内観あるいは瞑想の世界であって、そこにおける時間的永遠性、「恒」の局面であった。ここから話は一挙に転換し、「恒を知れば容《よう》なり。容なれば乃《すなわ》ち公なり、公なれば乃ち王たり。王なれば乃ち天なり、天なれば乃ち道なり」という詞章となる。これはほとんど呪文という感じかも知れないが、逆に呪文というのは糸口がはっきりすれば理解しやすいものである。

その鍵は、最初の「恒を知れば容《よう》なり」の「容＝容《い》る」の意味にある。これは、諸橋轍次『大漢和辞典』に「広い」とあって『広雅』（釈詁三）「容、寛なり」を挙げてあるのに従いたい。『荘子』（天道篇九）に「道は――広広乎《こうこうこ》として、それ容れざる無きなり」とあるのも参考になる。すべてを包含するほどの広大さである。その証拠はこの節の「容《よう》」「公」「王」「天」「道」という配列である。これは二五章に「道は大、天も大、地は大、王も亦《ま》た大。域中に四大有りて、而して王は一に居る。人は地に法《のっと》り、地は天に法《のっと》り、天は道に法《のっと》り、道は自然に法《のっと》る」などとあるのと基本的に同じ配列であろう。この配列の中で「容」が「大」にあたることは明らかである。そして、二五章解説で説明したように、この「大」は無限大であって、「恒」が時間的永遠であるのに対して、空間的無限としての「容＝大」の世界になる。

ところが、従来の注釈は、この「容」を例外なくもっぱら寛容とのみ理解してきた。しかし、それのみでは本章の宇宙論的な文脈を見逃すことになる。そういう見方では、次の「容なれば乃《すなわ》ち公なり、公なれば乃ち王たり」は、「寛容だから公平だ、公平になれば王者になれる」などと説明されてしまう。しかし、それは通俗の文字面《もじづら》読みであって、宇宙論的なニュアンスは消されてしまう。ここは「世界が無限に広いからこそ公を共にすることができるのであり、公共とは個々人がみな独立した人間、王となることである」と訳したい。これは本章とほぼ同じ文脈で登場する二五章の「王」について詳しく解説したように「宇宙と天地に対等に向きあう存在」としての「人」は、誰もが王であるという意味である。参考になるのは、五章「天地は仁ならず」の思想であって、天地の広大な空間は、人間的な有情《うじょう》を歯牙にもかけずに、すべてを圧倒的な力で絶対的に平等に扱って容赦しない。「公」は一面で人が一人で向きあう「無用・無縁」の世界なのである。

こうして、これに続く「王なれば乃ち天なり、天なれば乃ち道なり、道なれば乃ち久し。身を没するまで殆《あや》うからず」という哲学的呪文の意味も明瞭となる。私は王として天に通じ、そして道に通ずる。そのようなものとして永遠の存在だという訳である。老子の「王」という言葉は、誰もがもっている人間としての独立性、心の王者性を示しているのだ。

第二次大戦後の日本史研究者の中でも、もっとも著名な学者が後輩の学者の結婚の仲人《なこうど》をしたときに「我から祖となれ」という言葉を贈ったというのは歴史学者のなかでは有名な話であるが、それを贈られた後輩も著名な学者となった。学者のような特定の専門の

「器」のネットワーク世界では、「公＝協同＝association」とは、王者の連合associationである。これは老子の属する「士」の世界においても当然のことであろう。それが社会全般でもそうでなければならないというのが老子の思想である。

55講　無為の人こそ王にふさわしい　（一三章）

【現代語訳】

人が栄寵《えいちょう》と屈辱に動転するのは、大病を病んで身体のうちそれしか目に入らなくなるからだ。なぜ栄寵と屈辱に動転するかといえば、その基礎は栄寵にある。まず栄寵をえて驚き、次にそれを失って屈辱に動転するのだ。栄寵と屈辱に動転するというのはそういうことだ。なぜ大病を貴《とうと》んでそれしか目に入らなくなるかといえば、その基礎は私の身体にある。だから基礎にある身体を無為に保てれば、私は大病から自由になる。これと同じように、すべての基礎にある自分の身を無為に為《おさ》めることを、世の中を為めることより貴ぶ人間であって初めて世の中を託すことができる。まずはその身を無為に保てるのが大事であって、それが世の中を為めることより、人間として大事だと思える人にこそ、世の中を委《ゆだ》ねることができるのだ。

(1)人寵辱若驚、貴大患若身。何謂寵辱若驚。寵為下。得之若驚、失之若驚。是謂寵辱若驚。何謂貴大患若身。吾所以有大患者、為吾有身。及吾無身、吾有何患。故貴為身(2)於(3)為天下、若可以(4)託天下。愛以身為天下、若可以寄(5)天下。

(1)楚簡により「人」を補う。(2)底本「以」。帛書により改む。以下同じ。(3)底本「於」なし。帛書により補う。(4)楚簡により「以」を補う。(5)底本「託」。帛書により改む。また楚簡により「以」を補う。

人の寵辱《ちょうじょく》に驚くが若《ごと》くし、大患を貴《とうと》ぶこと身の若《ごと》くす。何をか寵辱に驚くが若《ごと》くすと謂《い》う。寵を下《した》と為す。之《これ》を得て驚くが若くし、之を失いて驚くが若《ごと》くす。是《こ》れを寵辱に驚くが若くすと謂う。何をか大患を貴ぶこと身の若くすと謂う。吾《わ》れに大患有る所以《ゆえん》の者は、吾れに身有るが為《た》めなり。吾れに身無きに及んでは、吾れに何の患いか有らん。故に、身を為《おさ》むを天下を為むより貴ぶあらば、天下を託すべきが若し。身を以てするを天下を為むより愛するあらば、以て天下を寄すべきが若し。

【解説】前記の現代語訳のように理解すると、本章の趣旨は明瞭であろう。これまでの通釈と変えたのは第一に「寵を下《した》と為す」という部分の意味を「寵辱《ちょうじょく》で動転する」ことのうち「寵が基本である」と理解したことである。従来は、「下と為す」を「寵愛を下される」「寵などというのは下らないものなのに」などと解釈するか、後代の伝本に「寵為下」の部分が「寵為上、辱為下」とあるのによって、「寵愛をよいこと、屈辱を悪いこと」などと解釈する。ここでは底本の文章を変えずに、「下」を基礎という意味でとってみた。

また、第二に「大患」については「病気・重病」と単純に理解した。この「大患」は王《おう》弼《ひつ》が「栄寵の類」として、「名誉・財産を求めることによる悩み」と理解して以来、ほとんどの注釈書がそれにしたがっている。しかし、王弼の注釈は精神主義的な傾向があり、かならずしも従うことはできないと思う。むしろ、ここでは「河上公注」が「謂う、大患、身に至る、故にみな惊《かな》む」と普通の重病と理解しているのを取りたい。ようするにこれは「大病を病むと、それしか目に入らず、病いを身体そのものであるように貴んでしまう」ということであろう。そして、「吾れに身無きに及んでは、吾れに何の患いか有らん」というのは極論に聞こえるが、「吾れに身無き」というのは、自分の身体も無為なものとして自然に受けとめる修養をいい、一種の養生の教えであると考えたい。

このように考えてみると、本章の前半部は、毀誉褒貶《きよほうへん》(「寵辱」)や病(「大患」)に悩む人間の弱さを論じ、無為と知足の修養を説いたものであることは明らかである。問題は、その上で、老子が、急に話題をどのような王を擁立すべきかに移したことである。それが最終行の「身を為《おさ》むを天下を為むより貴ぶあらば、天下を託すべきが若し」という文章であるが、これをどのような文脈で、どのような趣旨で理解するかが問題である。

現代語訳に記したように、これは「身を為《おさ》めることを世の中を為めることより大事に貴ぶことができる人間がいれば、世の中を託すことができるだろう」という意味である。この「身を為《おさ》めること」の「為《おさ》める」の部分は、帛書《はくしょ》によったもので、底本とした王弼本では「身を以てする」とあるので、「わが身のことを大切にする」というようにいってもよいが、「身を為《おさ》める」として自分の身を修養するというように明瞭に理解した方がわかりやすい。その方が前半部分の修養の教えともうまくつながってくる。つまり、これは王の修養を積んで、「身」を修《おさ》め自覚した人でなければならない。世の中を治める前に、自分の身を修《おさ》めるのが先だという訳である。

これは一種の賢人政治の理想を述べたものだろう。戦国時代の各国の王の軽挙、愚行、専断、残虐、放恣《ほうし》な欲望などをこれでもか、これでもかと見せられる中で、こういう理想が自然に抱かれるようになり、強まってきたことは十分に理解できる。

なお『荘子』(在宥篇)には、この「身を為《おさ》むを天下を為《おさ》むより貴ぶ」という文章とほぼ同じ句が残されており、『老子』の本章は、おそらくその影響の下に書かれたものであろうとされている(池田知久『荘子』)。しかし、注意しておくべきなのは、『荘子』では、この句は「君子」、つまり『老子』のいう「聖人＝有道の士」の自問自答として出てくることで、しかも、『荘子』は、「そんなことをやっている暇はない」と斜に構えた韜晦《とうかい》の言葉を付け加えている。

『老子』は、そのような韜晦をみせない。この文脈においてみると、老子は、ただ単に「無為」の王の登場を期待すると述べているのではなく、「身」を修めた「有道の士」は状況によっては王の地位に推挙されて天下を統治することがありうると述べているようにみえる。老子が王権を補佐するという場合には、少なくとも理念としては、そのような可能性も含まれているように思う。

56講　正道を進んで、無為・無事・無欲に天下を取る（五七章）

【現代語訳】

正道により政治を行い、緊急の奇策としてのみ兵を動かし、無事なままで天下に信頼されて統治する。私がそれが可能だと思うことには理由がある。そもそも、世の中に禁忌が多すぎて、民衆はそれに叛《そむ》かざるをえない。そして民衆が武器をもつ動きが拡大しており、国家はいよいよ昏迷する。また技術の発達によって、邪《よこしま》な器物がいよいよ増えている。さらに法律が明細になれば、盗賊がふえる。こういう中で、有道の士は、無為の立場をとって民衆が自ずから変化するのを信頼し、静謐《せいひつ》を好んで民衆が自ずから正しくなることを望み、特別なことをせずに民衆が自ずから豊かになるようにし、また自分を無欲にして、民衆も自ずから素樸《そぼく》な姿をみせるようにと、言わなければならない。

以正治国、以奇用兵、以無事取天下。吾何以知其然哉(1)、夫(2)天下多忌諱、而民弥叛(3)、民多利器、国家滋昏。人多伎巧、奇物滋起、法令滋彰、盗賊多有。是以(4)聖人云、我無為而民自化、我好静而民自正、我無事而民自富、我無欲而民自樸。

(1)底本、ここに「以此」あり。衍字。帛書により省く。(2)「夫」、帛書により補う。(3)底本「貧」。楚簡は「畔」。「叛」の借字。(4)底本「故」。帛書により改む。

正を以て国を治め、奇を以て兵を用い、無事を以て天下を取る。吾《わ》れ何を以て其《そ》の然《しか》るを知るや。夫《そ》れ天下に忌諱《きき》多くして民いよいよ叛《はん》し、民に利器多くして、国家滋《ます》ます昏《くら》し。人に技巧多くして、奇物滋《ます》ます起こり、法令ますます彰《あき》らかにして、盗賊多く有り。是を以て聖人は云《いわ》く、我無為《むい》にして民自《おの》ずから化し、我静《せい》を好みて民自ずから正しく、我無事にして民自ずから富み、我無欲にして民自ずから樸《ぼく》なり、と。

【解説】 冒頭の「正を以て国を治め、奇を以て兵を用い、無事を以て天下を取る」という句は、老子の政治論を要約した言葉である。老子は然るべき人物《じんぶつ》が登場して、「天下を取る」ことを期待していた。老子は、「何を以て其の然《しか》るを知るや」、つまり、何故そう考えるかを本章で論ずる。

老子の国家構想は、後の秦漢帝国のような統一国家を樹立しようというものではない。後に述べるように、老子には春秋戦国時代の中国を大国・小国が連合する一種の連邦制《れんぽうせい》に組み替えるというプランがあった。老子は各地域の小国の存在を前提とした、保守主義的な現状維持のプランを構想したのである。しかし、保守主義・現状維持とはいっても、老子は、一部でいわれるような隠遁《いんとん》思想の持ち主ではなく、現実の国家社会の将来を見据え、どうすれば、そのような国家を形成することが可能かについて論じようとしている。

さて、「正を以て国を治め、奇を以て兵を用い、無事を以て天下を取る」は、三つの主張からなる。第一の「正を以て国を治め」の「正」とは正義と平等のことである。国家構想としては、これがもっとも中心的な位置にあることはいうまでもない。その具体的内容は『老子』の各箇所で述べられているが、その中心部分については次の第二課「「世直し」の思想」に関係する章を集め説明してある。

第二の「奇を以て兵を用い」は戦争論である。有名な兵法書、『孫子』（第五勢篇）には「凡そ、戦いは正を以て合い、奇を以て勝つ」とある。これはまず正面からぶつかり合い、その後は臨機の奇法をもちいるということだが、老子の場合は、戦争はもっぱら防衛戦であって、そのため、最初から奇法を用いる。『孫子』は続けて「能《よ》く奇を出だす者は窮《きわ》まりなきこと天地の如く、竭《つ》きざること江河の如し」とするが、老子の戦術は、もっぱらこの「奇」が中心となる。詳しくは、関係する章をまとめた第三課「平和主義と「やむを得ざる」戦争」を参照されたい。

第三が「無事を以て天下を取る」であって、これは一言でいえば、正道の政治によって、「無為」に平和的に天下国家を握ることができるという宣言である。老子の政治思想のうち、これが一番独自なものということができるだろう。本章で老子は、そう考える根拠となる状況認識を述べている。

まず老子の状況認識は、国家の忌諱《きき》、禁忌がいよいよ多くなっており、民衆はそれに叛《そむ》くのみでなく、さらに民間に「利器」＝武器の所持が広がって、国家は闇に面しているというところから始まる。ここで武器と訳した「利器」については、「文明の利器」と現代語訳される場合もあるが、それはとらない。民間での武器蓄蔵の拡大を指摘する老子の危機意識は深い。

次は「人に技巧多くして、奇物滋《ます》ます起こる」という認識である。人間が「技巧」を発達させた結果、「奇物」＝邪《よこしま》な事物が一挙に増大しているというのである。鉄器は春秋時代後期に民間に農具として普及しはじめたが、それが、戦国時代、武器に転用されていくのは必然であった。また、ここで「技巧」といわれているのは、技術のみでなく、交換経済に寄生した人為的な「巧利」のことでもあろう（12講参照）。「功利」は都市の世界を広げ、そこにはさらに「奇物」が増えていく。

そして「法令ますます彰《あき》らかにして、盗賊多く有り」とは、法令の施行が社会の困難と悪を凝固《ぎょうこ》させ促進するということである。「盗」といわれる集団は、春秋時代から、広く中国の各地域で活動を開始しているが、その活動は戦国期に入っていよいよ拡大した。老子は、その背景に、国家の法律主義が人々を犯罪に追いやっている事実があるというのである。そもそも漢帝国の初代皇帝、劉邦《りゅうほう》は、村役人をしていたとき、始皇帝の陵墓《りょうぼ》建設のための賦役《ぶやく》民を引率していたが、逃亡者が多く、このままでは自分も処罰されることを恐れて、秦帝国に対して反旗を翻した。劉邦の軍団には家からはじき出されて都市の無頼《ぶらい》となった連中なども多数含まれていた。劉邦自身にも似た要素があったらしい。

ようするに、老子は、国家社会が激しい危機の時代に入っていることを正確に認識していたのである。そして、老子はこういう状況認識に対応して、有道の士は民衆の側に寄り添わねばならないという。つまり、「無為」によって民衆の変化を促進し、「静」によって民衆が姿勢を正すことを待ち、「無事」によって民衆の富の増大を期待し、さらに「無欲」によって民衆が素朴な立場をとることを期待するというのである。ここには民衆に依拠した政治の構想、一種の民衆主義がある。

以上、老子の三つの政治論、つまり①正義をもって国を治めること、②軍事は奇策をもってすること、③平和的に天下を取ることのうち、本章では、最後の平和的な「天下取り」は「無為」「静」「無事」「無欲」によって民衆の共感をえるということを基本とすることが論じられていると考えた。老子は、別の章では、「天下を取らん」として、天下という神器そのものを壊してしまう野心家の行動を口を極めて非難しているが（二九章）、それと老子の「天下取り」の相違は、その民衆依拠の姿勢にあることになるだろう。

57講　王の地位は落ちていた石にすぎない　（三九章）

【現代語訳】

昔、初めに太一《たいいつ》があった。天は太一をえて清澄となり、地も太一をえて安寧になり、神気も太一をえて霊《くす》しくなり、谷の女神も太一をえて孕《はら》み、万物が太一によって生じた。そして侯王《こうおう》も太一をえて人を代表して天下の中心にすわったのである。しかし、その極まりにおいて恐れなければならないのは、天が清澄でなくなれば裂け、地が安寧《あんねい》でなくなれば地震に襲われ、神が霊《くす》しくなくなれば絶え、谷の女神が受胎する力を失えば生命は尽き、万物が再生の力を失えば世界は滅亡することである。そして、侯王が尊貴、高邁《こうまい》さを失えば倒れてしまう。つまり、身分が貴《とうと》いというのは本《もと》は賤《いや》しかったということで、地位が高いというのは最初は低かったということだ。だから侯王が、孤独なものとか、寡徳《かとく》なものとか、僕《しもべ》であるなどと自称するのはいわば（ただの謙遜《けんそん》ではなく）事実なのだ。賤《せん》こそが本来の姿であることを忘れてはならない。心得違いをするな。地位と名誉のシンボルだといって車を数えてばかりいると、車はなくなるぞ。そもそも美しい琭玉《ろくぎょく》などというものは欲すべきものではない。本をいえば、それは落ちていた石にすぎない。

昔之得一者、天得一以清、地得一以寧、神得一以霊、谷得一以盈、万物得一以生、侯王得一以為天下正（1）。其致之、天無以清、将恐裂。地無以寧、将恐発。神無以霊、将恐歇。谷無以盈、将恐竭。万物無以生、将恐滅。侯王無以貴高、将恐蹶。故貴以賤為本、高以下為基。是以侯王自謂孤寡不穀。此非以賤為本耶、非乎。故致数輿（2）無輿。不欲琭琭如玉。珞珞如石。

（1）底本「貞」。帛書による。（2）「輿」は底本のまま。普通、「誉」の借字とするが、『小池注釈』によって、そのままで意味をとった。

昔の一を得たるは、天は一を得て以て清く、地は一を得て以て寧《やす》く、神は一を得て以て霊《くすし》く、谷は一を得て以て盈《み》ち、万物は一を得て以て生じ、侯王は一を得て以て天下の正と為る。それこれを致《いた》すや、天は以て清きこと無くんば、将《まさ》に恐らく裂けんとし、地は以て寧きこと無くんば、将に恐らく発《うご》かんとし、神は以て霊《くすし》きこと無ければ、将に恐らく歇《や》まんとし、谷は以て盈《み》つること無ければ、将に恐らく竭《つ》きんとし、万物は以て生ずること無ければ、将に恐らく滅ばんとし、侯王《こうおう》、以て貴高なること無ければ、将に恐らく蹶《たお》れんとす。故に貴は賤《せん》を以て本《もと》と為し、高は下を以て基と為す。是を以て侯王は自ら孤寡不穀《こかふこく》と謂《い》う。此れ賤を以て本と為す耶《や》。非ざるか。故に輿《くるま》を数《かぞ》うるを致《いた》さば輿無し。琭琭《ろくろく》、玉の如《ごと》きを欲せず。珞珞《らくらく》、石の如きか。

【解説】 本章は「天→地→神→谷→万物→侯王」という順序で世界の形成を語るが、続いて、その逆を辿っていく。天が清澄をなくし、地が安寧をなくし、神が霊性をなくし、谷が産出の力をなくし、万物が生をなくし、侯王が高貴さをなくしたらば、おのおの崩壊するというのである。事態が極《きわ》まった所では分解が始まっていくというのは、いわば諸行無常の観念であり、また矛盾論《むじゅんろん》（いわゆる弁証法）の考え方である。

こういう切り口をとった理由は、本章の主題が最後の「侯王が高貴さをなくしたらば」という問題、つまり王権の崩壊にあるからである。老子は、ここでまず「貴は賤《せん》をもって本と為し、高は下をもって基と為す」として、王は元は賤しく低い身分から出自したはずだという。普通、この部分は「貴いものは賤しいものを基本にすえており、高いものは低いものを基礎としている」などと抽象的な建前論のように解説される。しかしこういう解釈では「高貴」という枠組み自体を問う老子の主張は曖昧になってしまう。ここは王の出自がそもそも下賤《げせん》であるかもしれないのだと理解する方が通りがいい。

「だから侯王が、孤独なものとか、寡徳なものとか、僕《しもべ》であると自称するのは当然なのだ」というのは皮肉にさえ聞こえる。そして「賤こそが本質の姿であることを忘れてはならない。それを心得もせず、名誉ばかり求めていると、名誉は消えるぞ」というのは王への教訓というよりも警告であると思う。『老子』の面目躍如《めんもくやくじょ》なのは、それに続く「美しい琭玉《ろくぎょく》などというものは欲すべきものではない。本をいえば、それは落ちていた石にすぎない」という部分である。

以上、本章は『老子』の王権論としても痛快なものの一つであるが、内容の上で重要な

図26　伊雑宮の御田植祭の竹幟

のは、王の代表権が「天↓地↓神↓谷↓万物」という広大な世界との対応のなかで認められているものであることを論じ、いわば宇宙論と王権論が合流したかのような独特の雰囲気で議論が展開されることであろう。そこで以下、その宇宙や天地万物などの世界観に関わって、本章で使用されている「一」の概念について補説しておきたい。本章冒頭の「天は一を得て以て清く」などとある「一」であるが、『老子』の宇宙生成論からいうと、これは「道」とほぼ同じことである。ただ、「一」だけでは分かりにくいので、ここでは太一（原初の一）と訳してみた。

実際、この「一」という語は本来は、太一《たいいつ》という言葉であったらしい。この言葉は楚簡老子と同じ墓から出土した「太一生水」という竹簡本に登場する言葉で、そこでは、「道」ではなく「太一」が宇宙の根源とされている。そして「太一↓水↓天地↓神明↓陰陽」と変化していって万物を生じるという。傍点をつけた神明は「神」と同じで、最後の陰陽（女・男）は「谷」の女神の生殖力に対応するから、これは「水」が介在しているかどうかを除けば本章の図式と同じことになる。本章の「一」が、この「太一」と深い関係があったことは明らかだろう。

注意しておきたいのは、日本の伊勢神道でも、この太一が天御中主《あまのみなかぬし》という伊勢神道の最高神と同一の神秘とされていることである。図26は伊勢で掲げられる「太一」の幟《のぼり》であるが、これは本章の「一」と同じものであったに違いない。伊勢神道では、この「一」の意味は、古くから『老子』本章によって理解されていた。神道五部書の一つ『御鎮座本紀《ごちんざほんぎ》』に「神を祭ること、清浄を先と為せ。我鎮《とこしなえ》に一を得るを以て念と為す也」とあるが、この「一を得る」は明らかに本章の「天は一を得て以て清く」によったものである。

なお、織田信長が選定した「天正《てんしょう》」という年号は、この「侯王得一以為天下正」から取られたものである。信長は一五六八年（永禄一一）に上洛し、その六年後、足利義昭《あしかがよしあき》の京御所を包囲して屈服させた直後に天正年号の採用を奏上した。興味深いのは、前記の現代語訳では、この「天下正」を「天下の中心」という一般的な意味としたが、普通は、この「天下の正」は「天下の正長＝首長」であるとされていることである。そうだとすると、信長は「天正」という年号によって自分こそが「天下の主」つまり王あるいは覇王《はおう》であり、そのような存在として「天下を正す」のだと呼号《こごう》したということになる（なお、本書の底本とした『王弼注老子』には校注に記したように、「天下の貞」とあるが、日本で流布していた「河上公注老子」には「天下の正」とある）。

58講　知はどうでもいい。民衆は腹を満たし、骨を強くすればよい　(三章)

【現代語訳】

賢者と知識を尊ぶという風潮をなくせば、民衆は平和で争いはなくなる。珍しい財宝に価値をおくことをやめれば、民衆は盗みをしなくなる。人々の欲望をあおらなければ、人々が乱れることはない。有道の士の政治は、人々の心を虚しくさせるが腹を実《み》たしてやり、その志を弱くするが骨を強くしてやる。つねに人びとが「無知・無欲」の境地にいるようになれば、国家のなかで賢才なるものが動く余地はなくなる。それによって無為の政治ができれば社会は治まっていく。

不尚賢、使民不争。不貴難得之貨、使民不為盜。不見可欲、使民不乱。[1]是以聖人之治、虚其心、実其腹、弱其志、強其骨。恒使民無知無欲、使夫知者不敢為也。為無為、則無不治。

(1) 底本「心」あり。帛書になし。帛書に従う。

賢を尚《たつと》ばざらば、民をして争わざらしむ。得難きの貨を貴《たつと》ばざらば、民をして盗みを為さざらしむ。欲すべきを見《しめ》さざらば、民をして乱れざらしむ。是を以て聖人の治は、其《そ》の心を虚しくして、其の腹を実《み》たし、其の志を弱くして、其の骨を強くせんとす。恒に民をして無知無欲ならしめ、夫《か》の知者をして敢えて為さざらしむ。無為を為さば、即ち治まらざることなし。

【解説】 本章は、「尚賢《しょうけん》」という思想の批判である。「尚賢」とは「賢」を「尚《とうと》ぶ」こと、賢才を国家に登用して、それにふさわしい官職・地位を与えよという主張であり、これは儒家に共通する思想であった。諸子《しょし》百家《ひゃっか》の動きは、王や高位の貴族が国家を専断するのを批判するものであったが、同時にそれが国家への就職運動であったことは否定できない。

老子は、この「尚賢」の思想が社会に何をもたらしたかを鋭く批判する。「尚賢」の思想は、官僚制を作り出し、それを肥大化していく。それは身を立てるためには賢くないと不安だという心理を作り出し、「知」への気分を民衆社会の中に食い込ませる。官僚制は俸禄《ほうろく》をともない、知識が金になるという風潮を広げる。老子は、これは人々の前で珍しい財宝を集めて見せびらかせば、民衆の中に盗みをするものがふえるのと同じことだという。そして、知識にせよ、珍品にせよ、民衆が、簡単には手に入れられない欲しいものを見せれば、民衆の間に混乱が広がるのは当然だというのである（なお、『荘子』〔庚桑楚篇〕に「賢を挙ぐれば則ち民相い軋《きし》り、知に任ずれば則ち民相い盗む」とある）。

「尚賢」という考え方の本質は、「心を労する者は人を治め、力を労する者は人に治めらる。天下の通義《つうぎ》なり」という『孟子』（滕文公上篇）の一節によく示されている。国家統治に参加するものは「心を労する者」であって、国家はそのような精神労働の担い手によって運営され、「力を労する者」（肉体労働者）を支配するというのである。しかも孟子はこの文章に「人に治めらるる者は人を食《やしな》い、人を治める者は人に食《やしな》わるるは天下の通義なり」と続ける。孟子は「心を労する者」は生得の権利（「天下の通義」）として百姓の肉体労働に寄生する権利、食を提供させる権利をもっていると主張する。

老子は、これに対して本章で批判を展開しているが、〔福永注釈〕は、この批判が『荘子』の言葉をふまえたものであることを具体的に紹介し、福永自身、あたかも荘子が乗り移ったような感じで、この孟子の言葉に対して「恥知らずな強弁」と激語《げきご》している。ただ注意したいのは、老子と荘子のニュアンスの相違である。それは、老子が社会自体をどうするべきかというところから議論していることにある。

老子は、有道の士の政治は、「民衆の心を虚しくさせるが腹を満たしてやり、その志を弱くするが骨を強くしてやる」ことだという。このうちの傍点部、つまり政治の行うべきことはまずは社会に十分に食べ、骨格が健康であるように生活の基本をしっかりさせることにあるということ自体は正論であろう。しかし、その前提として、「人々の心を虚しくさせ」「その志を弱くする」と述べていることは、いわゆる愚民化《ぐみんか》政策（民衆は愚かな方が支配しやすいという考え方）ではないかということになる。実際に、〔武内注釈〕は、本章を老子が愚民政治を主張したものと位置づけている。少なくともここには民衆の意思を希薄にすることによって社会の安定を求めようという心理がふくまれていることは明らかである。ここには「明」と「強」は「士」の任務であるという老子の考え方の反面がはっきりと出ているといわなければならない。48講でもすでにふれたように、老子は地域の族長としての資格において百姓の「志」を吸収し、族長のイニシアティブの下に村々の百姓を支配し、代表するという立場にあった。それでは結局のところ、孟子のいう、士が「心を労する者」で、民衆は「力を労する者」であるというのと大きくは違わないではないかということになる。

しかし、この老子の主張は、単なる愚民化政策ではない。〔金谷注釈〕は「いわゆる愚民政治にも似ているが、これはそうではない。民衆を無知蒙昧にしておいて、それを利用しようとするようなさかしらが、聖人の心でないことは、明白である。無知と無欲は単に政治の手段として考えられたものではないからである。それは、人間の本質にかかわる理想的なありかたとして、為政者自身の理想でもあり、したがってまた聖人の性格にも連なるものであった」と述べている。本章の最終句が「恒に民をして無知無欲ならしめ、夫《か》の知者をして敢えて為さざらしむ。無為を為さば、即ち治まらざることなし」となっているのは、まさに金谷の指摘が正しいことを物語っている。現代語訳に示したように、それは人びとを「無知・無欲」の境地におくことによって、孟子のいうような賢才を国家から排除して、無為の政治を作り出すというものなのである。

それ故に、この老子による「知・心・志」を百姓から遠いところに置くという姿勢の評価は、結局、ここでいう「無為の政治」の中身がどのようなものかによって判断されるほかないことになる。これについては、続く第二課「「世直し」の思想」でみるが、ただ、ここでも、老子の構想は「心を労する」仕事を国家に集中して集権国家を考えようというものではなかったことは確認しておきたい。すでにみたことによっても明らかなように、老子の保守主義は、そのような国家主義にはなく、むしろ地域の士、族長の立場として、まずは各々の地域世界を重視し、士が、百姓を代表し、百姓の腹を実《み》たし、骨を強くする責任をこそ強調するものであったのである。

なお最後に一つ、指摘しておきたいのは、前引の孟子の言葉が、諸子百家の一つ、農家の許行《きょこう》に対する反論であったことである。孟子のいうところだと、許行の見解は「賢者も民も一緒に耕作するべきで、国に穀物や財物の蔵があること自体がおかしい」というものであったという。この許行の見解は、老子よりも、さらに庶民的な立場を反映しているようにみえる。そこでは、「心を労する者」と「力を労する者」の分業、精神労働と肉体労働の分業そのものの正当性が問われているようにみえるのが重大である。

59講 知をもって国を治めるものは国賊だ（六五章）

【現代語訳】

道を実践することの「善」（本性《もちまえ》）は民を啓蒙《けいもう》しようなどということではない。むしろ民を愚直にして安息できるようにするのが本当だ。所詮、民衆が駄目なのは、彼らが知を求めるためである。それゆえに、知をもって国を治めようなどというのは国を破壊する賊である。不知と愚直をもって治めることこそ国の徳《はたらき》である。この両方を知ることが式盤《しきばん》を立てて熟考するにふさわしいことであり、恒にこれらを知って式盤を立てて慎重に熟考することこそ玄妙な徳というものである。玄徳は深く遠いものであり、それは万物の気とともに根源に返っていき、大いなる道に順《したが》うことにある。

故曰[1]善為道者、非以明民、将以愚之。民之難治、以其知[2]。故以知治国、国之賊、以不知[3]治国、国之徳[4]。知此両者亦稽式。恒知稽式、是謂玄徳。玄徳深矣遠矣、与物反矣。然後及至大順。

（1）底本「古之」。帛書により改む。（2）底本「多」あり。帛書に従う。（3）底本「不以」。帛書により改む。（4）底本「福」。帛書により改む。

故《ゆえ》ありて曰く、道を為《おさ》むるの善は、民を明《めい》を以てせんとするに非《あら》ず。将《まさ》に之《これ》を愚を以てせんとすなり。民の治まり難きは、其《そ》の知を以てすればなり。故に知を以て国を治むるは国の賊なり。不知を以て国を治むるは国の徳《はたらき》なり。此《こ》の両《ふた》つを知るは亦《すなわ》ち式を稽《かんが》えるなり。恒に知りて式を稽える、是《これ》を玄徳と謂《い》う。玄徳は深く、遠く、物と与《とも》に反《かえ》る。然る後に乃《すなわ》ち大順に至る。

【解説】本章でも愚民観といわざるをえないような側面をもつ老子の思想が語られている。最初の「道を為《おさ》むるものの善は、民を明《めい》を以てせんとするに非《あら》ず。将《まさ》に之《これ》を愚を以てせんとすなり」の意味は現代語訳に記した通りであるが、道を実践することは、民を啓蒙して賢くするのではなく、民を「愚直」にすることだというのは随分はっきりいったものである。ここには保守主義のなかにしばしば宿る民衆への不信の心情がある。

まず説明すべきことは、底本とした王弼《おうひつ》注本では、本章六五章は独立しているが、帛書《はくしょ》の段階では本章は六四章に接続して一体であったことである。六四章は第Ⅰ部に掲げてある（2講、4講）ので、全文はそちらを参照されたいが、問題は、帛書の六四章後半には「民の事に従うは、恒に幾《ほとん》ど成るに於《お》いて之《これ》を敗る」とあることである（2講参照）。つまり「民衆が何か事を起こそうとすると、ほとんどつねに、最後までやり通すことができず途中でうまくいかなくなる」、民衆は飽きっぽいというのである。率直にいって老子がこう考えるのは自然なことだと、私は思う。

本章は、その延長線で、民衆は啓蒙すべきものでなく、「愚直」を維持させるべきものだとしたのである。もちろん、『老子』では「愚」は必ずしも悪い意味ではない。「運・鈍・根」の人生訓でいえばそこには「鈍」の意味がある。また世の中の人々が飽きっぽいのは今も昔も変わることではない。ただ、さらに「民の治まり難きは、その知を以てすればなり」、つまり民衆の「知」には期待できないとまでいうのは随分な民衆蔑視かもしれない。

しかし、老子の民衆への見方を評価するには、前講でも述べた通り、老子の政治の構想の中身の評価が必要である。これを示す諸章は続く第二課「「世直し」の思想」にまとめたが、ここで先回りして、その見出しを列挙してみれば、「民衆が餓《う》えるのは税を貪《むさぼ》るもののせいだ」(七五章)、「朝廷は着飾った盗人で一杯で、田は荒れ、倉庫は空っぽ」(五三章)、「有《あ》り余《あま》りて有《あ》るを、取りて以て天に奉ぜん」(七七章)などということになる。つまり、老子のいう「不知の政治」とは、具体的には支配層上層の華美と無為徒食《むいとしょく》を糺断《きゅうだん》し、富を庶民にも平均して及ぼせという直言なのである。さらに、そこに「倫理に欠陥のある人々が倫理を説教する」(一八章)という項目があるのも注目すべきことで、老子は実際には倫理を説く資格のない人物が偽善的に「知」を語り説教するということを人一倍嫌悪する人であった。これは本章の「知を以て国を治むるは国の賊なり」、つまり民衆を啓蒙し御説教して統治するなどという人物は「国賊」であるというのと同じことである(この「国を賊《やぶ》る」という語は第二次大戦中の日本で自由主義者や戦争を批判した人々につけられたレッテル、「国賊《こくぞく》」という言葉のもっとも古い用例である。ただ、その使い方は『老子』の原義とは異なっている。また『荀子』(臣道篇)にも「国賊」という言葉があるが、それも君主に迎合して俸禄をため込んでいる人物の意味である。これが本義だったのであろう)。

ようするに、老子の真意は、その愚民観ともとれる民衆観のみでなく、むしろ民の側に依拠して悲憤慷慨《ひふんこうがい》する姿勢にある。老子が「①民の治まり難きは、其《そ》の知を以てすればなり。②故に知を以て国を治むるは国の賊なり。③不知を以て国を治むるは国の徳《はたらき》なり」というのは、①民衆の「知」には期待できないという現状認識のみでなく、②統治のためと称して民に「知」を説いて説教するのは自己欺瞞の責任逃れだという怒りを語った言葉なのである。それは国家統治における「知」の有効性の限界の冷徹な認識でもあったであろう。これに対して、③の「不知を以て国を治むるは国の徳《はたらき》なり」というのは、「不知」の立場をとることによって、国を統治する「徳（はたらき・いきおい）」を確保できると述べているのである。

そして、老子は、この「知」の有効性の限界への認識と、「不知の徳＝無為の徳」の両《ふた》つを知るためには式（栻《しょく》、式盤）に向かって「稽《かんが》える」ような慎重で敬虔な態度が必要であるという。この式が栻（式盤）であるというのは、二八章についての〔任継愈注釈〕によってすでに説明してある。そして「稽《けい》」の原意は神を迎えて祈ることで（『字統』）、「問う、占う」という意味がある（諸橋『大漢和辞典』）。これまでの注釈では、「稽」は「楷」の代わりにつかった仮字であるとし、「稽式《けいしき》」を「楷式」に変えて、「法則・規範」の意と理解するが、「楷」という字はどの伝本にも現れず、やはり原字を生かして「稽」とすべきであろう。栻を前にするとは「天」を前にし、世界の神秘を前にして沈思黙考するということであって、これは「稽」の本来の意味にうまく対応する。前漢の皇位を簒奪《さんだつ》した王《おう》莽《もう》は、天文・方術に凝った人物であるが、結局反乱によって自滅する。その死の前々日、王莽は前殿に出御したが、そこに天文郎《てんもんろう》が「栻」を前に置いて日時を占った。これをうけて王莽は「自分には天　徳《てんのいきおい》がついており敵兵の手にかかるようなことはない」と称したが身体を八つ裂きにされる惨酷な死を死んだ（『漢書』王莽伝）。

国家の統治は老子にとっても、敬虔と神秘の要素をもっていたのであり、それ故にこそ、「恒に知りて式を稽《かんが》える、是《これ》を玄徳と謂う」といわれたのだろう。この「玄徳」それ自体の意味は「神秘で玄妙な徳」ということで、世界の最初から存在する「道」に協調して、そこから生じたものを養う「徳《はたらき》」を意味する。すでに18講で述べたように、「玄徳」とは「女性の神秘の力に関わる徳」であり、この言葉は「人間の性生活になぞらえて天地生成のはじめを説く原始信仰の痕跡」のなかで説明できる側面があるとされている（〔小川注釈〕）。

本章における「玄徳」も、同じように「女の徳《はたらき》」というニュアンスをもっている。つまり、「不知を以て国を治むるは国の徳《はたらき》なり」という「国の徳《はたらき》」は、決して一過性のものではない。75講で説明するように、王の「徳」に必要なことは、その任務に克《たえ》る受動的な力であって、その徳が「国の母」の徳《はたらき》といえるようなレヴェルになった時に、初めて国を守ることができるという。この「国の母」の徳が本章のいう「玄徳」と同じものであることは明らかである。

老子が国家を「知」で統治することの限界を見つめ、富裕な貴族や士大夫の偽善に怒って、式盤を立てて世界の神秘を沈思するのは、この「玄徳＝国の母の徳」の柔和でありながら辛抱強い精神に立ち返るということなのである。「道を為《おさ》むるの善」から出発した人は、本章最後の句に「玄徳は深く、遠く、物と与《とも》に反《かえ》る。然る後に乃《すなわ》ち大順に至る」とあるように、玄徳の無限の深さに浸って、万物の気とともに根源に返っていく。そして大いなる道に順《したが》い、「道」と「徳」の協調と一致を願う。老子は、これを「不知を以て国を治むるは国の徳《はたらき》なり」と述べたのである。

60講　政治の本道は寛容と保守にある　（五八章）

【現代語訳】

政治が寛容で大まかだと民衆は素樸《そぼく》でのんびりしてるが、政治が形を整えようとすると、国は滅茶苦茶になる。禍《わざわい》には福がついてくるが、福には禍が隠れている。禍福《かふく》の糾《あざな》える縄がどういう結果を呼ぶかは誰にも分からない。そもそも正しさというものは絶対的なものではない。しかも正しいと思えば怪しくなったり、善いと思っても不吉になったりする。ようするに人間の迷走というのは、昔から同じことだ。だから有道の士は、おのれが方正《ほうせい》であっても、人を裁断しないし、おのれは清廉《せいれん》であっても他人を傷つけない。真っ直ぐであっても自分勝手な肆意《しい》ではなく、明知があっても外から見えるのは微かな光だ。

其政悶悶、其民淳淳。其政察察、其国(1)欠欠。禍兮福之所倚、福兮禍之所伏。孰知其極。其無正、正復為奇、善復為妖、人之迷、其日固久。是以聖人方而不割、廉而不刺(2)、直而不肆、光而不燿。

（1）底本「民」。帛書により改む（ただし帛書は「邦」）。（2）底本「劌」。帛書により改む。

其《そ》の政《せい》、悶々《もんもん》たれば、其の民淳々《じゅんじゅん》たり。其の政、察々《さつさつ》たれば、其の国、欠々《けつけつ》たり。禍《か》や福《ふく》の倚《よ》る所、福《ふく》や禍《か》の伏《ふ》す所、孰《たれ》か其の極《きわみ》を知らん。其れ正《せい》無し。正は復《ま》た奇と為《な》り、善は復《ま》た妖《よう》と為る。人の迷えるや、其の日固《もと》より久し。是《ここ》を以《もっ》て聖人は、方にして割《さ》かず、廉《れん》にして刺《やぶ》らず、直にして肆《ほしいまま》ならず、光ありて燿《かがや》かさず。

【解説】「其の政《せい》、悶々《もんもん》たり」というのは、いわば政治のスタイルの問題である。「悶々」というのは政治が自分について、つねに疑問をもっていることで、これが政治を寛容にし、保守的にする。「其の民淳々《じゅんじゅん》たり」の「淳」は「手厚い、まこと、はげむ」などの意味。政治が寛容ならば、民衆は素朴になるという訳だろう。

「其の政、察々《さつさつ》たり」というのは、その反対で、「察察」とは形式で割り切るということである。「其の国、欠々《けつけつ》たり」の「欠々《けつけつ》」も分かりにくいが、「欠」の破れるという意味をとれば、政治が形式で割り切っていると、国は滅茶苦茶になるということだろう。

ここには官僚制と法律主義が、秦を代表とする中国の国家の中で、政治の主流になっていく傾向が描かれているといってよい。思想としては、荀子から始まり、韓非子《かんぴし》に続く法家のイデオロギーである。この官僚主義と法律主義が驚くべき規模の徹底したものであったことは、近年、中国各地から出土した秦帝国、漢帝国の地方行政の様相を示す竹簡・木簡によって詳細に明らかになりつつある。

老子は儒家よりも、この法家に批判を集中する（49講、65講、74講など参照）。現代語訳に記したように、その論理は、「禍福」つまり、禍と福祉、悪運と幸運は一体であって、いつ何が起こるかは分からない。そして絶対的な「正」は存在せず、「正」と「奇」、「善」と「妖」の境界も流動的であるということである。ここから「禍福は糾《あざな》える縄の如し」という有名な格言が生まれたのであるが、老子は、人間というものは昔から迷走せざるをえないものなのだといい、だから覚悟した有道の士は、自分個人の正義や清廉の感覚で、人を裁断したり、傷つけることはしないのだと述べる。なかなかできることではないが、これは政治における自由主義と寛容、そして保守という原則の強調である。

第二課 「世直し」の思想

老子の思想は、本質的には穏便な保守主義であったが、他面でその直言の精神には激しいものがあった。その激情がしばらく後、二世紀に始まった道教の原点となった。その教典、太平経は、天命をうけた真人《しんじん》が有徳の君主に世界の救済を命ずるというものである。彼らはそれにもとづいて黄巾《こうきん》の大反乱に蜂起し、漢帝国を崩壊させた。まさに「世直し」であるが、そこに参加した庶民は「老子五千文」を暗唱していたという。

ここで紹介しておきたいのは、この漢帝国の崩壊をへて、老子の思想を土壌として、中国史上初めての「無君論」といわれる思想が生まれたことである。その重要な例が四世紀の思想家、鮑敬言《ほうけいげん》の思想である。彼の生涯はまったくわからないが、その思想の一端は、日本神話の記述にも相当の影響を及ぼしたのではないかといわれる、有名な神仙思想の書『抱朴子《ほうぼくし》』に、次のように記録されている。

鮑敬言は老荘の書を好み、過激な説を立てる。彼によると、太古に君主がいなかったのは当世より優れている。儒者は「天が人民を生み、人民のために君主を立てたのだ」(『左伝』文公一三年)というが、しかし、天が君主の必要性を人民に説いてきかせたのか？　君主になりたい者が天意を口実にしたのか？　だいたい、強者が弱者を抑えつければ、弱者は強者に服従する。利口者は愚者をだまして奉仕させる。ここから君臣の道が起こり、力のない民が支配されるのだ。人が人に隷属するというのは、このように起こるのであって、天は、そこに何の関係もない。君臣関係が成立して諸悪がひどくなると、塗炭《とたん》の苦しみに疲れ果てて枷《かせ》から脱けだそうと腕を振り回す者もでてくる。君主は朝廷で憂えおののき、人民は貧苦の余りわいわい騒ぐ。穀物や絹を朝廷に積み上げれば民は貧乏して飢える。百官が備われば、彼らは民が奉った税を座して食いつぶす。禁衛《きんえい》の詰所には徒食の輩がごろごろし、百姓は遊んでいる人々を養わねばならない。民は衣食にも事欠いて自給するだけでもひどい苦労。かてて加えて税金と苦役が加わる。下々は命令に応じきれず、凍えたり、飢えたり、法を犯して暴動するものも出てくる（『抱朴子』外篇、詰鮑巻。『抱朴子 内篇・外篇』の本田済の訳文を参照した）。

ここには前近代には珍しいほど明瞭な王権批判・否定の思想がある。そしてその発想のほとんどは老子に依拠している。老子の思想はこのように中国思想の基層に脈々として流れ続け、その系譜は、一九世紀の太平天国の反乱にまで続いたのである。

61講　王権の根拠と土地均分の思想　（三二章）

【現代語訳】

「道」は恒遠な存在であって人が名前をつけられるようなものではない。それは大地に自然に生えた樸《あらき》（樹皮のある原木）が、小さなものでも誰の臣下《しんか》でもないのと同じだ。もし、諸国の王がこの「道」を尊重するならば、万物は集まってきて祝福し、天地は合体して大地と自然の恵みを甘露《かんろ》のように降らす。そして民衆は大地の恵みを自分たちで均分する。こうして大地が制《くぎ》られ正しい名義ができ、おのおのの限度が自覚される。そうすれば危ないことはなくなる。このように「道」が天下ですべての根源としてはたらく様子は、一つ一つの川や谷が大河と大海の源流であるようなものだ。

道恒無名。樸雖小、天下莫能臣。侯王若能守之、万物将自賓。天地相合、以降甘露。民莫之令而自均。始制有名。名亦既有、夫亦将知止。知止所以不殆。譬道之在天下、猶川谷之与(1)江海

（1）「与」は「於」の意味。

道は恒《こう》にして名無きなり。樸《あらき》は小なりと雖《いえど》も、天下、臣とすること能《あた》う莫《な》し。侯王、もしこれを守ること能はば、万物、将《まさ》に自《おの》ずから賓《ひん》せん。天地は相い合《がっ》して以て甘露《かんろ》を降らさん。民はこれに令《れい》する莫くして自ずから均《ひと》し。始めて制して名有り。名また既に有れば、それまた将に止まるを知らんとす。止まるを知れば殆《あや》うからざる所以《ゆえん》なり。道の天下に在《お》けるを譬《たと》うれば、なお川谷《せんこく》の江海《こうかい》に与《お》けるがごとし。

【解説】冒頭の「道は恒《こう》にして名無きなり」とは、恒遠な「道」は、誰かが名前をつけて所有する権利がある訳ではないということである。そして「樸《あらき》」（樹皮のついたままの原木）はこれまでも説明してきたように、「道」の象徴として使われる言葉であるが、老子は、この言葉に山の森林そのもの、自然の大地そのものの意味をこめて使っている。

そして次講で取り上げる三七章に「無名之樸」という表現があるように、この「樸」は「道」と同じく「無名」のものであって、誰かが名前をつけて所有する権利がある訳ではない、それ自体としては人間から離れて存在する無用・無主の大地そのものである。つまり、大地は本来は所有の名義によって区分されるようなものではない。「宅地・園地・田地・畠地・牧地・薪炭林」などの土地の効用にもとづく区別そのものさえ、自然自体にとってはあくまでも仮の姿にすぎない。地震が起き、洪水が来ればそれらは一挙に無用性を溢《あふ》れさせ、原始の大地にもどってしまう。老子は、こういう意味をこめて、樸《あらき》は、盆栽ではなく誰も独占して臣下《しんか》とすることはできないと述べているのである。

「侯王、もしこれを守ること能はば、万物、将《まさ》に自《おの》ずから賓《ひん》せん。天地は相い合《がっ》して以て甘露《かんろ》を降らさん」とは、諸国の王が、この「道」を守れば、「万物」が集まって祝福し、天地は合体して甘露のように自然の恵みをもたらすだろうということである。この「万物」は「物」と考えるのが自然だろう。ただ、〔福永注釈〕は天地の合体とは、「天地陰陽の二気が調和交合して美味《うま》い露を降らせるの意。男女の性のいとなみを自然界の現象に擬人化した古代人の発想」と説明している。たしかにここには自然と大地の力を女性の繁殖の力になぞらえて賛嘆する思想があるといってもよい。

ここで話がかわって、老子は、そういう原始の樸《あらき》のような無主の自然の姿が復活した世界では「民はこれに令《れい》する莫《な》くして自ずから均《ひと》し」という。現在の注釈書は、宋代の理学の朱熹《しゅき》が「均、平　治《たいらかにおさまる》成」と説明したのに従って、この部分を「おのずと治まる」「人々は和合する」などと訳す。しかし、これは無理が多く、〔長谷川注釈〕が「法律命令なしに（つまり「令《れい》する莫《な》くして」——筆者註）、自ずから均分平等の生活がなりたつ（傍点、筆者）」と解釈するのが正しい。〔長谷川注釈〕は一九三六年に出版されたもので、現在の注釈書にはこういう解釈は消えているが、「これは村落共同体が大国家に対して超然としてその根強い農村の形態を支持していることを理想とする老子の言葉としては面白い」という指摘は的を射ている。これまで見逃されてきたが、この句は老子の「土地均分《きんぶん》」の思想を明瞭に述べた、きわめて重要な句であるといわなければならない。

ただ、長谷川が、均分主義自体は孔子にもあるとして「国を有《も》ち家を有つ者は寡《すくな》きを患《うれ》えず、均《ひと》しからざるを患う」（『論語』季氏）を引くのは正確ではない（〔長谷川注釈〕二〇〇頁）。ここで孔子がいうのは、民衆社会では貧困の均分が必要であるということであって、しかも貧困の均分は倫理規範にもとづいて「令」するものにならざるをえない。それは村落の民衆がその自主性にもとづいて大地とその恵みを均分するという老子の主張とは異なっている。

次の「始めて制して名有り」については、〔武内注釈〕が『荀子』（王制篇）に「処国有制　制、亦謂差等」とあるのによって「制とは差等（違い）をいう」と解釈し、〔長谷川注釈〕は「制度を定める」ことだといい、また〔任継愈注釈〕は「制」を管理と解釈している。これらはやや抽象的に過ぎるといわざるをえず、そのため、最近の解釈は王弼の注によって「制」を「切る」と理解して、もっぱら前段の「樸」という言葉が「器」の対比で使われることにひっかけて「樸《あらき》が一たび制《き》られると、そこに名をもつさまざまな器物が生じるが、名をもつ世界が既に生じたからには、名をもつものの限界を弁《わきま》えてゆくのだ」と解釈する（『福永注釈』）。これは次々講（一一章）でもふれるように『老子』には「樸《あらき》を散じて則《すなわ》ち器を為《つく》り」（二八章）という「樸」と「器」を対比する考え方があったことによるものであり、また「制」という文字の「切る」という原義によったという意味では正当である。しかし、だからといって、この句を「樸」を「器にするために切る」という限られた意味で読み込むのは無理である。

これは「制」の原義の「切る」が、同時に「区切る」でもあることに注目するのがよい。つまり、銀雀山漢墓竹簡の『孫子兵法』に「田を制《くぎ》るに八十歩をもって畹《えん》となし」、商鞅《しょうおう》の『商君書』（徠民篇）に「先王が土を制《くぎ》り民を分かてる」、後にくだるが『塩鉄論』（園地篇第一三）には「古《いにしえ》は地を分かちてこれに拠らしめ、田畝を制《くぎ》りてこれを事《つく》らしむ」などとある表現である。現代語訳に記したように、この節は「（民衆的均分によって）大地が制《くぎ》られ正しい名義によって再配分する」ということになる。

ここで老子は王権の「道」の実践と民衆的な土地均分が統合された理想的な状態を構想している。しかもそれは決して理想化された過去のことではなく、現在も行われるべきこととして主張されている。私は本書で、できる限り分かりやすいものとして『老子』を読むことにつとめてきたが、それはこのような『老子』の中心部分は、「老子五千文」を暗記していたという民衆にも理解できたもののはずだと考えたためである。そして、この思想は「世《よ》均《なら》し・世直しの思想」として中国の歴史に巨大な影響をあたえた。つまり、紀元二世紀、後漢の時代に大きく教線を広げた宗教集団、太平道がスローガンとした「太平の世」は「其の治、太《はなは》だ平均し、凡そ事 悉《ことごと》く理《きわ》まり、復た姦私《かんし》無き」（平等原理に貫かれて私的な悪がない）というものであった（『太平経合校』）。そこに参加した民衆は『老子』を神典《しんてん》とし、「老子五千文」をつねに暗唱していたという。本章が、彼らに世均しの思想をあたえたことは明らかであろう。そして、この太平道が中心となった民衆反乱、「黄巾の乱」は、後漢の帝国支配を崩壊に追い込んだといわれる強力な運動であり、そのなかから、中国の民俗宗教、道教が生まれたのである。これ以降、それは中国における民衆反乱に一貫して受け継がれた。

図 27　敦煌写本「太平経」

『老子』の均分思想は道教や民衆反乱に反映したのみでなく、思想としても根強く継受《けいじゅ》された。それを示すのが、『抱朴子《ほうぼくし》』（外篇、詰鮑巻）に記録された四世紀の老子信奉者、鮑敬言《ほうけいげん》の言説である。鮑敬言はすでに紹介した無君論を述べた後に、「身に在公《ざいこう》の役なく、家に輸調《ゆちょう》の費《つい》えなくんば、土《くに》に安んじて業を楽しみ、天に順《したが》って地を分け、内に衣食の用たり、外に勢利の争いなし」（身に公田を耕作する賦役なく、家に貢納の費用の負担がなければ、郷里に安住して天に順って土地を分けもち、内に衣食の用は自足し、外に勢力・利害を争うこともない）と述べた。「土《くに》に安んじて業を楽しみ、天に順って地を分け」というのは、まさに『老子』本章のいう「令《れい》する莫くして自ずから均《ひと》し」と同じ思想である。鮑敬言が続いて「法令ますます彰《あき》らかにして、盗賊多くあり」と、『老子』五七章を引用して国家のあり方を痛罵《つうば》していることも注意したい。この時代となっても、『老子』の王権と国家に対する批判、そして均分の思想は脈々と受け継がれていたのである。

　鮑敬言の言説は『老子』を解釈する上で示唆が多いことはすでに述べた通りであるが、鮑敬言が原始的な自然について『荘子』（馬蹄篇）によって「山に蹊徑《たにみち》なく、沢に舟梁《しゅうりょう》なく、川谷は通ぜず、則ち、相い併兼《へいけん》せず」「万物は玄同《げんどう》にして道に相忘る」と述べていることも、『老子』本章の解説として有用である。この句節は「山には小道もなく、沢には舟も橋もなく、川谷は原始のままで、大土地所有などがなければ、万物は混沌として一つであって、自然の道のなかに自他の差別を忘れている」という意味であるが、この主張は土地の細かな区分を取り払えば、万物の世界は「玄同」（神秘的な合一）のなかにあり、世界を貫通する「道」に直接にふれることができるという本章の思想そのものであろう。

コラム10　老子の土地均分思想と分田論

問題は、このような土地均分の思想が中国の政治思想史の中で、どう位置づけられるかにあるが、それはおそらく諸子百家のうちの「農家《のうか》」に求めることができる。先にみたように（45講）、彼らを代表する思想家、許行《きょこう》が老子に影響している可能性である。『孟子』（滕文公章句）によれば滕国《とうこく》（山東省にあった小国）の王、文公は許行のグループに居所をあたえ、数十人の集団が粗末な服を着て草鞋《わらじ》をつくり蓆《むしろ》を織って生活し、活動したという。彼らは陳相《ちんそう》とその弟子陳辛《ちんしん》などの儒家をも信服させたというほどの影響力をふるい、市場流通政策も建言する立場にたった。その主張は「君民並耕《へいこう》」（賢者・王侯も耕作すべきである）という平等主義的なものであったから「土地均分」の主張を行った可能性は高い。晩年の孟子は、この許行の活動する滕国に来て、名の通った儒家が許行門下に参じていることに怒ったというが、私は、このとき、許行の農家思想を批判する対案として孟子が提案したのが、「井《せい》田《でん》」という土地政策であったのではないかと思う。

この井田とは、図28にあるように、「井」の字の形のマス

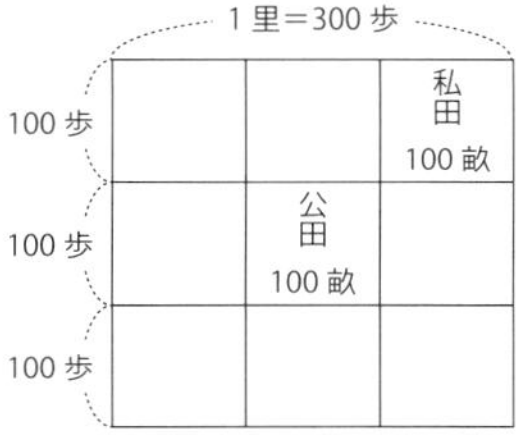

図28　井田

目で土地を区分し、できた九つのマス目のうち周囲の八個を「野人《やじん》」（田舎居住者）の八家族分とし、中央のマス目を「公田《こうでん》」としてその収穫物はすべて「税」とするというものである。耕作者は、まず中央の公田を共同で耕して税を支払い、その後で自分たちの家族分を耕すのである。孟子はこれは「周」の時代の「仁政」を象徴する土地制度であったという。もちろん土地には起伏が有り、地味も灌漑の条件なども違っているから、それを八家族で耕作するなどというのは虚構だったろうが、土地を四角い格子目に分ける、条里制《じょうりせい》に似たシステムは（部分的にであれ）古くから実施されていた可能性がある。

戦国時代には、先にふれた『孫子兵法』『商君書』（徠民篇）などに依拠して「分田《ぶんでん》論」と呼ばれる様々な土地制度構想が展開されていた（渡辺信一郎「分田攷」『中国史像の再構成』）。それは中国の戦国時代の国家が庶民の小規模経営から税を徴収する仕方の合理化を計るものであって、これが秦漢帝国における巨大な国家的土地所有のシステムに展開していったのである。『荘子』（人間世篇八項）にある狂歌、「已《や》みなんかな、已みなんかな、人に臨むに徳を以てす。殆《あや》ういかな、殆ういかな、地を画して趨《はし》る。迷陽《めいよう》、迷陽、吾が行を傷つくること無からん」（人に徳を説教するのはやめておけ。大地を区画するために走り回るのは危ないぞ。自分の歩みだけは大切にね）は、楚人の狂接輿《きょうせつよ》が孔子を嘲笑して謳《うた》ったと仮託されたものであるが、荘子は、この種の土地制度論者を「大地を区画するために走り回るのはやめろ」と罵倒《ばとう》したのである。荘子がこの狂歌の教訓を「人は皆な有用の用を知りて、無用の用を知ること莫きなり」と概括していることは、有名な老子の「無用の用」の思想との関係でも興味深いことである（63講参照）。

所詮、孟子の「井田」論も、その一つであり、その眼目は中央のマス目の「公田」の共同耕作を先にやらせて、その税負担の連帯責任制をはっきりさせることにあった。その上、「野人」への土地分配以前に、卿以下の貴族は「圭田《けいでん》」という職分田《しきぶんでん》を給付されることになっており、さらには都城《とじょう》の周囲の土地は井田として庶民に分配するのではなく、王が直轄している。孟子の議論は、そういう基本の枠組みはそのままにして、「井田制」なるものが周代の「仁政」を象徴する制度であることを強調し、その枠組みのなかで、庶民への土地の配分と税負担の公平性を分かりやすい形で提示したものである。

このような孟子の「井田」の提案をふくめて、「分田制」の構想が秦漢帝国における巨大な国家的土地所有のシステムの中で実現していったのであるが、分田制の眼目は「地均し」の実質的な平等ではなく、上からの負担の「平等」であるにすぎない。農家→老子→太平道→鮑敬言と続いた「地均《じなら》しの思想」は、その対極に位置していた。この意味でも『老子』本章が「民はこれに令《れい》する莫《な》くして自ずから均《ひと》し」と、「自ずから」を強調しているのは決定的な意味をもっているのである。

なお、以上、縷々《るる》述べてきたような問題が、日本社会にとっても決して他人事ではないことを強調しておきたい。中国の戦国時代の「分田制」は、漢帝国が儒教を国教化するなかで、『孟子』のいう「仁政」の象徴として「均田法《きんでんほう》」に発展した。そして、その系譜をうける北魏《ほくぎ》王朝（三八六〜五三四）の均田法が日本の律令制王国にも移入されて「班田収受制《はんでんしゆうじゆせい》」となったのである。日本の学校教育では「班田収受制」がこういう東アジアの伝統を引いていることはほとんど教えられない。「班田収受制」という言葉の丸暗記が優先されるだけで、「班」の訓読みが「分かつ」（あるいは「あがつ」）であることも、それ故に、それが中国の秦漢帝国以来の「分田制」の系譜を引いていることも教えられないのである。

日本で「班田収受制」というと、全国の田地はすべて百姓に「口分田」として平等に分けられたのであって、「口分田」の語義も「口分の田」、つまり「口分ごとに平等に配分された田地」であるという理解である。こうして平等な土地配分であるという面のみが教えられる。しかし、前述の渡辺信一郎もいうように、「口分田」とは「口分の田」ではなく、「口の分田」、つまり「庶民個々に充てられた分田」という意味であって（「口」とは庶民を食う「口《くち》」に還元して数える補助詞）、そこには平等に配分という意味は直接には含まれていない。また中国と同様に日本でも、『孟子』の表現では「圭田」といわれた職分田や貴族への賜田《たまいだ》、さらには貴族や寺社の荘園があって、それらが先取りされた後の「公田」が「班田」の対象となるのである。

これらについて論じた宮原武夫は、八世紀、一人の班田司《はんでんし》が自殺した事件を詳細に追及し、この自殺は、彼が貴族・官吏・寺社などへの「田を賜《た》ぶ」作業の中で紛議に巻き込まれたためで、決して庶民への「班田」に悩んだためではないことを明らかにしている（宮原『日本古代の国家と農民』）。また私も、班田収受は九世紀で終わってしまったといわれるが、実際には、班田は漢字表記を「散田」（「散」も「班」と同じく「あがつ」と訓読みする）と変えただけで、国家的な性格をもった「分田制」として、それ以降も一四世紀くらいまでは続き、日本の後の時代を大きく規定したと考えている。

以上、『老子』の解釈は、『老子』の文面の詳細な解釈として確定することが必要であるとしても、その先にはさまざまな問題や疑問点が群れをなして控えている。歴史学にとっては『老子』の解釈は、何よりもその糸口として大事な意味があるのであって、それは日本の歴史を根本的に理解する上でも欠くことができないのである。

62講　王が私欲をあらわにした場合は「さようなら」（三七章）

「道」は恒遠な存在であって人が名前をつけられるようなものではない。もし諸国の王がこの「道」を守って勝手なことをしなければ、万物は自《おの》ずから豊かに生ずるだろう。しかし、豊かになったところで王が不当な欲を貪《むさぼ》れば、その時は、私はそれを鎮めて止めさせるために、無名の樸《あらき》（原木）を示す。自然そのものの樸をみればまさに足るを知ることができる。そして足るを知って静謐さが戻れば、天下はまた自ずから定まっていく。

道恒無名(1)。侯王若能守、万物将自為(2)。為而欲作、吾将鎮之以無名之樸。無名之樸、夫亦将知足。知足以静(3)、天下将自定。

（1）底本「為」、帛書により改む。（2）底本「化」。帛書により改む。但し帛書は「𢡺」。便宜上「為」とした。以下同じ。（3）底本「亦将無欲。知足以静」。楚簡によった。

道は恒《こう》にして名無きなり。侯王、もし能《よ》くこれを守らば、万物は将《まさ》に自《おの》ずから為《な》らんとす。為《な》して欲を作《おこ》さば、吾《わ》れ将《まさ》に之《これ》を鎮《しず》むるに無名の樸《あらき》を以てす。無名の樸、夫《そ》れ亦《ま》た将《まさ》に足るを知らん。足るを知りて以て静かならば、天下は将《まさ》に自ずから定まらんとす。

【解説】「道」の恒遠な性格についての句の後に、侯王が「道」を守った場合は「万物」は豊かになるという記述は、前講三二章と同じ構成である。この万物も前講と同様に「物」であることは〔小川注釈〕のいう通りであり、しばしば「人」とされることに根拠はない。それ故に、それに続く「為《な》して欲を作《おこ》さば」の主語も(私見では)侯王であると考えるほかないだろう。

つまり、老子は、侯王が「道」を離れて不当な欲をむさぼった場合は、それを鎮めなければならず、そのときは王に「無名の樸《あらき》(原木)」を示さねばならないというのである。この「無名の樸」とは、「道」と同じように、名前をつけることができない自然の無用・無縁な運動そのものを意味することについては、すでに前講で説明した。問題はその「樸」を示すとはどういうことかであるが、すでに「素《そ》を見て樸《ぼく》を抱け」という語について説明したように(12講)、言葉でわからない馬鹿者を「これでも分からないのか」と叱責するときに、老子は人間からは離れて存在する自然の運動、「無」なる道の象徴として「樸」を示すと述べている。本章の意味も、それと同じであって、「樸＝無」を示すことによって「足るを知れ」(舞い上がっていないで自分の分をわきまえろ)と叱責するということであろう。

ここでの叱責の相手は王である。私は、前講（三二章）で樸は誰の臣下でもない自由な存在だと述べられていることからすると、「吾」が樸を示すというのは辞職を賭けて諫言《かんげん》することを含意していたと思う。これはいわば命を懸けた諫言になる。そもそも『老子』の原秩序では、本章（三七章）の次の次に配置された三九章の結論は、「名誉ばかり求めていると、名誉は消えるぞ」という王に対する警告であった。これらの言葉は、実際上、状況によっては王権への公然とした異議申し立てとなる。本章の最終句は「足るを知りて以て静かならば、天下は将《まさ》に自ずから定まらんとす」というものであるが、王が足るを知れば静謐さが戻るというのは、この文脈では「あなたは天下の静謐にとっての障害である」というに等しい。

東アジアには「士」は自己の死を懸けても王に対して正義を諫言《かんげん》するという思想があったが、そのもっとも早いもっとも明瞭な宣言が、『老子』本章であったと思う。

63講 「無用の用」の経済学 （一一章）

【現代語訳】

車輪の三十本の輻《や》（スポーク）が一つの轂《こしき》（ドラム）を共にするが、車の用《はたら》きは轂の中空の穴によって支えられている。粘土をこねて陶器をつくるが、内側の中空にこそ器の用《はたら》きがある。戸と窓をあけて室《しつ》を作るが、内側の空間にこそ室の用《はたら》きがある。「有」なる物の「利」は、実は、その物のもつ「無」の用《はたら》きによっているのである。

三十輻共一轂、当其無有車之用。埏埴以為器、当其無有器之用。鑿戸牖以為室。当其無有室之用。故有之以為利、無之以為用。

三十の輻《や》、一つの轂《こしき》を共にす。其《そ》の無なるに当たって、車の用《はたら》きあり。埴《つち》を挻《こ》ねて以て器《うつわ》を為《つく》る。其の無なるに当たって、器の用《はたら》きあり。戸牖《こゆう》を鑿《うが》ちて以て室を為る。其の無なるに当たって、室の用《はたら》きあり。故に有の以て利を為すは、無の以て用《はたら》きを為せばなり。

【解説】本章の主題は「器」にあるが、それは「無用の用」という思想を前提にしている。そこから説明していくと、これは基本的には『荘子』の思想である。つまり、『荘子』には「人は皆な有用の用を知りて、無用の用を知ること莫《な》きなり」（人間世篇）、「無用を知りて始めて与《とも》に用を言うべし」（外物篇）などという記述が多い。また様々な具体例もあって、たとえば「それ地は広且つ大ならざるにあらざるなり。人の用うる所は足を容《い》るるのみ。然らば則ち足を測《はか》りて之を塹《ほ》り、黄泉《よみ》に至らば、人なお用ありや」、つまり大地は人間が有用として足を載せる小さな区画以外の広大な「無」の領域なくしては存在し得ない、それなくしては狭い人間の必要も保障できないと説明している。

また「人間世篇」「逍遥遊篇」などで、『荘子』は「無用」を象徴する存在として櫟《くぬぎ》や樗《おうち》の大樹をあげている。この大樹が前講でもふれた「樸《あらき》」(樹皮つきの原木)の具体的な例であることはいうまでもない。そして『荘子』(人間世篇)は櫟《くぬぎ》の大樹について「器を為《つく》れば則ち速やかに毀《こわ》れ、以て門戸を為《つく》れば則ち液樠《えきまん》す(樹液が流れる)」とのべている。このように櫟《くぬぎ》は無用で役に立たないから切られることもない。これも櫟《くぬぎ》にとっては無用の用であるという。すでにふれたように、『老子』には「樸《あらき》は散ずれば則《すなわ》ち器と為り」(二八章)という句がある。『老子』『荘子』は無縁・無用な原始の自然である「樸」が「器」として有用になると理解する点で共通しているのである。

本章末尾の「有の以て利を為すは、無の以て用《はたら》きを為せばなり」という句が、以上のような『荘子』の文章と深い関係をもつことは明らかであろう。〔福永注釈〕は、この句を「有が有として存立しうるためには有だけでは不十分であり、無を否定的に媒介してこそ初めて有が有でありうるという哲学的な真理」を述べたものであるとする。もちろん、哲学の問題としては、それも正しいであろうが、そもそも福永の『老子』の読みは、『老子』自体よりも『荘子』の解読に依拠しているところがあり、必然的にやや『荘子』的な論理哲学に頼りすぎるところがある。福永が本章のような車・陶器・室などの例は「素朴な比喩」であって哲学ではないというのはそのためである。しかし、ここにあるのはむしろ「器」の効用価値（use value）を論じた一種の経済学なのである。本章は「物」が自然の領域から離れて人間社会のなかで「器」として利用される場合、その「有（有用性）」が「無」の根源的な用《はたら》きに支えられていることを説いているのである。

私たちは物の世界、万物の世界をみるとき、しばしばそれらの物の有用性のみにこだわり、「有・有用性」の世界を支えている大きな無の力を意識のかげに追いやりがちである。たとえば水田を見た場合に、水田から税や利益をえるということが第一になると、『荘子』（人間世篇）がいうようにその細かな区画に目を奪われ、「地を画して趨《はし》る」（細かく区画しようとして走り回る）ということになる。たしかに水田は、平常は静かでもっぱら有用な「水の器」にみえ、碁盤目のような区画のみに目が行くが、しかし、水は自然の地勢や気候によって左右されるから、かならず無用に多くなり、大洪水となれば水田は破壊される。実際に大地を耕作する人々が協同し、自然に対する大局観をもっていなければ「殆《あや》ういかな、地を画して趨ることや」ということになるのである。老子が、「水」の本性《もちまえ》（「善」）

を論じ、「無」のもつ大きな力を論じ、さらに民衆が「令《れい》する莫《な》くして自ずから均《ひと》し」という村落的な協同を論ずることなどは、すべて、これに関わってくる。

このように述べてくると、私は、どうしても歴史家の網野善彦の学説を想起してしまう。網野は人間社会においては原始・無縁の自然の領域がつねに大きな意味をもっているとし、それを「無縁の論理」として論じた（網野『無縁・公界・楽』）。私なりにそれを敷衍すれば、人間に無意識の領域があるように、自然も様々な意味で「無」の性格をもっている。たとえば、台風は中心部に真空をもつという意味で「無」であって、それによって、人間にとって「無用・無縁」なものである。自然は本質的に人間から離れて、人間の意思とは「無用・無縁」のものとして存在する。しかし、水田を潤《うるお》し、稲を生育させる雨の「利（効用）」は、そのような自然の「無」なしには存在しない。そして、このような自然のあり方は、〔金谷注釈〕が「自然の公平無私の平等性は、不幸な弱者にとっての強い励ましであった」というように、人間とは無関係に働くが、実は、弱者にとっての最後の保障であることもあるのである。この金谷の指摘が網野の主張と一致することはいうまでもない。

コラム11　「器」の定義

さて、以上の確認をふまえて、①車、②陶器、③室などの「器」についての老子の論議をまとめてみる。記載順とは逆に③「室」からいくと、室は戸と牖《まど》（窓）をあけて作るが、内側の空無にこそ室の用《はたら》きがある。そして②「陶器」は粘土をこねて作るが、内側の空無にこそ器の用《はたら》きがあるということになる。これに対して、①の「車」は、少し複雑だが、車の用《はたら》きは輻《や》（スポーク）と轂《こしき》（ドラム）に支えられており、轂《こしき》は中心に穴が空いていて、その「空無」が車の有用性を支えている（図29参照）。ようするに、どれも内側に「無」の空間を作り出すことによって有用になるのだという巧妙な説明である。

そもそも「器《うつわ》」の「うつ」というのは、漢字でかけば「空・虚・内」などとなって、内部が空虚《うつろ》であることをいうから、たしかに、その意味では車・陶器・室はどれも「器」であるということになり、「器」という言葉によって有用物一般を表現することができるということになる。

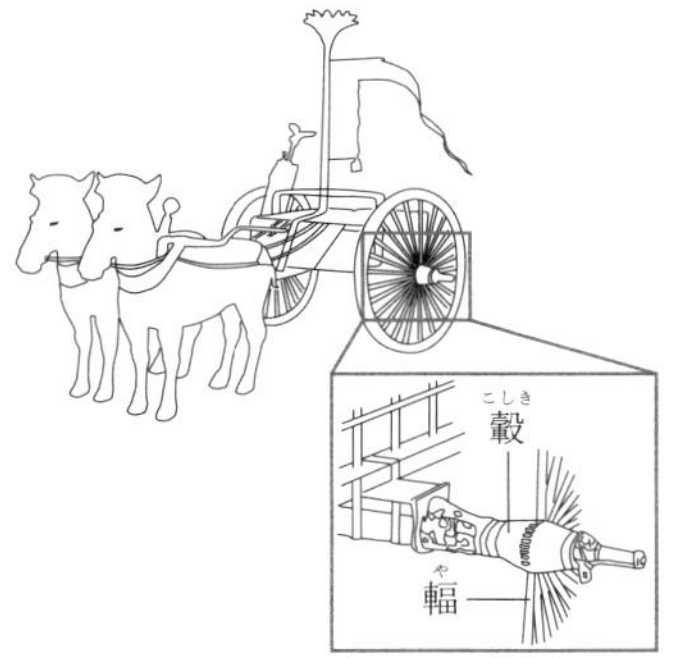

図29　前10～9世紀のパレード用馬車の復原図

　さらに詳しくみていけば、これらの車・陶器・室の素材原料は、木材・粘土など多様であるが、それを自然素材に遡れば、木材の元になった「樸《あらき》」に明らかなように、それ自体としては無用・無縁なものである。しかし、「樸《あらき》は散ずれば則《すなわ》ち器と為る」（二八章）。その過程は、そのままでは全体が無用なものを組み立て直し加工して、「器」の内側に特別な「無」を作り出すことであり、それによって物は有用性をもつことになる。「器」は、「無の用《はたら》き」によって経済学のいう使用価値、効用価値（use value）をもつことになるのである。

この老子の用語法でいけば、すべての具体的な形をもった有用物は「器」として定義されることになる。たとえば水田も水が入ってくる「無」の空隙をもつという意味では「水の器」である。老子は、「水」の本性（「善」）の用《はたら》きは万物を潤し、低いところにも浸透して循環することにあるというが、水田は、そういう水が流れ込んでくる水路があり、水田の土壌に水の染みこむ隙間がある容器のようなものであるから、稲を育てる「水田の用《はたら》き」があるのである。

このような老子の「器」の思想は中国的な思考方法に深く根付くようになった。それをもっともよく示すのは、『易経』繫辞伝《けいじ》に「形而上なるもの、これを「道」といい、形而下なるものを「器」という」とあることである。ここで「道」を「形而上」というのは、形を超越した世界（形のない世界）ということであり、これは老子が「道」を「無味・不可視・不可聴・無尽蔵」、「無物の象《しょう》（＝形）」などと定義したことを取り入れたものである。また「形而下」(形を超越していない世界、形のある世界)を「器」というのも『老子』の語法を延長したものであった。つまり、何度かふれたように「樸」は「道」の象徴であって、「無名」「無形」のものであるが、そこから切り出された「器」は「形と名」をもつものとなる。『易経』繋辞伝は、この老子の用語法にそって「器＝形而下」といったのである。

繋辞伝は儒家の編纂したものであるが、紀元前二五〇年前後に編纂されたとされる。これが正しく、また本書の想定のように老子の死没が同二三〇年の頃のことであるとすれば、老子の思想は、老子の生存中に儒家にまで大きく影響したことになるだろう(なお、この繋辞伝が、日本でメタフィジックを「形而上学」と訳す理由となったのだから、形而上学という語のそもそもの淵源は老子にあったことになる。これは今でも一つ覚えのようにヨーロッパ中心主義的な日本の哲学の学界には十分に考えて欲しいことである)。

さて、「器」についてはもう一つ触れておかねばならない問題がある。つまり、「器」には『論語』(公冶長)に「汝は器なり」とあるように、人間の「器量」というニュアンスがある。『老子』がその意味で「器」を使ったのは八〇章に一例あるだけであるが、こういう「器」の用法は、「器」を有用物、あるいは有用な道具と定義したことの延長線上で、人間が「器」を使う具体的な労働の技量を器量・器用などというところから生まれたものである。職人の仕事ぶりを考えても明らかなように、「器」（労働用具）と、それを使う人間の器量（具体的有用労働）は一体のものなのである。

興味深いのは、日本の足利時代に能を大成した世阿弥《ぜあみ》がその能楽書『遊楽習道風見《ゆうがくしゅうどうふうけん》』で能の器量を論じて「有無二道にとらば、有は見、無は器なり。有を現す物は無なり」と述べたことである。つまり、「有」は能の所作として目の前に見えるが、「無」が能の器量の本質であり、有を有として現す力をもつのは無であるというのである。世阿弥は漢籍《かんせき》の素養が深く、ここでも前記の「汝は器なり」という『論語』の一節を引用しているが、その理解は『老子』によるものである（石田博「能楽論と中国思想」『國學院雑誌』85巻11号）。日本の芸能において「無」を大事にする伝統はいうまでもなく「禅」によって骨肉化したが、しかし、これを読んでいると、世阿弥の心操には『老子』が根付いていたようにみえる。徳川時代の儒学者、荻生徂《おぎゅうそ》徠《らい》の『政談』（巻三）の「心一ぱいに働かぬ時は、その器量は見えぬ也」という句にも『老子』の影響があることなどを思うと、老子の思想は意外と日本の思想史にも伏流《ふくりゅう》しているように思う。

64講　有り余りて有るを、取りて以て天に奉ぜん　（七七章）

【現代語訳】

天地自然の法則は弓を張るように動く。つまり弓に弦を張るには、逆ぞりに高くなっている弓の真中の部分を押し、両端《はし》の下がっているところが挙《あ》がってくるようにして、そこに弦を張る。多いところは減らし足らないところは補う。これと同様に人間社会における天下の公共の道は有り余る豊かな者から削って不足のところに補うことである。ところが、現在の社会の理屈は不足の者から削って余り有る者に奉《たてまつ》らせる。必要なのは有り余って有るものを取り上げて天のもの、公共のものとすることだ。誰かが動かねばならない。これは道にある者がするほかないことだ。こうして有道の士は行動にでるが、手柄顔をせず、功をあげてもその地位に居座らない。おのれの賢《えら》さを示そうとはしないのだ。

天之道、其猶張弓也(1)。高者抑之、下者挙之、有余者損之、不足者補之。天之道、損有余而補不足。人之道則不然。損不足以奉有余。孰能有余而有、以取奉於天者、唯有道者乎(2)。是以聖人為而不恃、功成而不処。其不欲見賢。

(1) 底本「興」。帛書により改む。(2) この行、底本は「孰能有余以奉天下、唯有道者」。帛書により改む。

天の道は、それ猶《なお》弓を張るがごときなり。高きは之を抑え、下《ひく》きは之を挙《あ》げ、有り余るは之を損し、足らざるは之を補う。天の道は、有り余るを損して、足らざるを補う。人の道は則《すなわ》ち然らず。足らざるを損して以て有り余るに奉ず。孰《だ》れか能《よ》く有り余《あま》りて有《あ》るを、取りて以て天に奉ずるものぞ。唯《ただ》有道者のみなるか。是を以て聖人は為《な》して恃《たの》まず、功《こう》を成して処《お》らず。其れ賢《けん》を見《あら》わすを欲せず。

【解説】「繁弱《はんじゃく》の弓」などの戦国時代で名高い強弓《ごうきゅう》は、弦を張らない時には強く反り返って逆向きに湾曲した状態になっているので、弦を張るときには弣《ゆづか》（真ん中の部分）を上から押しつけ、両端の弭《ゆはず》（低い部分）が自然に持ち上がったところに弦を掛けるという。本章ではそれが「高きは之を抑え、下《ひく》きは之を挙《あ》げ、有り余るは之を損し、足らざるは之を補う」と説明されている。

天の道理は弓を張るように動くことは、二行目では「天の道は、有り余るを損して、足らざるを補う」と説明されている。この「天の道」は人間社会におけるあるべき公理、いわば天下公共の道である。それは有り余る豊かな者から削って不足のところに補うことであるが、ところが「人の道」、人の作為のやり方は、そうではない。それは足らないところを減らして、有り余ったところに奉ずるというまったく逆転したやり方であるということになる。これに対して、老子は「有り余りて有るを、取りて以て天に奉ず」、つまり、有り余って有るものを取り上げて、天のもの、公共のものとすることが必要だという。

なお、これまでの解釈では「孰《だ》れか能く有り余りて以て、天下に奉ずるや。唯《た》だ道ある者のみ」などという従来からのテキストにもとづいて「どんな人が、あり余っているものによって世の中に奉仕するだろうか。ただ道を身につけた者だけがそうするのだ」（〔蜂屋注釈〕）などと解釈されてきた。これだと、道を身につけた者で余剰をもっている者は世の中にそれを拠出するという意味になる。こうして、本章は、一種の慈善や社会事業への協力を説いたものと理解されてきたのである。

図30　弓を張る武人

しかし、この部分のテキストが帛書《はくしょ》によって変更すべきことが明らかとなった。右のような私の読み下しは、それによって可能となったものである。問題は、帛書の発見（一九七三年）の後、現在まで四五年近く、従来のテキストとほぼ同じ意味で解釈されてきたことである。それは最新の注釈でも帛書のテキストが「孰《だ》れか能く余り有りて、而も以て取りて天に奉ること有る者ぞ。唯《た》だ道ある者のみなる乎」（〔小池注釈〕）などと読み下されてきたためで、これによって従来と同じ余剰の拠出という解釈が維持されてきたのである。これは正しくない。老子は、「有り余るもの」から余剰を取って天下公共に振り向けることを呼びかけているのである。

65講　倫理に欠陥のある人々が倫理を説教する　（一八章）

【現代語訳】
道義を棄《す》てておいて仁義を説教し、智恵をつかってこれは偉大な人為であるなどと大嘘をつく。そして親族の中で喧嘩をしていながら孝行《こうこう》を説教し、国家を混乱させておきながら忠臣づらをする。何ということだ。

大道廃、有仁義。智恵出、有大偽。六親不和、有孝慈。国家昏乱、有忠臣。

大道を廃《す》てて仁義《じんぎ》有り。智慧を出《いだ》して大偽《だいい》有り。六親《りくしん》和せずして孝慈《こうじ》有り。国家昏乱《こんらん》して忠臣有り。

【解説】〔木村注釈〕は本章を「世にもてはやされる仁義・知恵・孝慈・忠臣などに何ほ

どの価値があろうか。道が失われた結果、この世に出現した末世のあだ花にすぎない」と要約する。儒教の徳目は現実の悪化を反映しているにすぎない、という逆説的な批判が本章の趣旨であるというのである。それはその通りだろう。しかし、〔長谷川注釈〕は、老子は知識階級の知的興味に訴えるのでなく、むしろ多数者に対して、実際的関心にもとづいて感情的あるいは直感的にものを言うところに迫力があるとする。

私も、本章を読むと、儒学に対する批判よりも、国家社会の現実、そしてそのような現実をもたらした国家中枢の人々に対する批判の激しさに打たれる。そこで、これまでの注釈書の訳とは異なり、「道義を棄《す》てておいて仁義を説教し」と訳して、それがまずは国家の中枢をにぎる人々への批判であることを明示した。これまでの訳は、「大道が失われたために」「あざとい理知が出現したために」「家族の親和が消えたために」「国家秩序が乱れたために」などとなっているが、それでは倫理を破壊し問題を作り出した当人たちが、一転して倫理を説教することへの批判という趣旨が曖昧になってしまう。

もちろん、老子の儒家批判には厳しいものがあったが、それは批判のための批判ではなかった。老子は、前記のような状態であるにもかかわらず、儒家がそれを不問にふして、遥か以前の孔子の倫理を国家の要路《ようろ》の人々に説き続けることに大きな違和感をもったのであろう。なお、この点で注意しておきたいのは、本章が〈のちにふれる荀子批判の第二句を除いて）楚簡にも存在していて、文意も変わっていないことである。本章は老子の学問の初心を示すものなのであろう。老子は警世の念から出発して儒学の現状に対する違和感を深めたのである。

そして、老子の批判は、まず何よりも孟子に対する批判であった。つまり、本章冒頭に「大道廃《すた》れて仁義《じんぎ》有り」とある「仁義」を強調したのは孟子であった。『論語』には「仁」と「義」という語はでてくるが、「仁義」という熟語は登場しない。「仁義」という言葉を作り、それを基準にして「恵み深く正しい政治」＝「仁政」という政治理念を明瞭に打ち出したのは孟子であった。孟子は前三二〇年頃に梁《りょう》の恵王《けいおう》に仁義の道を説いて以降、斉《せい》国・滕《とう》国などの政治顧問として活動し、斉《せい》国の最高顧問として燕《えん》国への戦争を進めた。

孟子の立場は君臣を中心とする身分秩序を重視するもので、その「仁義・仁政」は、実際には国家が民衆を支配する名義・名分をあたえるという面が大きかった。そこでは「仁」とは王侯・貴族の仁愛・慈悲に、「義」は君臣秩序の正しさに矮小化《わいしょうか》されたといってよい。孟子のそのような立場は、とくに平和主義と兼愛（身分を超えた博愛）にもとづく生産と福利の向上を掲げる墨家に対する批判に示されている。老子が批判したのは、何よりも、この孟子の仁義・仁政イデオロギーであった。

そして本章二句目の「智慧を出《いだ》して大偽《だいい》有り」で批判の対象となったのは、やはり儒家の荀子（前三一三?〜二三八以降）であった。この句にでる「大偽《だいい》」とは、『荀子』（性悪篇）に「人の性は悪なり、その善は偽《い》なり」とでる「偽《い》＝為《い》」を意味している（『池田注釈』）。荀子はいわゆる性悪説で有名であるが、むしろその性悪を矯正するための「為」（作為、人為）を強調し、そのための諸制度と礼を総合的に論じた思想家である。そして、「偽」の原意は必ずしも「いつわり・あざむき」ではなく、人為による物の変化をいう（『字統』）。つまり、荀子は「為」と「偽」を相通じる意味をもって使ったのである。

荀子の立場は後の韓非子《かんぴし》などの法家に近い。「智慧出《いだ》して大偽《だいい》有り」とは、そのような知識の人為にもとづく国家思想が、「大いなる人為」であるどころか、やはり実際には「大いなる偽《いつわ》り」であるという強烈な皮肉あるいは批判であるのかもしれない。

なお、前述のようにこの荀子批判を表現する「智慧を出《いだ》して大偽《だいい》有り」のみは楚簡には存在せず、楚簡が成立してから後、荀子の性悪説と「為・偽」の思想が知られてきた頃に追加されて、後の馬王堆の帛書にも反映したものとされている。これは『老子』という本がどのように出来上がってきたかを示す重大な事実であるという（『池田注釈b』九一頁）が、これによって『老子』に孟子から荀子にいたる、当時の儒学の中枢部への批判が追加されたことになる。その意味でも本章を孔子を含む儒家一般に対する批判であるということは躊躇されるのである。

次の「六親《りくしん》和せずして孝慈有り」も同じ論理で「親族の中で喧嘩をしていながら孝行を説教する」と訳した。「六親」は「親子・兄弟・夫婦」であるというが、もう少し広く親族としてみた。これも直接には王侯・貴族の内部でのもめ事をいう。そして、「国家昏乱《こんらん》して忠臣有り」は説明不要だろう。ここには老子の強い義憤が率直に表現されている。

66講　朝廷は着飾った盗人で一杯で、田は荒れ、倉庫は空っぽ　（五三章）

【現代語訳】

私に一介の士としての知があるとしたら、大道を行って、ただ曲がった道だけを恐れる。大道はこの上なく平坦なのに、大衆は小道を行きたがる。朝廷は掃除は行き届いているが、田は荒れ放題で、倉庫はまるで空っぽである。それにも拘《かか》わらず、文様と彩《いろど》りの綺麗な衣服を着飾って見事な剣を腰に帯びた輩《ともがら》は、飲食に飽き、財貨は有り余っている。こういう奴らを盗人《ぬすっと》の親玉《おやだま》というのだ。非道そのものだ。

使我介然有知、行於大道、唯施是畏。大道甚夷、而民好径。朝甚除、田甚蕪、倉甚虚。服文綵、帯利剣、厭飲食、財貨有余。是謂盗夸。非道也哉。

我をして介然《かいぜん》として知有らしめば、大道を行きて、唯《た》だ施《よこしま》なるを是れ畏《おそ》る。大道は甚《はなは》だ夷《たいら》かなるに、民は径《こみち》を好む。朝は甚だ除《きよ》きも、田は甚だ蕪《あ》れ、倉は甚だ虚《むな》し。文綵《ぶんさい》を服し、利剣《りけん》を帯びたるもの、飲食に厭《あ》き、財貨有り余れり。是を盗夸《とうか》という。道に非《あら》ざるかな。

【解説】「我をして介然として知有らしめば」の「介然」の「介」は「塵芥」の「芥《あくた》」で小さいもののこと。「一介」（ちっぽけな）の知しかない私ではあるが、という意味である。「大道を行きて、唯だ施《よこしま》なるを是れ畏《おそ》る。大道は甚《はなは》だ夷《たいら》かなる」というのは、「大道はこの上なく平坦であるが、だからこそ曲がった道を行く訳にはいかない」ということ。

これは三五章に「大象を執りて天下を往かば、……安・平・泰なり」とあるのと同じことだが、そこではもっぱら大道を行く自由が強調されているのに対して、本章ではむしろ大道を行くものの義務として邪《よこしま》な路をいく訳にはいかないという姿勢が表にでてくる。私は、これは老子の「士」としての激しさとみたい。

この立場から、老子は「士」でありながら、大道を行かず曲がった道を行くものを激しい言葉で非難する。「文綵《ぶんさい》を服し、利剣《りけん》を帯びたるもの」に対する糺断《きゅうだん》である。また「大道は甚《はなは》だ夷《たいら》かなるに、民は径《こみち》を好む」というのは、大衆は大道を歩かずに便宜の道を行きがちであるが、士大夫《したいふ》はそういう訳にはいかないというエリート意識と若干の民衆不信を含む。

次の「朝は甚だ除《きよ》きも、田は甚だ蕪《あ》れ、倉は甚だ虚し」も同じで、「朝は甚だ除《きよ》きも」の「除」はこれまで「塗」の宛字《あてじ》とされて、「汚」と同義とされることが多かった。しかし帛書《はくしょ》でも「除」であることが確認され、王弼《おうひつ》の「除、潔を好むなり」という注記通り、まったく逆に清潔という意味でよいことが確定した。「掃除《そうじ》」の「除」である。つまり、この一句の意味は、田は荒れ、倉は空虚でありながら朝廷のみが清潔に掃除されているのはおかしいという批判を含んでいる。『老子』の「士」の立場は「大に事《つか》へる主義（事大《じだい》主義）」によって朝廷を特別視することはなかった。

さらに華美な服を着て、豪華な剣を腰につけて、飽食し、財貨を有り余るほどため込んだものに対する「盗夸《とうか》」という罵言が放たれる。〔蜂屋注釈〕によると盗夸の「夸」とは「大」と同じ意味で、盗人の親玉ということになる（そう理解した方が馬王堆《まおうたい》帛書の「盗杆」とも意味があう。「盗人の豪奢」とする説はとらない）。そういうものは「道に非《あら》ざるかな」というのが老子の断罪である。

〔福永注釈〕は、本章について「我々は老子の思想のもつこのような現実の政治権力に対する批判、偽に対する憤りの一面をも看過することはできない」「為政者に対する不信と政治の現実に対する憤りとを最も直截的な言葉で表現しているこの章の論述のなかに、我々は老荘の無為の思想の根底にひそむ、激しいパトス的な内面性の一端を最もよくうかがうことができる」と述べている。たしかに、本章の表現は『老子』のなかで一番激しいかも知れない。私は、東アジアにおける「士」が倫理的な純粋さを貫き、激情的に正義を述べるという伝統は、『老子』の、このような記述に発するのではないかと思う。

67講　民衆が餓えるのは税を貪るもののせいだ　（七五章）

【現代語訳】

民衆が飢えるのは、上に立つものが税を貪《むさぼ》るからである。だから飢饉が起きる。民衆が不穏で治まらないのは上のもののやることが原因だ。だから不穏なことが起きる。民衆が死ぬことを軽くみてしまうのは、生活が苦しく、先行きに期待せざるをえないからだ。だから死んでもいいと思う。この点では生が無であることを覚悟する生き方の方が、生への期待は充足できていて尊んでいるという生き方より、人として普遍的で賢明なものだということになるのだ。

民之飢、以其上食税之多。是以飢。民之不治[1]、以其上之有為。是以不治[2]。民之軽死、以其求生之厚。是以軽死。夫唯無以生為者、是賢於貴生。

(1) 底本「難」。帛書により改む。(2) 底本「難」。帛書により改む。

民の飢《う》うるは、その上《かみ》の税を食《は》むことの多きを以てなり。是《ここ》を以て飢《う》う。民の治まらざるは、その上《かみ》の為《な》す有るを以てなり。是を以て治まらず。民の死を軽んずるは、その生を求むることの厚きを以てなり。是を以て死を軽んず。夫《そ》れ唯《ただ》生を以て為《な》すこと無き者は、是れ生を貴《とうと》ぶよりも賢《けん》なり。

【解説】 ここには老子の民衆主義が隠しようもなく現れている。とくに冒頭部分は分かりやすい。民衆の飢えの原因、民衆の不穏の原因がどこにあるかを老子は、その経験のなかで知ったのであろう。この部分の現代語訳は各注釈書で趣旨は違わない。しかし、本章で何よりも興味深いのは後半部である。

まず「民の死を軽んずるは、その生を求むることの厚きを以てなり」とは「民衆が死ぬことを軽くみてしまいがちなのは、(民衆が、今ではなく)、人生の先行きに期待せざるをえないからだ」という意味だろう。これに対して、たとえば〔小川注釈〕は「人民が死ぬことを何とも思わないのは、上にあるものが生を追及することに熱心すぎるからであって」と訳するが、これは「その生を求むることの厚き」の主語を傍点部のように「上にあるもの」としたためである。これは〔金谷注釈〕〔木村注釈〕〔蜂屋注釈〕などでもほぼ同じであるが、しかし、老子の言うこととしては飛躍がありすぎるように思う。文章の続き方からしても、ここの主語はやはり民衆であろう。前半部では、「その上《かみ》の税を食《は》むことの多きを以てなり」「その上《かみ》の為《な》す有るを以てなり」などと「その上」という語が入っているから、主語は「支配者（その上）」であろうが、ここでは「その上」は入っていない。〔楠山注釈〕が、このような解釈について、「「民之軽死」の原因を、お上の「求生之厚」に帰することには無理があり、また結句への繫《つな》がりにも難がある」という通りであろう。支配者が生を熱心に追求するから、民衆は死を軽くみる、つまり強欲な支配者がいるから民衆は死にたくなるという解釈は、一種の「民衆主義」なのであろうが理屈が通っていない。

　ここは〔福永注釈〕が「人民が死に急ぐのは、（民衆が——筆者註）余りにも生きようと求めすぎるから、そこで死に急ぐのだ」とする方がまだよい（〔池田注釈〕〔小池注釈〕もほぼ同じ）。ただ、私は、「民衆が余りにも生きようと求めすぎる」というのも分かりにくいので、「民衆は（現状があまりに問題が多いので）人生の先行きに期待せざるをえない」

とした。未来に賭けざるをえず、生命を賭け、死を軽く見るというように筋を通した方が分かりやすい。〔福永注釈〕は「生き急ぐから死に急ぐ結果になるのだ」ということであろうが、これは言葉としては理解できたような気になるが曖昧な訳だと思う。

とくに問題は五〇章にも「生を生きることの厚き」という句があることで、これは本章の「その生を求むることの厚き」と同じ意味であろう。五〇章では、「生き急ぐなかで死の影の地に迷う人が十人に三人いる。それは生きる力と期待が厚すぎたためだ」と訳したが、ようするに現状を変えようとする、あるいは変えざるをえない状況におかれた人間は無理をせざるをえないのである。本章と五〇章とをあわせて読めば、老子が社会の現実を凝視する中から、人間の生き方を凝視し、その生と死の思想を築き上げていった様子を感得できるように思う。それは生と死の問題が日常化していた中国の戦国時代に正面から向きあうなかで生まれたものなのであろう。

さて、こう考えることによって、現代語訳に示したように、最後の「夫《そ》れ唯《ただ》生を以て為《な》すこと無き者は、是れ生を貴《とうと》ぶよりも賢《けん》なり」という部分もふくめて筋を通して理解することができる。まず「生を以て為《な》すこと無き者」とは、人生の現在を作為せず、そこに拘わらずに無為に生きるということであろう。これが老子の生き方であり。有道の士の生き方であることはいうまでもない。これに対して「生を貴《とうと》ぶ」という生き方はよい条件に恵まれて現状に拘《こだわ》り、その意味で現状に自足して貴んでいる人ということである。老子は前者の無為の生き方が後者の現在に拘る生き方よりも賢明であるというのである。これは老子の思想としては自然なことであろう。

問題は、なぜ、老子がこの思想をここで述べたかということであるが、これは「無為の生き方」が、「現状の人生に拘らない」という意味では、「現状に期待できず、先行きに期待せざるをえない」民衆の生き方に近いということであろう。その意味では民衆の生き方のほうが人の生き方としては普遍性があって賢明であるということであろう。こう読むことによって本章全体の趣旨が最後までよく通ると思う。老子は「民衆」というものに対して実際には相当に不信にみちた見方をするが、哲学者らしく人間の普遍的な生き方という局面ではやはり人間一般、多数者としての民衆の立場との関係を重視するのである。

なお、本章にかぎらず、『老子』の各章は注釈者によって実にさまざまに解釈されている。本書では、それを分類し、その相違を細かく数え上げることはしていないが、ここは重要なところなので、本章後半部についての現代語訳の代表的なものを引用しておくことにしたい。

第一は〔金谷注釈〕であって、〔小川注釈〕〔木村注釈〕〔蜂屋注釈〕もこれとほぼ同じである。

人民が死ぬことを何とも思わないのは、上にあるものが生を追及することに熱心すぎるからであって、それゆえに人民は死を何とも思わなくなる。生のことを少しも気にかけないものこそ、まさに生をとうといとするものより賢明なのである。

第二は〔池田注釈〕であって、〔福永注釈〕〔小池注釈〕もほぼ同じである。

人民が自暴自棄になって死ぬことを何とも思わないのは、彼らがあまりに強く生きようともがいて生に執着するからであって、それ故死を何とも思わなくなるのである。一体全体、生きることを求めてあれこれと小細工を弄《ろう》しない者の方こそ、生を大事にする者よりも優れているのだ。

第三は〔諸橋注釈〕であって、〔金谷注釈〕に似るが、結句の理解は独特なもので、ようするに本章はすべて為政者《いせいしゃ》への忠告であるということになる。これによって話の筋はよく通るようになっているが、あまりに言葉を補った読みであると思う。

人民が己《おの》が生命を軽視して、死を軽んずるに至るのは、上に立つ為政者が自己の生活のみを厚く求め過ぎるから、そこで民が死を軽んずるに至るのである。これでは結局のところ、元も子もなくすことになるのである。そこで上に立つ為政者としては、自己の生活を主として追求するという考えをやめることが、むしろ自己の生活を貴いものと考えるよりも、まさった効果をもつのである。

第四は〔楠山注釈〕であって、これも独自なものである。楠山は、諸橋と逆に、本章をすべて民衆に対する人生の教訓として読み取ろうとしている。これも筋の通った読み方であり、あるいは戦国時代末期の人々は、本章をそのように読んだかも知れない。しかし、私は、少なくとも本来、『老子』は「士」の覚悟を論じたものであり、民衆に語りかけるものではなかったと思う。

民が死路を急ぐ結果となっているのは、長生きを求め過ぎるからであって、そのため死路を急ぐ結果となる。長生きに頓着しないこと。これこそが生命尊重を旨とする生き方にまさるのだ。

前記の私案をふくめて、いつかは適訳が確定することを期待したいものである。

第三課　平和主義と「やむを得ざる」戦争

戦国時代の後期、秦の始皇帝の曾祖父・昭王《しょうおう》は斬首二万（楚）、斬首二四万（韓・魏）、斬首四万（魏）、斬首一五万（魏）、斬首五万（韓）と戦争で敵国の人々を殺し続け、前二六〇年には趙との戦争で四五万人も殺戮《さつりく》したと伝えられる。これ以外にも戦争は日常の風景であった。この時代の世界で、これだけの戦争による大量死を経験したことは中国の歴史に巨大な影響をあたえた。民衆社会からでた劉邦《りゅうほう》が漢帝国を建設し、その漢帝国を巨大な民衆宗教運動、太平道《たいへいどう》の運動が黄巾《こうきん》の全国一揆を起こして凋落《ちょうらく》に追い込んだのは、明らかに、この戦争の余波である。

老子の戦争論は、いわゆる平和主義、反戦主義に貫かれている。ただ注意すべきなのは、老子が自衛戦争の必要は否定せず、防衛的なゲリラ戦法の提案をさえしていることである。このような戦争論の基礎に、老子の「死」についての考え方があることも注意しておきたい。というよりも、老子は中国史上ではじめて起きた大量の戦争死を経験するなかで、人間の生死について考えざるをえなかったのであろう。そしてそれが老子の思想が前代の孔子ともっとも異なる点であった。

68講　固くこわばったものは死の影の下にある　（七六章）

【現代語訳】

人が生まれたときは柔らかで弱々しいが、死ねば筋肉と靭帯《じんたい》が硬直する。万物も同様で、草木が生えるときは柔らかでなよなよしているが、死ぬと枯れてかさかさになる。だから、固く強《こわ》ばったものは死の影の下にあり、柔弱なものこそ生の仲間なのだ。ようするに、兵が強くても勝ち続けることはできない。強木《きようぼく》が伐られて終わってしまうのと同じだ。強大なものは地下にいき、柔弱なものが地上に生き残るのである。

人之生也柔弱、其死也筋肕(1)堅強。万物草木之生也柔脆、其死也枯槁。故堅強者死之徒、柔弱者生之徒。是以兵強則不勝、木強則竟(2)。強大処下、柔弱処上。

（1）「筋肕」は帛書により補入。（2）底本「共」。帛書「競」。「竟」の借字。

人の生まるるや柔弱《にゆうじやく》、其《そ》の死するや筋肕堅強《きんじんけんきよう》。万物草木の生《は》え生《しよう》ずるや柔脆《にゆうぜい》、其の死するや枯槁《ここう》。故に堅強《けんきよう》なる者は死の徒《と》、柔弱なる者は生の徒なり。是《ここ》を以て兵強ければ則ち

図31　長平の戦いの遺跡

勝たず、木強ければ則ち竟《お》わる。強大は下に処《お》り、柔弱は上に処る。

【解説】「人の生まるるや柔弱《にゅうじゃく》」というのは老子の好きな赤ん坊のイメージである。その対極にあるのが堅い枯れ枝と硬直した死体である。戦国時代の人々にとって戦場に放置された死体は珍しいものではなかった。そして、軍隊がいくら強くても、勝ち続けることはできない。堅く強いものは死の世界に行き、柔弱なものこそが生の世界なのだというのが、人々の実感であった。

殷の時代に犠牲とされた異民族の遺骨が殷墟などから出土することはよく知られている。しかし、このような人身供犠は多かれ少なかれ世界各地で行われたことである。これに対して、文明化への時代、戦国時代における戦争虐殺はいわば「原罪」の位置を占めるものとして中国の歴史に巨大な衝撃をあたえた。老子の思想はそれを正面から問うたものであった。

日本において、万をこえる人々を意識的に虐殺した内戦は、織田信長の時代までは起きることはなかった。これは幸いなことであるが、しかし、そのため人間の「原罪」を厳しく問うたキリスト教と同じく、老子の思想についても、それを深いところで受け止める条件は日本社会にはなかった。そして、「原罪」の思想がこの国に根付かなかったことは、信長・秀吉以降、現在にいたる歴史に様々な思想的問題をもたらしているように思う。

69講　戦争の惨禍の原因は架空の欲望を作り出すことにある　（四六章）

【現代語訳】

天下に道理があれば、軍用の早馬《はやうま》も田園に戻って耕作を助ける。天下に道理がないと、雌馬までが徴発《ちょうはつ》されて、首都近郊の戦陣で子馬を産む。戦争の罪悪は大きすぎる欲に原因があり、その咎《とが》は欲得ずくでことにあたることにあり、その禍《うれい》は実は不足などないことを認知しようとしないことにある。それだから、実は足りていることを知っているという余裕こそ、もっとも大事な安息なのだ。

天下有道、却走馬以糞、天下無道、戎馬生於郊。罪莫大於可欲、咎莫大於欲得、禍莫大於不知足。(1)故知足之足、恒足矣。

（1）この行は楚簡によった。

天下に道有れば、走馬の却《しりぞ》けられて以て糞《たづく》りし、天下に道無ければ、戎馬《じゅうば》の郊《こう》に生ず。罪は欲すべきより大なるは莫《な》く、咎《とが》は得るを欲するより大なるは莫く、禍《うれい》は足るを知らざるより大なるは莫し。故に足るを知るの足るは、恒に足る。

【解説】 本章は老子の平和思想を明瞭に物語るものとされる。それは儒家に対する鋭い批判であった。『論語』（季氏）には「孔子曰く、天下に道有れば、則ち礼楽・征伐《せいばつ》、天子より出ず。天下に道無ければ、則ち礼楽と征伐とは諸侯より出ず」とある。天下に道があるとは天子が征伐の戦争を起こす権限があることで、天下に道がないとは、諸侯が戦争する状態だというのである。それに対して老子は平和こそ道だという。

ただ、実は、楚簡では、本章の上段四句（「天下有道、却走馬以糞、天下無道、戎馬生於郊」）は存在していなかった。帛書《はくしょ》でも上段四句の後に中黒（「・」）があって、内容がそこで切れていることを示している。つまり、本章の原型は、平和反戦思想には関係なく、ただ「罪《つみ》・咎《とが》・禍《うれい》」を起こさないためには「足るを知る」ことが必要だという、「知足」の人生訓を語ったものだったのである。しかも楚簡の配列では、現在とは違って本章の後にはやはり知足について語った三三章が並んでいる。

それ故に、本章はまず「知足」の人生訓として読むべきものなのである。「知足」の意味についていては、四四章の解説（6講）で詳しく説明したが、本章のニュアンスは少し異なっている。つまり、四四章は「身」と「得」や「貨」などの価値如何《いかん》を問う理の勝った感じが強かった。それに対して、本章では「罪・咎・禍」をもたらすものは「欲」であり、「得」であり、「足るを知らざる」ことであるとして、ストレートに「欲得」を否定する。ここからすると本章末尾の「足るを知るの足るは、恒に足る」という文言は禁欲の勧めとして読むべきものかもしれない。ただ、本章の「罪《つみ》・咎《とが》・禍《うれい》」という言葉は、私には、「いつくしみ深き　友なるイエスは、罪《つみ》・咎《とが》・禍《うれい》を　取り去りたもう。こころの嘆きを包まず述べて、などかは下《おろ》さぬ、負える重荷を」という讃美歌三一二番を思い出させる。そういう読みからすると、「足るを知るの足るは、恒に足る」は一種の安息の呪文、幸運を言祝《ことほ》ぐ呪文のようにも聞こえる。ここらへんは読む人の気持ちによって変わってくるのが古典を読むことの面白さであろう。

しかし、帛書までの段階で戦争論が追加されたために、本章のニュアンスは大きく変化した。その結論は領土を取り合う戦争などは「足るを知らざる」ことから起きるというものになったのである。重要なのは、逆にいえば、ここに天下に必要な諸物資は本来は足りているのだという社会認識が示されたことである。私は、これは知足の哲学が社会認識の分野にまで拡充されたというべきことであると思う。

従来、本章の解釈には、老子は戦争の原因を「君主のあくなき欲望」(福永)、「支配者の強欲」(木村)においているという見解と、「欲望が多すぎること」(小川)、「人々が欲望の追求に走る」こと一般(池田)に求めているという見解の二つがあった。しかし、以上のように追跡してくると、それはどちらも一般的に過ぎる。老子は、侯王などの支配層が、実は不足などないことを認知しようとせず、欲望を拡大し、固執することが戦争の原因であることを冷徹に指摘しているのだと思う。ともかく、加筆によって、知足の安息の哲学が、社会的な怒りの哲学に変化したことは明らかであるが、しかし、それでも老子の慷慨《こうがい》の格が高いのはさすがなものだと思う。

70講　士大夫の職分は武ではない　(六八章)

【現代語訳】

士大夫《したいふ》たるものの善(本性《もちまえ》)は武の職分ではなく、戦いにおける善は怒りではない。敵に勝つことの善は敵を作らないことである。人と用《はたら》くことの善は人の下にいることである。これを争わない徳《いきおい》といい、人の力を用《はたら》かせるといい、人を天のように尊重するという。これは古来から定まっていることである。

善為士者不武、善戦者不怒。善勝敵者不与、善用人者為之下。是謂不争之徳。是謂用人之力、是謂配天、古之極。

善の士たるは武ならず。善の戦いにおけるは怒《いかり》にあらず。善の敵に勝つは与《あいて》せざるにあり。善の人を用《はたら》かすはこれが下と為るにあり。是《こ》れを争わざるの徳《いきおい》と謂い、是れを人の力を用《はたら》かすと謂い、是れを天に配すと謂う。古《いにしえ》の極なり。

【解説】 本章は士にとっての「善」とは何かということを議論している。「善」について具体的な例に踏み込んだ説明は八章「上善は水の若し」、二七章「行くことの善は轍迹《てつせき》なし」などでも行われているが、冒頭に「善の士たる」とあるように、ここでは老子自身がその一員であった士大夫《したいふ》の立場にそくして「善」が例示されている。しかし、それがとくに戦争における士大夫の「善」とは何かという厳しい問題であるのが、以前の諸章とは異なっている。

この「善の士たる」という考え方が老子にとって揺るがしがたいことであったことは同

じ表現が一五章にもあることに明らかである。そこでは士大夫の故郷の自然を守る義務が強調されているのが、本章との関係では興味深い。本章は士大夫の任務の一つとして「武・戦」があること自体は否定していないが、ここからみると、その主要部分が故郷《ふるさと》を守る「武・戦」であったと考えるのが自然である。

もちろん、「士たるの善」（士の職責）が武ではないというのは、孔子も同じである。ただ、老子はさらに踏み込んで、戦いの現場における「怒り」を否定し、さらには敵愾心《てきがいしん》自体まで否定している。これは孔子の活動期以降、戦国時代における士大夫の戦争体験に根ざしたものであったに違いない。この「士たるの善」は武ではなく文官にこそあるという原則は、孔子と老子のみでなく大多数の諸子百家に共通することであり、それは、以降、東アジアにおける「士」の原則となっていった。こういう流れの中で『老子』の役割はきわめて大きかったに相違ない。ただ、この「士＝文官」の原則の例外が日本の「武士」であった。日本史家が、これを東アジアにおける例外的に野蛮な現象とするのは、この点で、十分な理由があるといってよい（入間田宣夫『武者の世に』）。

なお本章で、老子は、人と用《はたら》くことの善は人の下に立つことであるとした上で、それを「不争の徳」とし、それを「天に配す」ことだと述べている。ここでいう「配」は「合《あう》」と同じで、つまり天の道にかなうことをいう。これは七三章「天網恢恢《てんもうかいかい》、疎にして漏らさず」に「天の道は、争わずして善なるを勝たせ」るとあるのと同じことである。

71講　軍隊は不吉な職というほかない　（三一章）

【現代語訳】

兵器は不吉な道具であり、その物の気配はつねに禍々《まがまが》しい。有道の士はその場にいないようにしたい。だから君子は平時には左の上席にいるが、兵器を用いるときはその席を離れて右側の下席に移るのだ。兵器は不吉な物であって、本来、君子が用いるべきものではない。やむを得ず用いる場合は淡々と薄暗い気持ちで、勝っても上手《うま》くいったとも感じない。上手くやったなどという者がいれば、それは殺人を楽しんだということである。殺人を楽しむような者は、世の中で自分の志を得ることはできない。そもそも吉事《きちじ》には左側の席をあてて、凶事《きょうじ》には右側の席をあてる。副将軍が左にいて、正規の上将軍が右にいるのであるが、これは葬礼《そうれい》の規則と同じように席を決めているのである。敵を多く殺せば悲嘆の気が場に満ち、戦勝はまさに葬礼の場となる。

(1)夫兵者不祥之器、物或悪之、故有道者不処。君子居則貴左、用兵則貴右。兵者不祥之器、非君子之器。不得已而用之、恬淡為上、勝而不美。而美之者、是楽殺人。夫楽殺人者、則不可以得志於天下矣。吉事尚左、凶事尚右。偏将軍居左、上将軍居右。言以喪礼処之。殺人之衆、以悲哀臨(2)之。戦勝、以喪礼処之。

(1)ここに底本「佳」あり。帛書なし。(2)底本「泣」。「莅《のぞむ》」に同じ。意により「臨」とす。

夫《そ》れ兵は不祥《ふしょう》の器《うつわ》にして、物或《つね》に之《これ》を悪《わる》し。故に有道者は処《お》らず。君子、居らば則ち左を貴《とうと》び、兵を用うれば則ち右を貴ぶ。兵は不祥の器にして、君子の器に非ず。已《や》むを得ずして之を用うれば、恬淡《てんたん》なるを上《じょう》と為し、勝ちても美《うま》しとせず。もし之を美しとする者あらば、是《こ》れ人を殺すを楽しむなり。夫れ人を殺すを楽しむ者は、則ち以て志《こころざし》を天下に得べからず。吉事は左を尚《たっと》び、凶事には右を尚ぶ。偏将軍《へんしょうぐん》は左に居り、上将軍《じょうしょうぐん》は右に居る。喪礼《そうれい》を以て之に処《お》るを言うなり。人を殺すこと衆《おお》きには、悲哀を以て之に臨《のぞ》み、戦い勝てば、喪礼を以て之に処る。

【解説】「兵は不祥《ふしょう》の器《うつわ》」という場合の「兵」は武器という意味である。武器は不吉な「器」、つまり道具であるということになる。ただ、いうまでもなく兵には戦闘者の意味もある。また役に立つことを「器用」といい、「器量、器量よし」などの言葉もあるように、

「器」は、能力をもつ人を意味し、それが転じて専門あるいは職業という意味を含むようになる。つまり「兵は不祥《ふしょう》の器《うつわ》」とは軍隊とは不吉な職業だという意味を含むのである。

　老子は、その物の気配はつねに悪く、禍々《まがまが》しいものであるという。普通、ここは「物、或《つね》に之《これ》を悪《にく》む」と読み、「物」を人と解釈して、「人はつねにこれを憎む」と訳す。しかし、『老子』では、「物」という言葉は一貫して「物の気配」という意味である（コラム6参照）。そしてそう訳せば、「悪」は「（人が）憎む」ではなく、その原義である「凶事に臨む心情」をあらわすというほかなく、禍々しいと訳した方がよいことになる。もちろん、『老子』にも「悪」を動詞の「憎む」に近い意味で使っている例はある（八章、四二章、七三章）。しかし「醜」という意味で使っている場合もあり（二章）、また本章と同じ意味で使っている場合もある（二四章）。白川静『字統』によれば、「悪」という文字の本義を示す「亜」は陵墓玄室《りょうぼげんしつ》の形で、死葬凶礼の意であり、例えば葬送用の車を「悪車」という。「有道者」はそういう気配の物のそばにはいないようにするという訳である。

　「兵は不祥の器にして、君子の器に非ず」という「君子」の語は、『老子』では珍しいが、ここでは「君」という言葉のもっとも本来の語義、主権者、指揮者という意味であろう。注目されるのは彼らが「已《や》むを得ず」、「兵」に関わらざるをえない立場であるといわれていることで、この「已《や》むを得ず」という言葉は、79講「平和で柔軟な外交で王を補佐す

図32　戦争の光景　青銅器銅象嵌紋
汲県山彪鎮（前5世紀）

る」で扱う三〇章にも、同じ文脈で登場する。そしてその時は淡々と薄暗い気持ちでやるほかない。ただくれぐれも戦争を好むな、それは殺人を楽しむということであり、世の中で自分の「志」を得ることはできないというのが老子の忠告である（注意すべきことはここで老子が「志《こころざし》を天下に得る」という言葉を肯定的に使っていることで、ここには「君子」の立場としては「志」を世の中に示すのは当然のことであるという本音がでている。なお老子が「志」をもつことの意味を認めていることについては7講を参照）。

興味深いのは、このような老子の戦場への嫌悪感が、軍陣における左席・右席の意味にふれて述べられていることである。つまり老子は、平時には左の上席にいる君子であっても、戦時には右側の不祥の席に移るという。そして、戦場では副将軍が左にいて、正規の上将軍が右にいるのであるが、これは葬礼の規則と同じように席を決めているのだ、戦場というのは大規模な葬式の場だ、だからこのような図事では右に高い位置の者がつくのだ、副将軍よりも責任の重い正将軍の方が不祥の席にすわるのだというのである。

老子は実際に戦闘を指揮する立場に立ったことがあったのではないか。敵を多く殺せば悲嘆の気が場に満ち、戦勝はまさに葬礼の場となるなどという言葉は、そうでなくてはなかなか吐けるものではないと思う。

冒頭、これまでの普通の解釈に異をとなえて、「物或《つね》に之《これ》悪《わる》し」の「悪」は死葬凶礼の意を含むものであろうとしたが、そう考えた方が「戦い勝てば、喪礼を以てこれに処る」という最終句とうまく対応するだろう。

72講　老子の権謀術数――「柔よく剛に勝つ」　（三六章）

【現代語訳】

敵国を抑える必要があるときは、しばらくやりたいようにさせておけ。弱める必要があるときはしばらく強くなる方へ導け。衰えさせようと思えば勢いよくさせ、何かを奪い取る必要があるときは、何かをあたえておけ。柔弱なものが強硬なものに勝つためには、機微に明らかであることが必要だ。私たちは魚のように川の淵から離れずにいなければならない。国の利器を人に見せびらかすようなことはできないのだ。

将欲歙之、必固姑張之。将欲弱之、必姑強之。将欲廃之、必姑興之。将欲奪之、必姑与之。是謂微明。柔弱勝剛強。魚不可脱於淵。国之利器、不可以示人。

将《まさ》に之《これ》を歙《おさ》めんと欲《す》れば、必ず姑《しばら》く之を張る。将に之を弱めんと欲《す》れば、必ず姑《しばら》く之を強くす。将に之を廃《はい》せんと欲《す》れば、必ず姑《しばら》く之を興《おこ》す。将に之を奪わんと欲《す》れば、必ず姑《しばら》く之を与えよ。是《こ》れを微明《びめい》と謂《い》う。柔弱は剛強に勝つ。魚は淵より脱すべからず。国の利器は、以て人に示すべからず。

【解説】本章は最後に近いところに登場する「柔弱は剛強に勝つ。魚は淵より脱すべからず」という句によって有名である。「柔弱は剛強に勝つ」というのが「柔よく剛を制す」という有名なことわざのもとであることはいうまでもない。

ただ「柔よく剛を制す」というと、私たちは柔道のことと考えるが、本章と次講に掲げた六九章は『老子』全編の中でも珍しい軍事戦略を語った章である。『老子』の時代にはすでに『孫子』によって軍事思想が発達させられており、それは当然のことであったであろうが、これは『荘子』にはまったくない『老子』独自の思想である。

老子の思想は徹底的に「果か《やわら》」な外交方針をとって平和の道を探ることであったことは、後に述べる通りであるが（79講）、しかし、現実に隣国による軍事力の誇示や侵略の危険はつねに存在する。その場合、老子は権謀術数《けんぼうじゅつすう》、マキャベリズムに訴えることを躊躇しない。老子は「相手に勝つためには、つけあがらせ、強気にならせ、それに乗ずることが上策だ。また国の武器は見えないように隠しておけ」という。老子は交渉相手としてはなかなか手強い人物であったろう。老子は戦争を嫌悪し、兵器を「不祥の器」などと述べているが、それでも老子は、兵器は「国の利器」であって確実に保有していなければならない、不当な侵略には自衛力を持たねばならないと考えていたのである。侵略してくる大国隣国に対する防衛と自衛においてはいくら狡《ずる》くても当然であるという訳である。

その際、軍事力の実態はできる限り秘《ひ》匿《とく》した方がよいというのが老子の考え方である。普通、「国の利器は、もって人に示すべからず」という部分は、「人民に示してはいけない」として民衆から隠すことであると解釈されるが、これは隣国に対する秘匿を意味している。軍事の実力を隠して相手を翻弄しようというのである。

さて、最後の部分で、老子は、柔弱なものが強硬なものに勝つためには、機微に明らかであることが必要であって、それは柔弱な魚が川の淵の中でこそ敏感に動くようなものだという。この「魚は淵より脱すべからず」というのは、『詩経』（小雅）の「魚は潜んで淵にあり」という詩を原拠にしている。面白いのは『詩経』（国風）の「有狐綏綏、在彼淇築」（狐が淇水《きすい》の築《やな》で魚をねらっているよ）という歌では、女たちが自分たちを魚にたとえて、うろうろする狐（男たち）をからかっていることである。そこからみると、この「魚は潜んで淵にあり」というのも女の自由を表現するものかもしれない。魚は弱いものであるが、深い淵のなかに逃げ込めば誰も捕らえることはできないというのである。

なお、私は、この「魚は淵より脱すべからず」は、三五章の「大象《だいぞう》を執《と》りて天下を往く」というフレーズをうけたものだと思う。本章は三六章であるから、『老子』の原配列では、この二章は隣り合わせなのである。「大象」章では、「道」の大道を歩むものは、巨象にのって悠々と自由であるというが、それにすぐに続く本章が「柔弱は剛強に勝つ。魚は淵より脱すべからず」とするのは見事な対照である。巨象に対して、柔弱な魚を強調し、淵に隠れるのだというのは、それによって人間はさらに自由になるということであろう。そういう文脈において、老子は「国の利器は、以て人に示すべからず」として防衛的な戦《いく》さのあり方を語ったのである。

73講　自衛戦争はゲリラ戦法でいく

（六九章）

【現代語訳】

兵法に、「向こうから仕掛けさせて応戦するだけにし、相手が一寸でも攻めてきたら十倍は退く」という格言がある。進軍していても隊列をみせず、威嚇するけれどもふり挙げた臂《ひじ》はみせず、武装していても兵器はみせず、向こうには敵はみえないというゲリラ戦法である。これを逆に言えば、軍事行動にとっての禍《わざわい》は無敵の軍隊をもってしまうことにある。無敵になると、それは宝を失うのとほとんどかわらない。「兵力が拮抗《きつこう》しているときには、結局、惨酷な目に哀しんだ経験が深い方が勝つ」といわれる通りだ。

用兵有言。吾不敢為主而為客、不敢進寸而退尺。是謂行無行、攘無臂、執無兵、扔無敵。(1) 禍莫大於無敵、無敵幾喪吾宝。(2) 故抗兵相若、(3) 哀者勝矣。

(1) 底本「扔無敵、執無兵」。帛書により改む。(2) 底本「軽敵、軽敵」。帛書により改む。(3) 底本「加」。帛書により改む。

兵を用うるに言有り。吾《わ》れ敢《あ》えて主と為らずして客と為り、敢えて寸を進まずして尺を退く、と。是《こ》れを謂《い》うに、行くに行《れつ》なく、攘《かか》ぐるに臂《ひじ》なく、執《と》るに兵なく、扔《むか》うに敵なし、と。禍《わざわい》は無敵なるより大なるはなく、無敵ならば吾れ宝を喪《うしな》うに幾《ちか》し。故に兵を抗《あ》げて相《あ》い若《ひと》しければ、哀しむ者勝つ。

【解説】 これまでの注釈は、本章をただ非戦論の延長で訳している。たとえばもっとも古い〔武内注釈〕は、本章を「用兵者の言に吾は挑戦者とならずに応戦者となり、寸を進まんよりはむしろ尺を退かんというが、これは争う意のないことを述べたものである。争う意のないものは行陣すべきところもなく、攘《はら》うべき臂《ひじ》もなく、執《と》るべき兵器もなく、また争うべき敵もなしというのである」と要約している。

例外は、アーシュラ・K・ル＝グィン『老子　道徳経 Laotzu Tao Te Ching』が「合気道や地下抵抗運動、そしてゲリラ戦などへの、したたかな戦術的アドヴァイスである」としたこと、〔福永注釈〕が「主と為らずして客と為り、敢えて寸を進まずして尺を退く」という部分をとって、自衛の戦争であり、ゲリラ戦法なども含むとしたことであろう。しかし、両者とも本章の文言を、その観点で読むことに成功しておらず、曖昧な訳となっている。

解釈の鍵は、二行目の「行くに行《れつ》なく、攘《かか》ぐるに臂《ひじ》なく、執《と》るに兵なく、扔《むか》うに敵なし」という部分の理解にある。前記の現代語訳では、相手には進軍する隊列はみせず、威嚇するが実態はみえず、武装しても兵器はみえず、どこから攻撃されているかも分からないとして、ゲリラ戦法であることが明瞭にわかるように訳した。

これまでの〔武内注釈〕のような解釈では、結局、老子は明瞭な軍略はもっておらず、争わないで退却することだけを述べている、つまりせいぜい一種の精神論を述べているということにならざるをえない。これは、前講において「相手に勝つためには、つけあがらせ、強気にならせ、それに乗ずることが上策だ」とまで述べた老子の軍事思想としてふさわしくない。また本章末尾に、「兵力が拮抗《きっこう》しているときには、結局、惨酷な目に哀しんだ経験が深い方が勝つ」とされているのともそぐわない。私には、老子が、ただの抽象的な精神論を述べたとは考えられない。

老子の軍事思想は戦国時代の小国が侵略された場合に実際にとった防衛的ゲリラ戦術なのであろう。その中で、結論部分の「国にとっての禍《わざわい》は無敵の軍隊をもってしまうことにある」という断言は実際に説得力をもっていたに違いない。そして、それを前提として、最後の「兵を抗《あ》げて相い若《ひと》しければ、哀しむ者勝つ」という部分を読むと、その含蓄の深さに打たれるのである。

74講　首切り役に「死の世界」をゆだねない　（七四章）

【現代語訳】

もし民衆が死を畏《おそ》れなければ、どうして死刑によって彼らを脅かすことができようか。もし民衆が死を畏れながら邪悪な罪を犯せば私が捉えて殺すほかない。私でなくて誰がしてくれよう。これに対して、もし、民衆に必ず死を畏れさせようとすれば、つねに首切り役人を置かねばならない。そうではなく首切り役に代わって殺すとなると、それは、上手な大工に代わって木を切るようなものだ。大工に代わって木を切るのだから手を少々傷つけるのはやむをえない。

若民恒且不畏死、奈何以殺懼之也。若民恒畏死、而為奇者、吾将得而殺之、夫孰敢矣。若民恒且必畏死、則恒有司殺者。夫代司殺者殺、是代大匠斲也。夫代大匠斲者、則希不傷其手矣。

＊本章は帛書によった。

若《も》し民《たみ》、恒《つね》に且《か》つ死を畏《おそ》れざれば、奈何《いかん》ぞ殺《さつ》を以て之《これ》を懼《おそ》れしめんや。若し民の恒に死を畏れて、而《しか》も奇を為す者は、吾《わ》れ将《まさ》に得て之を殺さんとす。夫《そ》れ孰《たれ》か敢《あ》えてせん。若し民恒に且つ必ず死を畏れんには、則ち恒に殺を司どる者有り。それ殺を司る者に代わって殺すは、これ大匠《たいしょう》に代わって斲《き》ると謂《い》う。夫れ大匠に代わりて斲《き》る者は、その手を傷つけずに有ること希《まれ》なるか。

【解説】この章句は民衆に対する死刑を、士としてどう考えるかを論じている。本章の解釈は、これまでの注釈でも実に色々であって、あるいは『老子』の全章の中でももっとも解釈が困難な章かもしれない。前記の現代語訳もあくまでも一案である。

民衆と死刑について、ここでは三つの状況が仮定されている。第一は民衆がまったく死を畏《おそ》れないという状態で、これに対しては死刑も何の役割も果たさない。第二は民衆が死を畏れながら犯罪を犯すという場合である。これについては、老子がそういう場におかれたとして、「吾《わ》れ将《まさ》に得て之を殺さんとす」とある。つまりこれは「士」が犯人を逮捕して殺すべきもので、その責任を誰かに負わせることはできないというのである。第三は民衆に必ず死を畏れさせるにはどうするかという問題で、これは首切り役人を置かねばならないということになる。地域の士の家には荒っぽい家来《けらい》はつねにいたろうから、その内の特別の人間を決め、処刑の権利を与えて民衆をつねに脅しつけるということになる。

戦国時代、こういう選択は、どの地域でも現実の問題であったろう。そういう時代の中で、族長たる士は死刑を執行する立場に立つことは多かったのであろう。それはどういう理由があっても、自分を傷つけることになるという言葉は深い。老子も、長い人生の中で、こういう処刑に関わるような場面に立たされたことがあったようにもみえる。普通、老子というと、「無為」といわれ、罪人の処断に手を染めるなどとは対極の存在とされるが、それは論証されたことではない。老子は、たしかに平和主義者ではあるが、やはりその半面で「士」としての覚悟はあり、その立場と経験から暴力と死の世界を熟知していたと考えるべきではないだろうか。

もし、以上のように考えることに何程かの事実があるとすれば、実際上、ここにあるのは法家に対する強烈な批判である。老子は法家に対して、人を殺すということはどういうことかを知っているのかと問うているのではないかと感じる。

前近代の地域社会では、地域内部で起きた犯罪は地域内部で処断されることは一般的であった。たとえば日本の『今昔物語集』(巻二九、第九話)には旅の殺人者が被害者の居住していた村落に偶然に宿泊し、「其の郷の若き男共《おのこども》の強力なる四五人許《ばかり》」によって逮捕され、尋問・拷問、現場検証と処罰に至る顚末《てんまつ》が描かれている。領主の検断《けんだん》(警察行為)も、そのような村落の検断を前提として動いていたのであるが、これは中国の戦国時代でもあたりまえのことであったはずである。

第四課 帝国と連邦制の理想

老子の政治思想は、すべて「見果てぬ夢」に終わったが、もし老子の思想が形を取る機会があったとすれば、それはまずは老子の故国、楚国の王と士が老子のいう意味での徳政と世直しを先導し、さらには平和主義と自衛の立場に立つことを抜きにしてはありえなかっただろう。しかし、楚の支配層は、老子の教えに従うことはなかった。この意味で老子の運命は、王に諫言《かんげん》して、結局、汨羅《べきら》に身を投げて死んだ屈原《くつげん》の運命と似ている。

もっとも問題が大きかったのは、軍事的な冒険にでて、結局、劉邦《りゅうほう》に敗北し、楚国を自壊させた項羽《こうう》の行動であったろう。項羽という人間は楚国の文化的・思想的伝統を破壊し、老子の思想がもっていた可能性を破壊した愚人《ぐじん》であったというほかない。

私は、秦帝国の崩壊過程や、王室の乱脈に象徴される漢帝国のもろさをみれば、楚国の枠組みがより強く残る可能性は十分にあり、状況によっては楚国を基礎とした地方の分権思想が政治思想として発展した姿をみせ、いわゆる中央集権的な「郡県制《ぐんけんせい》」という国制に対置される可能性もあったものと考える。普通、中国の国制というと「郡県制」か、それとも周王をいただく「封建制」かという枠組みで議論されるが、そういう枠組み自身が老子の「小国寡民《しょうこくかみん》」の思想の破綻の上に展開したものであろうと思う。

そもそも紀元前後から激しさをましたユーラシアのステップ地帯の民族大移動の流れは、西端のヨーロッパにも、東端の中国にもおよんだ。その結果、ヨーロッパにおいてはゲルマン諸部族の分立に根をおく緩やかな諸国分立の体制、連邦制が形成された。その下でヨーロッパにはきわめて分権的で個々の主従関係に根をおく封建制といわれる社会構造が形成された。中国でも、紀元前後からフン族―匈奴《きょうど》の動きは激しくなり、三世紀以降には彼らの進出とともに、中国北部には五胡十六国《ごこじゅうろっこく》と呼ばれる多民族によって構成される諸国家が興亡した。もし、それまでの若干の間を屈原と老子の国、楚が一応の命脈を維持することができれば、中国もヨーロッパのような連邦制的性格を帯びることがなかったとはいえないだろう。少なくとも、歴史の流れと老子の思想が引き継がれる形は大きく変わっていたのではないだろうか。この意味で老子の「小国寡民」の思想を振り返ることは、現在にまで大きな影響を及ぼしている中華帝国という枠組みを相対化する上で大きな意味をもつように思うのである。

75講　理想の王はすべてに耐えぬかねばならない　（五九章）

【現代語訳】

民衆を統治し天下公共のために働くとは、まずは控えめにすることだ。これによって人々が信頼してすぐ服《つ》いてきてくれる。人々がすぐ服いてきてくれれば、その徳《いきおい》を重ねて積んでいくことができる。その徳《いきおい》を重ねて積んでいけば、克《たえ》られないことはなくなる。克《たえ》られないことがなくなれば、その徳《いきおい》に極限はない。そして極限がなくなるまで克《たえ》ていって初めて国を守ることができるのだ。国の母のような徳《はたらき》を保つことができれば、国の長久をえることができる。これを四方に根を深くはり、木の本を固くするという。そうすれば、長生きをして見るべきものを見ることができる。

治人事天、莫若嗇。夫唯嗇、是以(1)早服。早服、謂之重積徳。重積徳、則無不克。無不克、則莫知其極。莫知其極、可以有国。有国之母、可以長久。是謂深根固柢。長生久視之道。

（1）底本「謂」。帛書により改む。

人を治《おさ》め天に事《つか》うるは、嗇《しょく》に若《し》くは莫《な》し。夫《そ》れ唯嗇《ただしょく》なり。是《ここ》を以《もっ》て早く服《ふく》す。早く服する、之《これ》を重《かさ》ねて徳を積むと謂《い》う。重ねて徳を積めば、則《すなわ》ち克《たえ》ざる無し。克《たえ》ざる無ければ、則ち其《そ》の極《きょく》を知る莫し。その極を知る莫ければ、以て国を有《たも》つべし。国の母を有てば以て長久なるべし。是《こ》れを根を深くし柢《もと》を固くすという。長生久視《ちょうせいきゅうし》の道なり。

【解説】「人を治《おさ》め天に事《つか》うる」を「政治に関わって天下公共のために働く」と訳した。まず「人を治《おさ》め」は、後に「その極を知る莫ければ、以て国を有《たも》つべし」とあるから、王の立場において「人を治《おさ》め」ることである。また「天に事《つか》うる」について、これまでの注釈は天帝・天神の祭祀をするという意味をみるが、老子の天はそのようなものではない。これは天下の公共に仕えるという意味であろう。

老子は、この政治が成功する条件は、「嗇《しょく》」にあるという。「嗇」は、普通、「物惜しみをする」と訳されるが、ここでは「控え目にする」という意味である（『諸橋注釈』）。もちろん物質的な倹約は当然のことだが、この「嗇」がまずは内面的な態度を意味することは、老子が自分の性格を「倹《けん》」（つづまやか、控えめ）と特徴づけていることに通ずる（23講参照）。控えめであることによって人々が信頼して服《つ》いてきてくれるという論理である（服には「むつむ」「満足させる」「得る」「つける」などの意味がある）。

それによって「重《かさ》ねて徳を積む」ということになれば「克《たえ》ざる無し」というのは、克《たえ》られないことはなくなるということであろう。普通は、ここは「どんなものにでも打ち勝つことができる」（〔池田注釈〕）などと訳される。もちろん、「克」には「勝つ」という意味があるが、さらに「善くする、堪える、為す、整える、勝つ」などの多様な意味があり、ここの文脈では「堪《た》える」の意味で訳した（7講、23講参照）。

王は「克＝勝つ」べきものなのか、「克＝堪える」べきものなのかといえば、堪えるべきものなのである。自己に克つ強さとしての志である（7講参照）。その意味で次の「克《たえ》ざる無ければ、則ち其《そ》の極を知る莫《な》し」も、天下の公共に関われば、進めば進むほど、堪えるべきことは無限に増えてくると訳したい。そして「その極を知る莫ければ、以て国を有《たも》つべし」とは、この忍耐の彼方にはじめて国家を維持することができるというのである。

こうして政治との関わりがもたらす無限軌道が、王が「徳《いきおい》」を積み重ねるというのはどういうことかを中心に説明される。「徳《いきおい》」が重なっていくと、それを担う人間の堪える力も無限に必要になってくるという訳である。そういう観点から考えると、本章の実際の結論となっている「国の母を有てば以て長久なるべし」という言葉は「国の母のような徳《はたらき》を保つことができれば、国の長久をえることができる」と訳せるだろう。老子にとって「徳」という言葉は、その人々を養う徳《はたらき》にそって、どうしても母性的・女性的なニュアンスを含むものになるらしい。王は、そのようにして「国の母」の徳をもつことができれば、「根を深くはることができ、長生きして、多くのものをみることができる」というのである。ここにあるのは、いわば老子の考える王の理想像である。

老子が現実の王を冷静に突き放してみていたことは、これまでみてきたことで明らかであるが、しかし、ここには老子が決して「王は不要である」という王制否定論、無君論をとらず、国家にはどうしても王が必要であると考えていたことがよく現れている。

76講 理想の王は雑巾役として国の垢にまみれる （七八章）

【現代語訳】

世界でもっとも柔弱《じゅうじゃく》なものは水である。強固なものも、水に浸食されれば勝てるものではない。そもそも水はかけがえのないものである。弱いものが強いものに勝ち、柔らかなものが硬いものに勝つことを、実は世の人々は心中では知っている。しかしこれを実践の場にうつす人はいない。だから昔の聖人は「水は、強固なものを浸食し、その穢《けが》れや不浄なものを洗い流す。国の垢穢《あかけがれ》を実際に身に受ける人こそ、国の社稷《しゃしょく》の祭祀の主にふさわしく、国の災《わざわい》害を甘んじて身に受ける人こそ、天下の王にふさわしい」といったのだ。正言はつねに根源に立ち返るものだ。

天下莫柔弱於水。而攻堅強者、莫之能勝。(1)以其無以易之。弱之勝強、柔之勝剛、天下莫不知、莫能行。是以聖人云、受国之垢、是謂社稷主。受国之不祥、是謂天下王。正言若反。

(1) 底本なし。帛書により改む。

天下に水より柔弱《じゅうじゃく》なるは莫《な》し。而《しか》も堅強を攻むる者、之《これ》に能《よ》く勝《まさ》る莫し。其《そ》の以て之を易《か》うる無きを以てなり。弱《じゃく》の強《きょう》に勝ち、柔《じゅう》の剛《ごう》に勝つは、天下知らざる莫くして、能く行う莫し。是を以て聖人の云《いわ》く、国の垢《あか》を受く、是《こ》れを社稷《しゃしょく》の主《しゅ》と謂《い》い、国の不祥《ふしょう》を受くる、是《こ》れを天下の王と謂う、と。正言は反《かえ》るが若《ごと》し。

【解説】 本章は八章「上善は水の若し」や四三章「柔らかい水のようなものが世界を動かしている」などで展開された「水」についての議論の続きである。水は柔弱《じゅうじゃく》だが岩盤のように強固なものも浸食する。これが「弱《じゃく》の強《きょう》に勝ち、柔《じゅう》の剛《ごう》に勝つ」ということだが、しかし、多くの人がこのことを知っているが、それは実行されないという。

それを確認した上で、「是を以て聖人の云く」あたりから話題は国家・社会に移っていく。水は社会の穢《けがれ》や不吉に深く関わっており、しかもそれを通じて王権のあるべき姿が現れてくるという議論に踏み込んでいくのである。つまり、水が強い構造をもつものを削り、余計なものを擦《す》り取っていくということは、同時に水がそこから穢れや不浄を洗い流していくことである。水は人の汚穢《おえ》を掃除していくというのである。

ここに逆説が生じる。国でもっとも強い存在は王であるから、水によって削られる存在である。しかし、王は同時に、もっとも柔弱な存在でなければならず、いわば国家における水でなければならない。ということは水によって運ばれる「垢」(汚穢、穢)を王が受けるのは当然であることになる。老子は、ここをとって「国の垢《あか》を受く、是《こ》れを社稷《しゃしょく》の主《しゅ》と謂い、国の不祥を受くる、是《こ》れを天下の王と謂う」という。現代語訳に示したように、国の垢穢《あかけがれ》を実際に身に受け、国の災《わざわい》害を甘んじて身に受ける人こそ王にふさわしい、つまり雑巾役《ぞうきんやく》に徹する人物こそ王だというのである。『老子』本章が「聖人の云く」とするように、これが古くからの格言であったことは、『左伝』(宣公一三年)に「国君の垢を含むは、天の道なり」とあることからわかる。

なお、最後の「正言は反《かえ》るが若《ごと》し」については異見の多いところである。本章は、〔楠山注釈〕が「国の恥辱と不幸を一身に引き受ける人、それがまことの王者だという言葉は、富国強兵を事とし、ひたすらに栄光の座を追い求めている世の君主を痛烈に批判するものである」といっているように、君主に対する痛烈な批判をしていると考えることもできる。そうだとすれば、この言葉は「これは正言だが、実際はそれと反対である」と解釈することも可能であろう。ただ、「反」は、『老子』では基本的に「復帰」「反《かえ》る」という意味で使われている場合が多いので、「正言というものはつねに根源に立ち返るものだ」と訳した。

さて、私のような日本史家にとって本章が何よりも面白いのは、中国に古くから存在した「穢《けがれ》」の観念の実態がわかることである。『老子』のみでなく『左伝』でも、王侯は国家の垢穢《あかけがれ》を身にうけるべきものであると考えられていたというのが興味深い。これは逆にいうと、朝廷に穢れを掃除し、清浄を管理するシステムがあったことを意味する。こう考えると、五三章に朝廷は掃除は行き届いているが、田は荒れ放題で、倉庫は空っぽであるとあることも位置づけることができるのである。

中国の春秋戦国時代の国家において、王侯が国家の垢穢《あかけがれ》を身にうけている存在であるということが、どのような儀礼やシステムによって確認されていたのかは私には分からない。ただ、想起されるのは、日本で神話が生きていた九世紀頃までの時代、「国家の大禍《おほまがつみ》」、穢れや災害を祓う「大祓《おおはらえ》」の儀式が社稷《しゃしょく》の重要祭祀として行われていたことである。そこで祭られる神は、天照大神《あまてらすおおみかみ》の弟神、素戔嗚尊《すさのおのみこと》であって、この神はエネルギーに満ちているだけに強力な穢れの神であり、また父の伊弉諾尊《いざなきのみこと》に疎《うと》まれて姉の天照大神のいる天に駆け上ったとき、「国土皆震《ゆ》りぬ」という異変をもたらした地震災害の神であった。この頃の天皇は、この尊貴にして汚穢に満ちた王家の祖先神による祟りを強く恐れていたのである。

これは日本の例であるが、おそらく中国においても、王侯が国家の垢穢を身にうける存在であるということを認識させるような祭祀や神話が存在したのではないだろうか。その実態は、中国史研究者からの教示や研究によらなければ私にはわからないが、拙著『かぐや姫と王権神話』で論じたように、日本における穢れの観念自体も、中国の民間習俗と道教の影響でもたらされたものである可能性が非常に強いのである。

さて、老子が「正言は反《かえ》るが若《ごと》し」というのは、そのような理想の王はいないであろうことを半ばは知りながらも、その理念を忘れることができなかったことを示すように思う。前講でふれた「徳を積み、克《たえ》ざる無く、その極を知る莫《な》く」国家の重荷を無限に担い続ける王、そして国家の垢穢の全てを身にうける王である。

77講　万乗の主でありながら世界を軽がるしく扱う（二六章）

【現代語訳】

重いものは軽いものの根本であり、静かなものが騒がしいものの主《ぬし》である。それ故に、族長たるものは、人びとと移動するとき、重たい荷車の手助けをして、一日中、離れなかった。そして、旅宿でも高楼《こうろう》で遊ぶことはせず、そこに営巣している燕と同じように、周囲の騒がしさから超然としていた。それに対して、最近では、戦車一万輛を擁する大国の主という身でありながら世界を軽がるしく扱うような馬鹿者がいる。これは一体どういうことか。軽がるしければ根本を失い、騒がしければ主ではなくなる。

重為軽根、静為躁君。是以君子、終日行、不離輜重。雖有栄観、燕処超然。奈何万乗之主、而以身軽天下。軽則失本、躁則失君。

重きは軽きの根たり、静かなるは躁《さわ》がしきの君たり。是を以て君子は、終日行きて輜重《しちよう》を離れず。栄観《えいかん》有りと雖《いえど》も、燕処《えんしよ》して超然たり。いかんぞ、万乗《ばんじよう》の主《しゆ》にして、しかるに身を以て天下を軽《かろ》がろしくするを。軽がろしければ則ち本《もと》を失い、躁がしければ則ち君を失う。

【解説】重いもの、静かなものを大事にしたいという老子の価値観がよく表れた章である。老子はそれを移動する氏族を導く「君子」の旅の比喩で語る。ここでいう「君子」は族長のことである。たとえば『孟子』に善政を求めて農民が集団的に遠い外国まで移住するとあるように、中国では春秋・戦国時代になっても氏族が移動するということはよくあった。孟子自身が「数十乗の車を後に従えて、従者数百人を連れて、諸侯のもとを訪れた」といわれている（『孟子』梁恵王篇、滕文王篇）。

移住する氏族にとっては、それは運命をかけた旅となるが、荷車と現代語訳した「輜《し》重《ちょう》」には糧食などの補給物資のほか軍事物資も積まれていたろう。老子は族長は最後尾の殿《しんがり》の重い荷車のそばにいて族団の運命のかかった行旅を指揮するべきものだという。このような族長のあり方は、老子の時代にも生きた記憶であったろう。それは車を後に従えた孟子の姿とはちょうど逆であるから、老子は孟子を皮肉っているのかもしれない。

「栄観《えいかん》有りと雖も、燕処《えんしょ》して超然たり」というのは、終日の旅程をおえて宿駅についた情景である。「栄観」は町場の楼台と考えるべきもので、ただ「きらびやかな御殿」「立派な建物」などとするのは適当でない。また「燕処」もただ「宴会」などというのではなく、

図33　春秋時代初期の戦車

本当に軒先のツバメのようにして超然としているという雰囲気であろう。「栄観」に燕が営巣する風景を思い描いてもいい。

そういう族長の姿と対比して、老子は「万《ばん》乗《じょう》の主《しゅ》」の軽挙妄動を痛罵する。「万乗」とは戦車一万輌ということで、軍隊編成の中心はこの戦車であった。これはローマの軍隊が戦車《チャリオット》を中心としていたのと同じことである。図33には発掘された春秋時代の戦車の写真を掲げた。これらを一万輌もっているということはようするに軍事大国ということである。老子は、この強大な軍事力をもった大国を痛烈に批判し、「身を軽々しくし」、天下を軽がるしく扱う大国の王に対する怒りを露わにする。そして、「軽がろしければ則ち本《もと》を失い、躁がしければ則ち君を失う」と、このような「万乗の主」の行動は世界の根本を破壊する。追放するしかないと激語するのである。

冒頭の「重きは軽きの根たり、静かなるは躁《さわ》がしきの君たり」という一節に戻れば、重いもの、静かなものを大事にしたいという老子の思想は、決して個人の振る舞いの問題ではなく、むしろ一つの社会的価値観であった。問題は、その場合の「重いもの」と「静かなもの」の関係であろうが、私はこの二つのうち老子にとって根本的なのは、「躁の君（主）」であるとされた「静」であろうと思う。つまり重荷、重責、重い仕事を静かに担うという場合、「重さ」は対象や人によって違いがあるが、人間の「静けさ」というものは、内部感覚としては誰にとっても同じものである。老子は、それを知って、少しでもその境域にとどまることこそが人間の理想であるというのである。

なお、「静」と「躁」を対置する議論は、四五章も同じであったが、そこではさらに「清静《せいせい》は天下の正《せい》たり」という結論になっていた。この「清静」について誤解してはならないのは、その重点が「清」ではなく「静」にあり、「清」というのは、純粋なというような意味で「静」を形容したもので、決して衛生的という意味での「清潔・清浄」ということではなかったことである。前講との関係で少し詳しくふれておくと、そもそも『老子』にはこの四五章のほかには「清」という文字は二回しか登場しない。その第一は「天は一を得て以て清く、地は一を得て以て寧《やす》く」（三九章）という例であって、これは天が透明・清澄であることを意味する。そして第二は「故郷の川の濁りが静まって清《きよ》まり」（一五章）という例であって、この「清」が「濁」を排除しないことは一五章の解説で述べた。ようするに、『老子』のいう「清」には「清潔＝清浄」の意味はほとんど含まれていないのである。

ただ、三世紀以降には、中国で仏教が大きな影響をもつなかで、道教においても「清浄」の論理が強くなっていった（細川一敏「〝清浄〟という語についての一考察」『道教と宗教文化』）。しかも問題は、それが日本に入ってくると物理的な清潔の意味が強くなったことである。奈良時代の元正《げんしょう》天皇や聖武天皇の詔《みことのり》には「仏廟を営修するは清浄を先とす」「神を敬い、仏を尊ぶことは、清浄を先とす」などとある。とくに後者の聖武天皇の詔は、後に神道が清浄をもって神祭の眼目にする原点となったという。神道における清浄の語の由来には中国仏教の影響もあったのである（津田左右吉『日本の神道』）。

こういう中で、藤原実資《さねすけ》が「穢は日本では問題にするが唐では忌むことはない」と述べているように、一〇世紀以降の日本では「不浄」「穢」の観念が強化されていった。この時代の国家法が、「祭祀の礼務、潔にあり」として、神社祭祀に天皇と宮廷の清浄を守る役割を負わせたのはそのためである。日本の神社・神道が「清浄」を重視し、「不浄」「穢」を強く忌避したことはよく知られている（保立「日本中世の諸身分と王権」『前近代の天皇』3）。そしてこれは一二世紀以降の伊勢神道に直接に引きつがれた。たとえば『老子』の注釈（「河上公注」）には、「道」について「これを受くるに静をもってし、これを求むるに神をもってすべし」とあるが、それが伊勢神道の『御《ご》鎮座《ちんざ》伝記《でんき》』に引用された際には、「当にこれを受くるに清浄をもってし、これを求むるに神心をもってすべし」と表現が変えられているのである。「静《しずか》」から「清浄《きよい》」への変化である。

もちろん、これは日本の神道が『老子』の「静」の思想をまったく受けとめなかったということではない。拙著『かぐや姫と王権神話』で論じたように、日本の神道の地盤は、八世紀まで続いていた神話世界にあり、実は、神話から引き継いだ「物忌み」の心意は神道の深層に持続していた。そして物忌みというのは、折口信夫が詳しく論じているように、基本的にはじっとしていることで、「清浄《きよい》」というよりも『老子』のいう「清静《しずか》」に近いのである。私は、そのような物忌みの思想は、日本社会において依然として重要な意味をもっていると考えている。

78講　肥大した都市文明は人を狂わせる　（一二章）

【現代語訳】

五色の華麗な装飾は人の目をくらませ、五つの音階による賑やかな音楽は人の耳を鈍くし、五つの味による豪勢な料理は人の味覚を麻痺させる。馬を走らせて狩りをすれば人の心は狂い、珍しい財宝は人の行いを壊してしまう。それゆえに有道の士の政治は腹の実質を大事にし、見かけのことは考えない。その取捨選択に筋を通すのだ。

五色令人目盲、五音令人耳聾、五味令人口爽。馳騁田猟、令人心発狂。難得之貨、令人行妨。是以聖人之治也(1)、為腹不為目。故去彼取此。

(1)「之治也」は帛書により補う。

五色は人の目をして盲《もう》せしめ、五音は人の耳をして聾《ろう》せしめ、五味は人の口をして爽《たが》わしめ、馳騁田猟《ちていでんりょう》は人の心をして狂を発せしめ、得難きの貨は人の行いをして妨《そこな》わしむ。是を以て聖人の治《ち》たるや、腹の為にして目の為にせず。故に、彼を去《す》てて此《こ》れを取る。

【解説】老子の国家論を貫いているのは、その都市・都市文明に対する嫌悪なのではないかと思う。戦国時代の大国の首都は必然的に肥大化し、官僚制をささえ、また商品経済を広げる最も大きな地盤となった。秦漢帝国の首都が、華麗な帝国都市として発展していったことはいうまでもない。老子は、そのような動きを拒否した。

本章の結論は最終句の「聖人の治たるや、腹の為にして目の為にせず」という部分にある。「目のため」とは目に華やかにうつる生活様式をいうが、そのような「目のため」の生活様式とは都市から来るものであった。老子はそういう意味での都市生活、都市の奢侈《しゃし》と喧噪《けんそう》を強く批判し、「民衆の腹」のための必要を充足することこそが国家と士のなすべきことだというのである。

強調されているのは「五色・五音・五味」の三つに対する批判である。まず「五色」とは「青・黄・赤・白・黒」の各色のことだが、これらはようするに衣服・建物その他の装飾である。「五音」は「宮《きゅう》・商《しょう》・角《かく》・徴《ち》・羽《う》」の順次に高くなる音階のことで人工的であでやかな音である。そして「五味」とは「酸《すい》・苦《にがい》・甘《あまい》・辛《からい》・鹹《しょっぱい》」の五つの味が強められ、取り合わされた人工的な味のことである。この「色」と「音」と「味」の楽しみ、視覚・聴覚・味覚の楽しみは都市に集中している。老子は、その派手で華やかな場は五感を刺激し、「盲《もう》・聾《ろう》・爽《そう》」といわれるまでに人間を変えてしまうという。

図 34　女声合唱（山東省沂南北寨村）

ただ、だからといって池田のように（〔池田注釈

b〕）、本章をもって、老子は「感覚的・官能的な欲望の追求」そのものを否定し、その意味での「無欲」の思想をとなえたとするのはどうだろうか。ここで老子がいうのは都市的な欲望のあり方に対する批判であった。それを必要とするほど、戦国時代には都市的な場が各地で増加していき、都市の奢侈とその日暮らしの生活様式が人々に大きな影響をあたえていたのである。

重要なのは、これに付け加えて、老子が、それを促進するような王侯・貴族の生活様式を痛罵することである。その対象となった「馳騁田猟《ちていでんりょう》」とは、馳騁《ちてい》は馬を疾駆する遊び、田猟は狩猟の遊びである。これは世界のどこでも、前近代の王侯・貴族にとっては、最大の逸楽《いつらく》であったが、かならず華美な服飾・行進・宿泊・饗宴をともなっており、しかも、そのための様々な財貨・施設・要員を必要としていた。そして、これに「得難きの貨」、珍しい宝への欲望が加わる。この時代の中国の文化遺物をみれば、誰もが、その桁外れの豪華さに驚くだろう。

老子は、この時代の社会に、これらの奢侈が、都市的な場における派手な「色・音・味」を増幅する仕組みを作り出したことを確実に認識していた。本章の叙述の順序がそれを明瞭に示している。これは、商品経済と都市的な生活様式の爛熟《らんじゅく》にともなって前近代社会に巣くうようになった最大の社会的な病なのである。だからこそ、そのような文明に対する批評者として、老子は、馳騁《ちてい》田猟《でんりょう》は人を発狂させ、得難之《えがたきの》貨《か》は人の行いを壊してしまうと最大限の言葉を使って、その愚を批判したのである。それは王侯貴族への単なる説教ではなかった。

79講　平和で柔軟な外交で王を補佐する　（三〇章）

【現代語訳】

道理にもとづいて、君主を補佐するものは、武力で世界をおびやかすようなことはしない。それは遅かれ早かれ報復を呼ぶ。軍隊の駐留したところは荊《いばら》や棘《とげ》の木で荒れ、戦争の後には飢餓が続く。政治の「善」（本性）は、柔らかにして、武力を執《と》らないことだ。もっぱら柔らかく行って、強兵を誇ることなく、攻めようとせず、武に傲《おご》らない。柔らかくやむを得ないという態度を基本とし、強兵をもって行動することは絶対にやめる。物の動きが壮《さか》んだと衰えるのも早い。それは道理に反し、そういう非道なやり方をすれば早々に滅亡する。

以道佐人主者、不以兵強天下、其事好還。師之所処、荊棘生焉。大軍之後、必有凶年。

善者果而已、不以取強。果而勿矜、果而勿伐、果而勿驕。果而不得已、果而勿強。物壮則老。是謂不道。不道早已。(1)

(1) この末尾の行は楚簡には存在しない。加筆であろう。五五章にほぼ同文がある。

道を以て人主《じんしゅ》を佐《たす》くる者は、兵を以て天下に強《し》いず。其《そ》の事、還《かえ》るを好む。師《し》の処《お》る所は、荊棘《けいきょく》生じ、大軍の後は、必ず凶年あり。善きは果《やわら》かなるのみにして、以て強きを取らず。果《やわら》かにして矜《ほこ》ること勿《な》く、果《やわら》かにして伐《ほこ》ること勿く、果《やわら》かにして驕《おご》ること勿《な》きなり。果《やわら》かにして已《や》むを得ずとし、果《やわら》かにして強いること勿かれ。物は壮なれば則《すなわ》ち老《お》ゆ。是《こ》れを不道と謂《い》う。不道は早く已《や》む。

【解説】 本章は、老子が戦争ではなく、外交によって平和裏に国と国との関係を動かしていくことを原則としていたことをもっとも明瞭に示す章である。

そのような外交を担うべきものは、いうまでもなく聖人＝有道の士であるが、本章では、冒頭にあるように、その人物を「道を以て人主《じんしゅ》を佐《たす》くる者」と呼んでいる。この言葉は、老子が「君主の補佐」ということを明瞭に述べた唯一のものであるという点でも興味深いものであるが、君主を補佐する有道の士にとって、もっとも困難であったのは、「兵」の問題であったに相違ない。君主を補佐するとなれば、武力と戦争にどう対処するかにも責任をとらねばならないはずである。

すでに第三課「平和主義と「やむを得ざる」戦争」でふれたように、老子は、この軍事と戦術の問題についても一家言をもっていたが、本章は、その前の問題、つまり外交それ自体を論じている。現代語訳に示したように、その基本認識は、武力行使は報復を呼び、戦争は大地を荒し、飢餓を引き起こす。それ故に、武力で世界をおびやかすようなことはしないという外交姿勢、いわば平和外交の姿勢である。老子は、外交の善（本性）は、「果《やわ》らかく」することが基本であって、武力行使をせず、強兵を誇ることなく、武に傲《おご》らないということだといっているのである。

ただ、問題は、従来の解釈は王弼・河上公の注釈以下、ほとんど、すべて本章の「果」の字を「果断」「果敢」の意味ととり、「果」を「し遂げる。なす」などと読んできたことである。たとえば第二行目冒頭の「善者果而已、不以取強」の部分を「善きは果《な》すのみにして、もって強いて取らず」と読み下し、「限定された作戦を果断するだけで何も取らない」などと解釈する。そして、全体を「目的を果たして誇ることなく、攻めに転ずることはせず、武に傲《おご》らない。作戦の果断はやむをえないが強制はしない」と訳すのである。

しかし、それは本章の第一行目が戦争は悲惨であり、武力を使わないという外交姿勢を述べる文脈とうまく接続せず、語調の上でも無理が多いと思う。ここは、まったく孤立した解釈であるが、加藤常賢の『中国の修験道――翻訳老子原義』が「果」を「婐」の借字とみたのに従いたい。加藤は「婐妸《かが》」は「あだっぽい」の「婀娜《あだ》」と同じ意味であるとし、「脆骨《ぜいこつ》柔弱を婐妸《かが》という」（『通俗文』）という文献を引用している。『孟子』（尽心篇二二八）に聖帝舜《しゅん》に二人の妻が「果《はべ》る」とあり、この「果」は「婐」と同じとされていることは、「果」の字がそのような意味で使われていたことを示している。諸橋轍次『大漢和辞典』も、「果」と「婐」は相互に通ずとし、「婐」には「たおやか、しなやか、弱々しくて美しいさま」「女がはべる」という意味があるとする。ようするに「果」は女性的な柔弱をいうのであって、ここにも老子の女性的な「徳」の論理が現れているといってよい。

80講　大国と小国の連邦においては大国が遜らねばならない　（六一章）

【現代語訳】

大国はいわば大河の下流であり、世の中の交点であり、いわば「天下の牝《ひん》」ともいうべき寛容な母の位置にある。女はつねに静かなまま男に勝つが、それは静かに男の下に横たわるからだ。だから、大国が小国にへりくだれば大国は小国の信頼を得るし、小国が大国にへりくだれば小国も大国の保障を得ることができる。一方は下ってそれによって取るし、他方は下りながらも取る訳だ。これは、大国は同盟する人々を増やし、小国は大国の傘下に入るという連邦の関係でなければならない。こうして両方がそれぞれの必要を得ることができるが、そのためには、まず大国が遜《へりくだ》らなければならない。

大国者下流、天下之交、天下之牝。牝恒以静勝牡、以静為下。故大国以下小国、則取小国、小国以下大国、則取大国。故或下以取、或下而取。大国不過欲兼畜人、小国不過欲入事人。夫両者各得其所欲、大者宜為下。

大国は下流なり。天下の交なり、天下の牝《ひん》なり。牝は恒に静を以て牡《ぼ》に勝つ。その静を以て故に下るを為せばなり。故に大国は以て小国に下らば則ち小国を取り、小国は以て大国に下らば則ち大国を取る。故に或るものは下りて以て取り、或るものは下りて而《しか》れども取る。大国は人を兼ね畜《ふや》さんと欲するに過ぎず、小国は入りて人に事《つか》えんと欲するに過ぎず。夫《そ》れ両者は各《おの》おの其《そ》の欲する所を得ん。大なる者、宜しく下るを為すべし。

【解説】「大国は下流なり」というのは、『論語』(子張)の「君子は下流に居ることを悪《にく》む」という一節を想起させる。君子は下流にいるのを嫌うというのであるが、これは「天下の悪事みな焉《こ》れに帰す」と続いており、下流には天下の悪事が集まるというのである。逆に老子にとっては、八章「上善は水の若し」の解説でふれたように、下流にいることはそれ自体として善いことである。「天下の交なり」というのは、大国が天下の交流の場であるということであり、それが下流であれば善いことが集まるというのである。「天下の牝なり」とは、たくさんの雄が雌を求めて集まり、子どもも群れていて和気藹々《あいあい》としたというような意味であろう。その開かれた態度によって小国があつまってくるというのである（女は静かに男の下に横たわることによって男に勝つという訳はル＝グィンの英訳によった）。ここには、前講でみたように老子が国と国との外交関係は「果《やわら》かく」、平和的であるべきものと考えていたことが示されている。

次の「大国は以て小国に下らば則ち小国を取り」は、長谷川・池田などの注釈では、この「取り」という語を併合すると解釈する。しかし、この「小国を取る」とは、〔福永注釈〕が、『荀子』（王制篇）に「鄭《てい》国の子産《しさん》は民を取りし者」とある「取る」と同じ用法であって、信頼をえるという意味だとするのが正しいだろう（金谷、木村、楠山の注釈もほぼ同じ）。老子は大国と小国の関係は占領や従属・併合の関係ではなく、信頼をえて通好し、同盟する関係であるべきだと考えていたのである。

続いて「大国は人を兼ね畜《ふや》さんと欲するに過ぎず、小国は入りて人に事へんと欲するに過ぎず」の「過」は、「過ぎてはならない」という意味で取りたい。大国は同盟国の人口が増えることからくる利益、小国は大国の傘下で保障をえることの利益に関心を限るべきであって、それ以上の利益を相互に期待せず、主権は放棄しないということである。

このような考え方は決して単なる理想論ではない。たとえば『荀子』(王制篇)は、「王道・強道・覇道」をわきまえた君主の理想像を描き出しているが、その「覇道」のあるべき姿は「併《あわ》さざるの行を明らかにし、その友敵の道を信とす」(併合する野心がないことを実際行動で明らかにし、友邦として対等に遇する)といわれている。『荀子』は国家主義思想に変化しつつあった戦国時代の儒学の傾向を代表するものであるが、そこでも、無併合、対等の原則が謳われているのである。実態は別として、これは戦国時代における公認の原則であったといわねばならない。

これまでの注釈には、右の「小国を取る」を併合と理解することもあって、結局、老子は本章を大国の立場から書いたと理解するものも多い。しかし、老子の立場は、大国と小国が基本的には対等な関係を結んで連合することを、荀子のような「覇道」の立場からではなく、むしろ小国の立場から主張したものであろう。そもそも、これまでみてきたような老子の国家のあり方や戦争と平和についての主張は、すべてこの大小を問わず諸国家は対等であり、必要な場合は連邦を組むという考え方に支えられたものであったとした方がわかりやすい。つまり、本章において老子は、いわば小国主義とでもいうべき立場から、あるべき連邦制の姿を主張しているのである。

普通、周王朝から春秋戦国時代の中国の国家は「封建制」という国家のスタイルをとっており、秦漢帝国以降、中央集権的な「郡県制」に移行したといわれる。ここで「封建制」というのは、周王朝が各地の地域国家の諸侯の国境を承認し、国土を分与するシステムのことをいう。「封」とは本来は、その際の儀式で神樹などを立てて神を勧請《かんじょう》するための「盛り土」をいい、封建とは、そのような「封」を設置することそれ自体をいった。もちろん、これらの地域国家は新石器時代以来の文化地域を背景とした領域を確保しており、相当の独立性をもっていたが、周王朝から「封建」される立場にあったのである。周の「封建制」には中央権力が存在していたのであって、これは同じ「封建制」という訳語で語られるヨーロッパのフューダリズムが各国の王権と領主に権力が分散していたのとはまったく違っていた。

しかし、周王朝の弱体化とともに、この封建のシステムも機能しなくなり、春秋時代の中国には二〇〇以上の大小の国家が全土に分布するようになっていた。これらの国家は大国・小国の区別や同盟関係、保護・被保護関係はあったものの、基本的には独立の諸国家であった。戦国時代には、それらの多数の国家は秦・蜀・楚・韓・魏・宋・魯・趙・斉などに整理されていった。諸国の間で秦や斉を大国としていわゆる合従連衡《がっしょうれんこう》（同盟関係の組み直し）が行われたことはよく知られている。そして、それらの諸国の間で激しい戦争が戦われ、その最終的な結果が秦の始皇帝による中国全土の統一であって、それによって全国を帝王の家に属する官僚が分割支配する郡県制が樹立され、これが以降の王朝にも引き継がれたのである。

老子は、このような「封建制」から「郡県制」への移行への端境期《はざかいき》に、「大国と小国の無併合、対等」の原則を掲げた。その政治構想には、とくに優越的な王朝の存在は想定されていないから、これは国家構想としては連邦制であるというほかはない。そして、『老子』の思想は、漢帝国の形成の前提となった民衆蜂起など、当時の中国に大きな影響をあたえたことは、本書でさまざまな側面から説明した通りであるから、その連邦制の構想もただの理想論ではなかったといわなければならない。

もちろん、中国大陸はユーラシアの東端に位置し、ユーラシアの民族移動から国土を防衛する必要もあって、「万里の長城」に象徴されるような帝国の形式が歴史を通じて復活しつづけた。中国大陸では、ヨーロッパのようにローマ教皇権の下で各民族に分かれて国家を形成し、キリスト教連邦ともいえるような連邦を構成することはなかった。その条件の下で、中国では中央集権的な社会構造が維持されたのである。

しかし、だからこそ逆に、『老子』本章の示す連邦の考え方が、一時期、相当の説得力をもって中国社会に受け入れられていたことの意味は大きい。秦漢帝国の形成はそれを一挙に夢物語のようにしたとしても、その底流は続いたものとみたい（この分権契機については、溝口雄三など『中国思想史』三・四章を参照）。

81講　小国寡民。人はそんなに多くの人と群れなくてもよい　（八〇章）

【現代語訳】

国は小さくて人は少ない方がよい。人に十倍・百倍する器《うつわ》の人がいても用いず、人は死を怖れ、遠くへ移ることなどはなく静かに生きる国である。船や車に多くの人が乗って動くことは少なくし、ましてや甲冑や武具を並べて陣をはるようなことはしない。そこでは、面倒な書類はいらない。縄を結んで数を数えていた昔でも、社会は成り立っていたのだ。住んでいる土地のものを甘《うま》いといい、土地の服を美しいといい、その住処に休らって、その慣わしを楽しむ。隣邦《りんぽう》はすぐそばで、鶏は競って鳴き、犬は吠えて群れるのが聞こえるだろう。しかし、人は老成して死ぬまで、そんなに多くの人と行き来して群れなくてもよいのだ。

小国寡民。使有十百人之器(1)而不用、使民重死而不遠徙。雖有舟輿、無所乗之、雖有甲兵、無所陳之。使民復結縄而用之。甘其食、美其服、安其居、楽其俗。隣国相望、鶏犬之声相聞、民至老死、不相往來。

(1)底本「什佰之器」。帛書により改む。

小国寡民《しょうこくかみん》。什佰人《じゅうひやくにん》の器有るも用いざらしめ、民をして死を重んじて遠徙《えんし》せざらしむ。舟輿《しゅうよ》有りと雖《いえど》も、之《これ》に乗る所無く、甲兵有りと雖も、之を陳《つら》ぬる所無し。民をして復《ま》た縄《なわ》を結びて之を用いしむ。其《そ》の食を甘《うま》しとし、其の服を美《よ》しとし、其の居《きょ》に安んじ、其の俗を楽しむ。隣国相い望み、鶏犬の声相い聞こゆるも、民の老死に至るまで、相い往来せず。

【解説】本章は『老子』の中でもっとも文意が明解な章の一つである。それは本章が詩ではなく韻をふまない散文として書かれているためで、現在の人間にとっても趣旨を追いやすい。その文言も「什佰人《じゅうひやくにん》の器」という語の理解を別として、これまでの注釈に大きな意見の相違はない(なお、この句についての、注釈のズレは「器」をたとえば機械だとか武器などの物として考えるか、人間の器量という意味で考えるかによる。まず「什佰人」とは『孟子』〈滕文公上篇〉に「それ物の斉《ひと》しからざるは、物の情《ありさま》なり。或いは相《たが》いに倍し蓰《ごばい》し、或いは相いに什《じゅう》倍し百倍し、或いは相いに千倍し万倍す」とあるように、十倍・百倍という意味である。ここから人に十倍・百倍する能力〈「器」〉の人という意味とする〔小池注釈〕に従う。そうだとすれば、これは人間の「器」「器量」という意味で「器」を使った、『老子』の唯一の例として重要になる〉。

しかし、実は本章の趣旨をどう理解するかは、『老子』の中でももっとも難しい問題の一つではないかと思う。少なくとも、本章をどう読むかは、これまで『老子』の読み方における最大の分岐点の一つであったのである。

もっとも伝統的な読み方は、ここで語られているのは太古の生活をなつかしんだユートピアであるというものである。こういう理解の根拠は『荘子』にある。『荘子』〈胠篋篇〉は、本章後半の「民をして復《ま》た縄《なわ》を結びて」以降の部分とほぼ同文であって、そういう時代が中国の遥か昔、つまり夏《か》・殷・周の王朝以前の時代、すなわち祝融《しゅくゆう》氏、伏羲《ふくぎ》氏、神農《しんのう》氏にあったとして、一つの反文明的なユートピアを描き出している。これまでは『老子』本章をこの『荘子』と同趣旨で読むのが普通であって、たとえば〔福永注釈〕でも、老子は文明を拒否する立場から原始の村落共同体をモデルとする、外部から完全に閉鎖された

「桃源郷」を描き出しているという。

しかし、『荘子』と『老子』の関係はなかなか複雑な問題である。このような『荘子』優先の理解に対して、『老子』の思想は、実際には単なるユートピア思想ではなく現実的な構想であるという指摘も意外と多い。それを代表するのは〔長谷川注釈〕であって、長谷川は、本章は実在しない社会を空想したトマス・モアのユウトピアとはまったく異なり、伝統的な中国の村落共同体を小国寡民《しょうこくかみん》の理想として描いたもので、なかば中国社会の現実の模写であるとした。老子の「無為」政治とは「大国に統一された村落自治体の政治」であるともいう。これは〔金谷注釈〕や〔楠山注釈〕が「(老子の) 無為の政治は、地方の聚落《しゅうらく》のありようをそのあるがままに、それぞれに認めていくものであった」「最底辺の行政単位として無数の村落があり、各村落は素樸そのものの現状に満足して、それぞれ閉鎖的な生活を送る、そして、大国の無為の政治は、このような村落の集合の上に実現する」などとすることにそのまま引き継がれてきた。

最近の〔池田注釈b〕(四八四頁) も、老子の構想は秦漢帝国の現実の地方制度を先取りするものであったと主張している。それによれば、本章のいう「邦(国)」は、秦漢帝国の郡県制度における「郡」「県」につらなるような行政単位を理想的に描き出したものだという。そして、池田は本章の全体の趣旨を、大帝国の基礎には小規模の地域組織を設置し、人々をそこから動くことのないようにさせ、民衆には文字の代わりに縄を結んで相互に意思を伝えさせるようにし、食べ物は何でも美味い、着る物は何でも綺麗、住居は何でも落ち着くなどと感じるように仕向けるなどというものであるとする。池田は『老子』の思想の信奉者が秦や漢の国家中枢にいたことをとって、『老子』の思想は秦漢帝国初期の支配的な思想であるとし、そこからこのような解釈を導いたのである。しかし、『老子』の思想が国家中枢に入り込んだことには、漢の制覇が民衆反乱から始まったことなどの複雑な経過があったはずで、最初から『老子』の思想が秦漢帝国を準備するような内実をもっていたとすることはむずかしいのではないだろうか。

『老子』には、本章以外に、前講の六一章で小国という言葉が登場するが、そこでは明瞭に大国の反対語として小国が使われている。本章の「小国」が、それとは違って国よりもはるかに小さい村落共同体のことをいっているという証拠はない。たしかに「隣国相《あ》い望《のぞ》み、鶏犬の声相《あ》い聞こゆ」という表現は村落の間の境界の風景であるかのように感じられるかも知れない。しかし、これを村落の間の境界のことだとすると、そこでは人々は「老いて死ぬまで往来《おうらい》しない」というのは隣村との交流がまったくないことになる。人々が「遠くに徙《うつ》らない」というのは分かるが、これはやはり不自然であって、本章を地方制度を描いたものとするのはむずかしい。「隣国相《あ》い望《のぞ》み、鶏犬の声相《あ》い聞こゆ」という風景は、国境地帯の平和な風景を述べたものと考えてもよいのである。

それ故に、本章は、前講六一章において展開された「あるべき連邦制」という国家構想を支えるものとして、老子が積極的に小国主義の信条を述べたものであると理解したい。この意味では、〔木村注釈〕が「小国寡民は富国強兵を競った戦国諸侯の法術主義に対する、正面きっての反対を一句に表現して掲げたものであり、道家の間のスローガン的な成語であろう」とするのが正鵠《せいこく》を射ているように思う。

そしてその基調となるのはやはり平和主義であろう。最終句の「其《そ》の食を甘《うま》しとし、其の服を美《よ》しとし、其の居《きょ》に安んじ、其の俗を楽しむ。隣国相い望み、鶏犬の声相い聞こゆるも、民の老死に至るまで、相い往来せず」は、単なるユートピアを描いたものではなく、隣邦との平和の希望を謳い上げたものであることは、私には明らかに思える。

あとがき

『老子』を読むことは多くの注釈の中から正解を考える仕事であったが、その上に相当の私説を付け加えることになった。これが正解とは限らないが、これによって少しでも『老子』を読む人が多くなり、中国の歴史文化のみでなく、老子の思想と深い関係のある日本の歴史文化、とくに神話と神道と禅を理解する一助となれば望外の喜びである。

私は禅宗文書を読むことをおもな仕事としてきた。俗人として、禅宗がわからないのは諦めていたが、漢字文化を十分に理解しないまま仕事をしていることは大きなコンプレクスであった。この仕事でともかく勉強はしたので、気持ちが少し楽になったと感じている。また歴史学者としては、私は『老子』を読むことは、日本に歴史主義を復興する地盤を用意することになると考えてきた。そのためにも、次の『古事記』『日本書紀』の神話の研究の仕事を必ず形にしたいと考えている。

最後になるが、筑摩書房の永田士郎氏を紹介してくれた友人、小島毅氏に感謝したい。

二〇一八年二月

一日も早く小学校で漢文の授業が復活することを願いつつ　　著者

参考とした注釈書

武内義雄『老子の研究』一九二七年（『武内義雄全集』第五巻、角川書店、一九七八年）
長谷川如是閑『老子』一九三六年（大東出版社）
小川環樹『老子　荘子』一九六八年（『世界の名著4』中央公論社）
諸橋轍次『老子の講義』一九七三年（大修館書店）
木村英一『老子』一九八四年（講談社文庫）
金谷治『老子』一九八八年（講談社、後に講談社学術文庫で再刊）
任継愈『老子訳注』（坂出祥伸・武田秀夫訳、一九九四年、東方書店）
福永光司『老子』一九九七年（中国古典選、朝日選書）
楠山春樹『老子を読む』二〇〇二年（ＰＨＰ文庫）
蜂屋邦夫『老子』二〇〇八年（岩波文庫）
小池一郎『老子訳注』二〇一三年（勉誠出版）
池田知久『老子』二〇〇六年（馬王堆出土文献訳注叢書、東方書店）
池田知久ｂ『老子』二〇一七年（講談社学術文庫）
＊なお、研究書、論文などは掲載箇所に必要な情報を記した。

図版出典一覧

図1　武漢大學簡帛研究中心・荊門市博物館編著『楚地出土戰國簡册合集（一）　郭店楚墓竹書』（文物出版社）
図2　何介鈞・張維明『馬王堆漢墓のすべて』田村正敬・福宿孝夫訳（中国書店）
図3・図4・図6・図15・図20・図23　白川静『字統』（平凡社）
図5・第Ⅱ部扉　林巳奈夫『神と獣の紋様学』（吉川弘文館）
図7・図9・図27　菊地章太『道教の世界』（講談社選書メチエ）
図8　任継愈訳注『老子訳注』坂出祥伸・武田秀夫訳（東方選書）
図10・図24・図34　林巳奈夫『石に刻まれた世界』（東方選書）
図11　den-belitsky/PIXTA
図12　奈良文化財研究所
図13　貝塚茂樹・伊藤道治『古代中国』（講談社学術文庫）
図16　小南一郎「壺型の宇宙」『東方學報』第61冊（京都大学人文科学研究所、1989年3月）
図17　国立歴史民俗博物館所蔵拓本
図18　橿原考古学研究所 / 製作：アジア航測
図19　林巳奈夫『中国古代の神がみ』（吉川弘文館）
図21・図22　安田登『身体感覚で「論語」を読みなおす。』（春秋社）をもとに作成
図25・第Ⅰ部扉　国立故宮博物院蔵
図26　フォトライブラリー
図29　林巳奈夫『中国古代の生活史』（吉川弘文館）をもとに作成
図30　西嶋定生『中国の歴史2 秦漢帝国』（講談社）
図31　鶴間和幸『中国の歴史3 ファーストエンペラーの遺産』（講談社）
図32　林巳奈夫『中国古代の生活史』（吉川弘文館）
図33　貝塚茂樹・伊藤道治『古代中国』（講談社学術文庫）
第Ⅲ部扉　Tommy Wong

原書の章と本書の講——対応一覧

本書では『老子』の原編成81章を内容によって三部にわけて並べ直してある。そこで、次のページより対応の一覧表を掲げる。

なお、『老子』独特の用語等については下記を参照されたい。

原書『老子』の章	本書の講（頁）	原書『老子』の章	本書の講（頁）
一章	34 講（p. 190）	二八章	15 講（p. 100）
二章	8 講（p. 61）	二九章	37 講（p. 211）
三章	58 講（p. 324）	三〇章	79 講（p. 423）
四章	28 講（p. 162）	三一章	71 講（p. 389）
五章	50 講（p. 280）	三二章	61 講（p. 340）
六章	35 講（p. 198）	三三章	7 講（p. 54）
七章	26 講（p. 148）	三四章	31 講（p. 176）
八章	9 講（p. 66）	三五章	1 講（p. 29）
九章	25 講（p. 145）	三六章	72 講（p. 393）
一〇章	18 講（p. 117）	三七章	62 講（p. 352）
一一章	63 講（p. 354）	三八章	43 講（p. 248）
一二章	78 講（p. 419）	三九章	57 講（p. 318）
一三章	55 講（p. 309）	四〇・四二章	38 講（p. 219）
一四章	30 講（p. 171）	四一章	41 講（p. 241）
一五章	47 講（p. 269）	四三章	20 講（p. 124）
一六章	54 講（p. 304）	四四章	6 講（p. 48）
一七章	48 講（p. 274）	四五章	33 講（p. 182）
一八章	65 講（p. 366）	四六章	69 講（p. 383）
一九章	12 講（p. 82）	四七章	46 講（p. 264）
二〇章	24 講（p. 141）	四八章	3 講（p. 40）
二一章	14 講（p. 95）	四九章	11 講（p. 76）
二二章	39 講（p. 225）	五〇章	21 講（p. 129）
二三章	40 講（p. 235）	五一章	44 講（p. 254）
二四章	5 講（p. 46）	五二章	16 講（p. 108）
二五章	27 講（p. 157）	五三章	66 講（p. 370）
二六章	77 講（p. 414）	五四章	19 講（p. 121）
二七章	52 講（p. 288）	五五章	17 講（p. 111）

原書『老子』の章	本書の講（頁）	原書『老子』の章	本書の講（頁）
五六章	29 講（p. 166）	六九章	73 講（p. 396）
五七章	56 講（p. 313）	七〇章	22 講（p. 132）
五八章	60 講（p. 335）	七一章	13 講（p. 90）
五九章	75 講（p. 406）	七二章	49 講（p. 277）
六〇章	36 講（p. 204）	七三章	32 講（p. 179）
六一章	80 講（p. 426）	七四章	74 講（p. 400）
六二章	53 講（p. 294）	七五章	67 講（p. 373）
六三章	42 講（p. 245）	七六章	68 講（p. 381）
六四章上	4 講（p. 43）	七七章	64 講（p. 362）
六四章下	2 講（p. 35）	七八章	76 講（p. 409）
六五章	59 講（p. 329）	七九章	45 講（p. 258）
六六章	51 講（p. 285）	八〇章	81 講（p. 432）
六七章	23 講（p. 135）	八一章	10 講（p. 72）
六八章	70 講（p. 386）		

ちくま新書
1348

現代語《げんだいご》訳《やく》　老子《ろうし》

二〇一八年八月一〇日　第一刷発行

訳者　保立道久（ほたて・みちひさ）
発行者　喜入冬子
発行所　株式会社　筑摩書房
東京都台東区蔵前二-五-三　郵便番号一一一-八七五五
振替〇〇一六〇-八-四一二三
装幀者　間村俊一
印刷・製本　株式会社　精興社

乱丁・落丁本の場合は、左記宛にご送付ください。送料小社負担でお取り替えいたします。
ご注文・お問い合わせも左記へお願いいたします。
〒三三一-八五〇七　さいたま市北区櫛引町二-六〇四
筑摩書房サービスセンター　電話〇四八-六五一-〇〇五三

ISBN978-4-480-07145-3 C0210

ちくま新書

601 法隆寺の謎を解く
武澤秀一
世界最古の木造建築物として有名な法隆寺は、創建・再建の動機を始め多くの謎に包まれている。その構造から古代史を読みとく、空間の出来事による「日本」発見。

859 倭人伝を読みなおす
森浩一
開けた都市、文字の使用、大陸の情勢に機敏に反応する外交。――古代史の一級資料「倭人伝」を正確に読みとき、当時の活気あふれる倭の姿を浮き彫りにする。

895 伊勢神宮の謎を解く
――アマテラスと天皇の「発明」
武澤秀一
伊勢神宮をめぐる最大の謎は、誕生にいたる壮大なプロセスにある。そこにはなぜ、二つの御神体が共存するのか？神社の起源にまで立ち返りあざやかに解き明かす。

1247 建築から見た日本古代史
武澤秀一
飛鳥寺、四天王寺、伊勢神宮などの古代建築群を手がかりに日本誕生に至る古代史を一望する。仏教公伝、皇祖神創造、生前退位は如何に三次元的に表現されたのか？

1192 神話で読みとく古代日本
――古事記・日本書紀・風土記
松本直樹
古事記、日本書紀、風土記という〈神話〉を丁寧に読みとくと、古代日本の国家の実像が見えてくる。精神史上の「日本」誕生を解明する、知的興奮に満ちた一冊。

1254 万葉集から古代を読みとく
上野誠
民俗学や考古学の視点も駆使しながら万葉集全体を解剖し、今につながる古代人の文化史、社会史をさぐる型破りの入門書。「表現して、残す」ことの原初性に迫る。

1330 神道入門
――民俗伝承学から日本文化を読む
新谷尚紀
神道とは何か。古代の神祇祭祀に仏教・陰陽道・道教など多様な霊験信仰を混淆しつつ、国家神道を経て今日の形に至るまで。その中核をなす伝承文化と変遷を解く。